MAPS
方图

四方图志·心安一隅

TUJIE JINGDIAN
SIWEI KESHI

图解经典 思维可视

代数篇

曾　荣　卢　勇　祝维男◎编著

江苏凤凰科学技术出版社·南京

图书在版编目(CIP)数据

图解经典 思维可视.代数篇/曾荣,卢勇,祝维男编著.—南京:江苏凤凰科学技术出版社,2023.7
ISBN 978-7-5713-3654-7

Ⅰ.①图… Ⅱ.①曾… ②卢… ③祝… Ⅲ.①代数课—高中—教学参考资料 Ⅳ.①G634.603

中国国家版本馆 CIP 数据核字(2023)第 126626 号

图解经典 思维可视 代数篇

编　　著	曾　荣　卢　勇　祝维男
责任编辑	卢海春
责任校对	仲　敏
责任监制	周雅婷
出版发行	江苏凤凰科学技术出版社
出版社地址	南京市湖南路 1 号 A 楼　邮编:210009
编读信箱	skqsfs@163.com
联系电话	(025)83657623
印　　刷	常州金坛教学印刷有限公司
开　　本	787 mm×1 092 mm　1/16
印　　张	16
字　　数	256 000
版　　次	2023 年 7 月第 1 版
印　　次	2023 年 7 月第 1 次印刷
标准书号	ISBN 978-7-5713-3654-7
定　　价	68.00 元

前　言

数学高考试题突出对数学学科基本概念、基本原理的考查，强调知识之间的内在联系，引导学生形成学科知识体系；注重本原性方法，淡化解题技巧，强调通性通法的综合运用，促进学生将教材上的知识和方法内化为自身的知识结构。研透高考经典试题，有助于学生了解高考内容改革的新特点，减少死记硬背和机械刷题，也有助于教师深入思考教学与考试的关系，将教学重点从总结解题技巧转向提升学生关键能力、培养学生学科核心素养。研透高考经典试题能有效提升教师解题能力，培养学生的数学学科核心素养。

深刻研究习题是高中数学教师和全体学生的一项基本任务。师生研题有四重境界：多思精解，深入比较不同解法的效率差异；探求规律，深化对试题内在本质属性的理解；探寻题根，深刻挖掘试题背后的命题思路；有效迁移，深度开发试题蕴含的教学价值。本书精选历年经典高考试题，力求通过“图解”的方式帮助师生达到上述研题的四重境界。

“图解经典”是解题研究的创新，也是本书的特色与亮点。本书具有以下五大特点：(1) 直观性，通过“图解”，师生对数学试题有了直观认识；(2) 思维性，通过“图解”，呈现了解题的思维过程；(3) 指导性，通过“图解”，师生能深刻认识数学试题本质；(4) 可读性，通过“图解”，解题路径一目了然；(5) 实用性，通过“图解”，丰富了解题教学功能。本书为师生研题提供思维路径图，为习题教学提供整体结构图，为优化学法提供方法指导图。

本书结合高考中的重点、热点、难点，精心设置专题。每个专题精选经典试题，深度剖析，以一当十。本书以图为核心，以图明意，以图明理，以图明法，通过对图的构建、分析，达到聚焦思维、提升素养的目的。

《图解经典　思维可视》是曾荣工作室长期以来研题经验与实践的提炼，是工作室成员集体智慧的结晶。在本册“代数篇”编写的过程中，工作室的周炎、李乃洋、徐巧石、刘剑平、蒋昊、储玺等老师参与了本书的编写、审校，为本书提供了丰富的素材。本书能顺利出版，要特别感谢工作室导师、江苏省著名数学特级教师徐泽洲先生的指导与帮助。

在本书的编写过程中，虽然我们付出了艰苦的努力，但由于水平有限，书中对某些问题的研究可能还不够深刻。恳请读者朋友多提宝贵意见，我们将在本书修订、再版时，将您的智慧融入书中，进一步提升书的质量，以期更好地服务于师生们的学习、研究。

曾　荣

2023 年 5 月

目录

第一章 函数与导数 001

第二章 三角函数 121

第三章 数列 165

第四章 概率统计 213

第一章 函数与导数

1. 以性辨图　以图识性

函数图象是函数的重要表示方法，直观反映函数的性质.借助图象便于研究函数，函数图象的运用充分体现数形结合的思想方法.高考中对函数图象的直接考查主要有三种类型：根据函数解析式判断图象；根据函数图象判断函数性质；根据动态图形建立函数模型.解决此类问题的关键是建立直观的形象特征与抽象的代数性质之间的对应关系.

典例 1　(2022 年全国甲卷文 7)函数 $y=(3^x-3^{-x})\cos x$ 在区间 $\left[-\frac{\pi}{2},\frac{\pi}{2}\right]$ 的图象大致为　　　（　　）

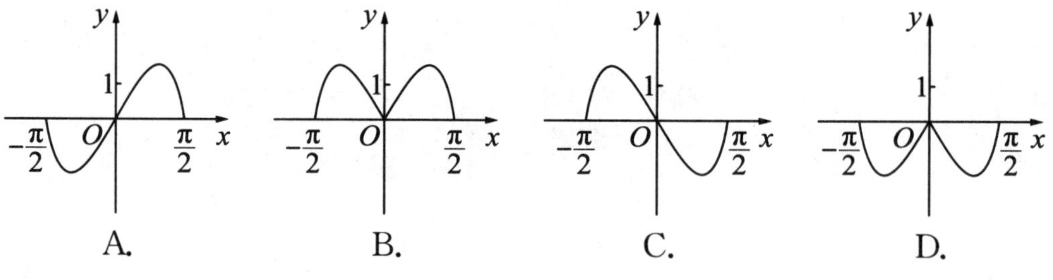

关键点击　直击靶心

由函数的奇偶性结合指数函数、三角函数的性质逐项排除即可得解.

图析路径 思维可视

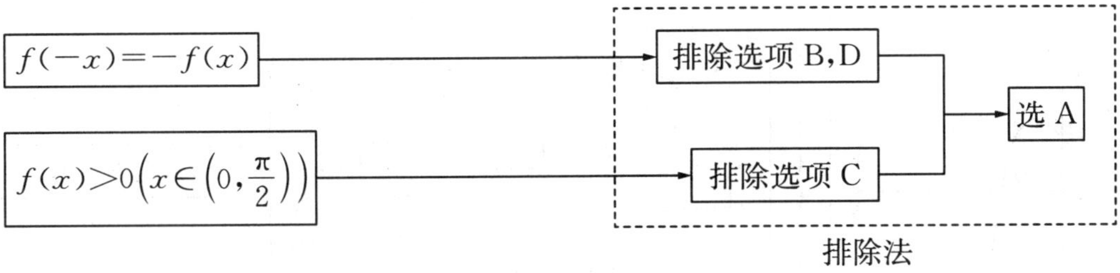

规范解答 精准示范

A **解析**:令 $f(x)=(3^x-3^{-x})\cos x, x\in\left[-\frac{\pi}{2},\frac{\pi}{2}\right]$,则 $f(-x)=(3^{-x}-3^x)\cos(-x)=-(3^x-3^{-x})\cos x=-f(x)$,即 $f(x)$ 为奇函数,排除 B,D;又因为当 $x\in\left(0,\frac{\pi}{2}\right)$ 时,$3^x-3^{-x}>0$,$\cos x>0$,所以 $f(x)>0$,排除 C.故选 A.

典例 2 (2015 年安徽卷理 9)函数 $f(x)=\frac{ax+b}{(x+c)^2}$ 的图象如图 1-1,则 ( )

A. $a>0,b>0,c<0$

B. $a<0,b>0,c>0$

C. $a<0,b>0,c<0$

D. $a<0,b<0,c<0$

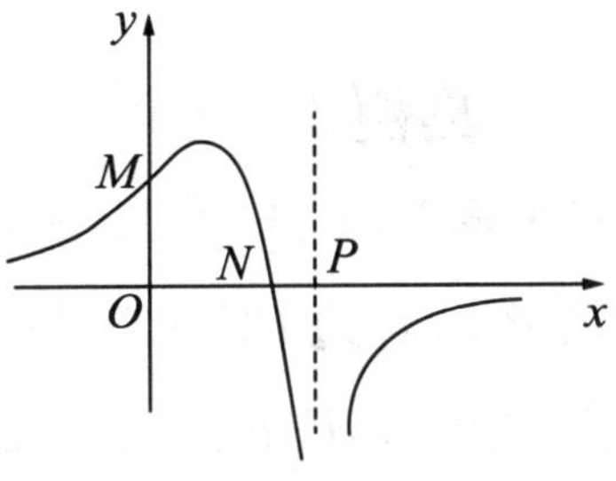

图 1-1

关键点击 直击靶心

根据函数 $f(x)$ 的解析式,结合函数图象分析函数的基本性质,判断参数的取值范围.

图析路径　思维可视

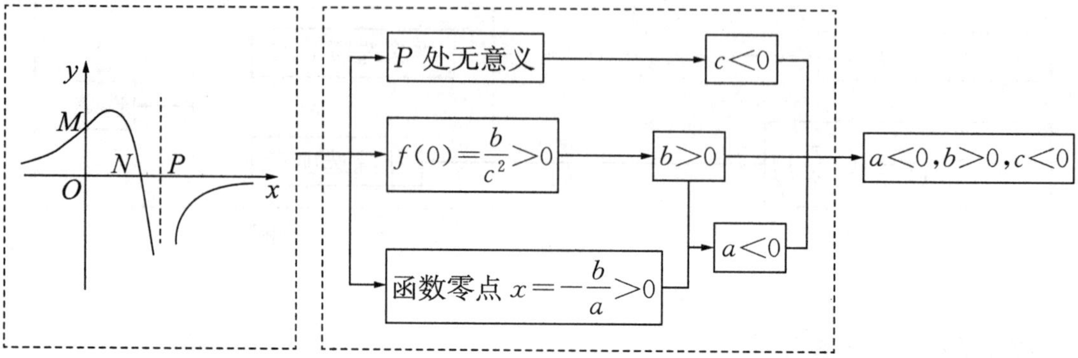

函数图象　　　　　　　特殊化

规范解答　精准示范

C　**解析：**因为函数在点 P 处无意义，由图象看点 P 在 y 轴右侧，所以 $-c>0$，$c<0$。因为 $f(0)=\frac{b}{c^2}>0$，所以 $b>0$。令 $f(x)=0$，得 $ax+b=0$，即 $x=-\frac{b}{a}$，因为函数图象与 x 轴相交于正半轴，所以 $-\frac{b}{a}>0$，所以 $a<0$。综上，$a<0$，$b>0$，$c<0$，故选 C.

典例 3　（2015 年新课标Ⅱ卷理 10）如图 1－2，长方形 $ABCD$ 的边 $AB=2$，$BC=1$，O 是 AB 的中点，点 P 沿着边 BC，CD 与 DA 运动，记 $\angle BOP=x$。将动点 P 到 A，B 两点距离之和表示为 x 的函数 $f(x)$，则 $y=f(x)$ 的图象大致为　　　　（　　）

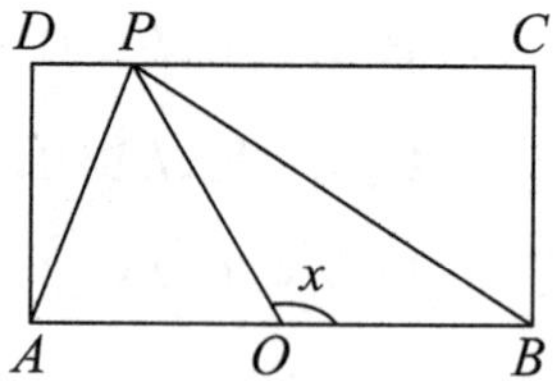

图 1－2

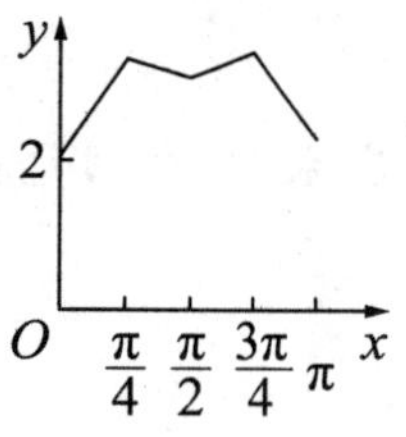

A.

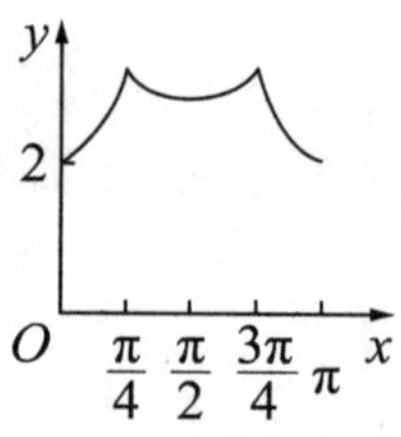

B.

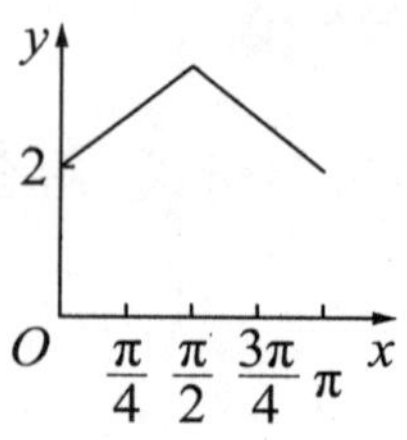

C.

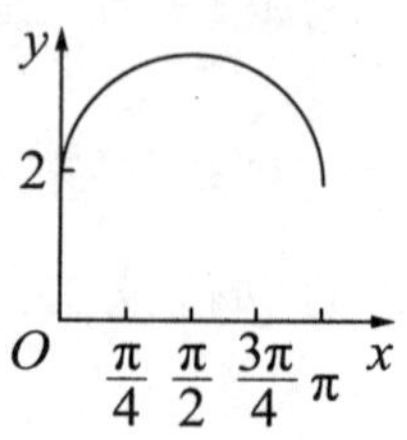

D.

关键点击 直击靶心

分段求出函数 $f(x)$ 的解析式，对照选项中图象的变化趋势与特殊点进行排除.

图析路径 思维可视

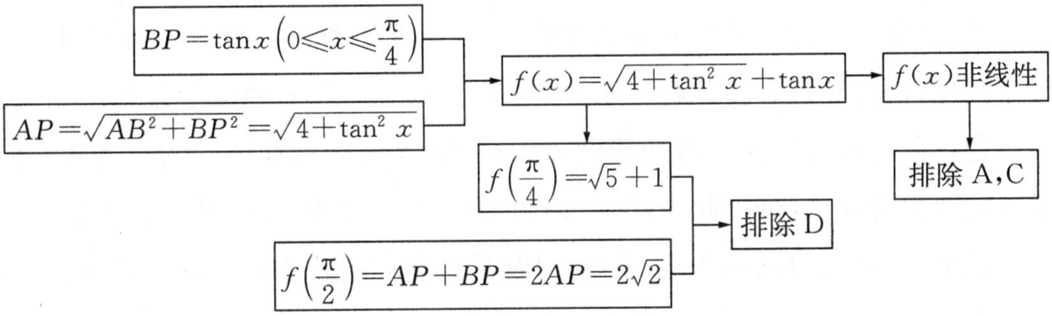

规范解答 精准示范

B **解析：** 当 $0\leqslant x\leqslant\frac{\pi}{4}$ 时，$BP=\tan x$，$AP=\sqrt{AB^2+BP^2}=\sqrt{4+\tan^2x}$，$f(x)=\sqrt{4+\tan^2x}+\tan x\left(0\leqslant x\leqslant\frac{\pi}{4}\right)$，$f(x)$ 单调递增，且 $f\left(\frac{\pi}{4}\right)=\sqrt{5}+1$；当 $x=\frac{\pi}{2}$ 时，$AP+BP=2\sqrt{2}$. 由对称性可知函数 $f(x)$ 的图象关于直线 $x=\frac{\pi}{2}$ 对称，且 $f\left(\frac{\pi}{4}\right)>f\left(\frac{\pi}{2}\right)$，且轨迹为非线型，排除 A,C,D，故选 B.

解后反思 迁移提升

1. 抓住函数的性质，定性分析.(1) 根据函数的定义域，判断图象的左右位置；(2) 根据函数的值域，判断图象的上下位置；(3) 根据函数的单调性，判断图象的变化趋势；(4) 根据函数的周期性，判断图象的循环往复；(5) 根据函数的奇偶性，判断图象的对称性；(6) 根据函数的特殊点，排除不合要求的图象.

2. 抓住函数的特征，定量计算.(1) 根据函数的特征点，计算特殊值；(2) 根据导数的符号，判断原函数的单调性.

2. 数形结合　相得益彰

数、形是高中数学研究的两大主体.在数学教学中,这两大主体相互联系、相互转化,这种联系和转化称为数形结合.作为一种重要的数学思想方法,数形结合可以通过数的形式帮助我们理解图形,也可以借助图形的形式让我们了解数背后的含义,概括起来就是“以数解形、以形助数”,即结合抽象思维与形象思维,使复杂问题简单化、抽象问题具体化,从而优化解题路径、提高解题效率.

典例 1　(2021 年新高考Ⅰ卷 7)若过点(a,b)可以作曲线 $y=e^x$ 的两条切线,则　(　　)

A. $e^b<a$　　B. $e^a<b$

C. $0<a<e^b$　　D. $0<b<e^a$

关键点击　直击靶心

由数到形:严格的证明求解方法,在处理极限的过程中需要用指数函数的增长特性进行估计.

由形到数:基于对指数函数图象的清晰认识与理解,直观解决问题的有效方法.

图析路径 思维可视

设切点 → 求过点(a,b)的切线方程 → $b=f(t)=(a+1-t)e^t$ 有两解 →

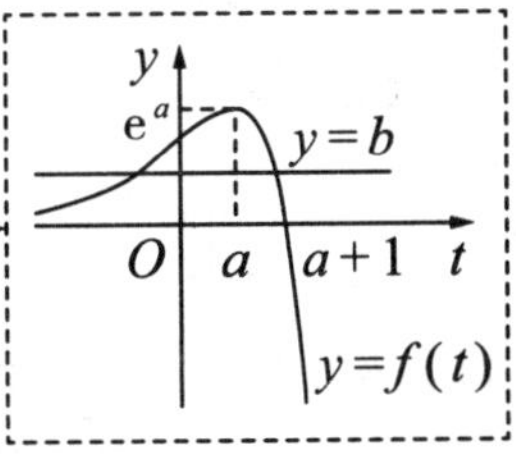

由数到形

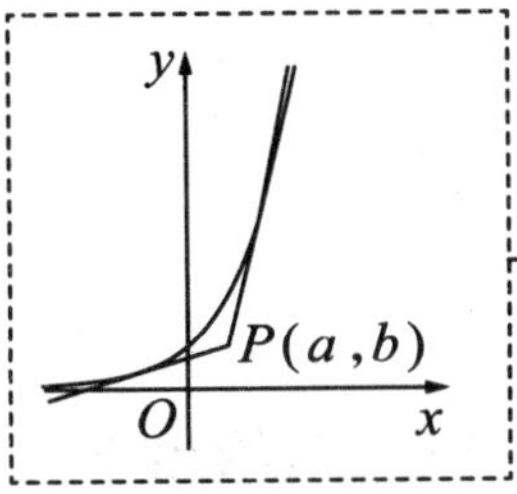

→ 过点(a,b)可以作曲线 $y=e^x$ 的两条切线 → 点(a,b)在曲线下方和 x 轴上方 → $0<b<e^a$

由形到数

方法 1:根据导数的几何意义求得切线方程,再构造函数,利用导数研究函数图象,结合图形确定结果.

方法 2:画出曲线 $y=e^x$ 的图象,根据图象即可判定点(a,b)在曲线 $y=e^x$ 下方和 x 轴上方时才可以作出两条切线.

规范解答 精准示范

D **解析**:方法 1:在曲线 $y=e^x$ 上任取一点 $P(t,e^t)$,对函数 $y=e^x$ 求导,得 $y'=e^x$,则曲线 $y=e^x$ 在点 P 处的切线方程为 $y-e^t=e^t(x-t)$,即 $y=e^tx+(1-t)e^t$.由题意可知,点(a,b)在直线 $y=e^tx+(1-t)e^t$ 上,可得 $b=ae^t+(1-t)e^t=(a+1-t)e^t$,令 $f(t)=(a+1-t)e^t$,则 $f'(t)=(a-t)e^t$.

当 $t<a$ 时,$f'(t)>0$,此时函数 $f(t)$单调递增;当 $t>a$ 时,$f'(t)<0$,此时函数 $f(t)$单调递减.因此,$f(t)_{\max}=f(a)=e^a$,由题意可知,直线 $y=b$ 与曲线 $y=f(t)$的图象有两个交点,则 $b<f(t)_{\max}=e^a$.

当 $t<a+1$ 时,$f(t)>0$,当 $t>a+1$ 时,$f(t)<0$,作出函数 $f(t)$的图象如图 2-1.由图可知,当 $0<b<e^a$ 时,直线 $y=b$ 与曲线 $y=f(t)$的图象有两个交点.故选 D.

方法 2：画出函数曲线 $y=e^x$ 的图象如图 2－2，根据直观即可判定点(a,b)在曲线 $y=e^x$ 下方、x 轴上方时才可以作出两条切线.由此可知 $0<b<e^a$.故选 D.

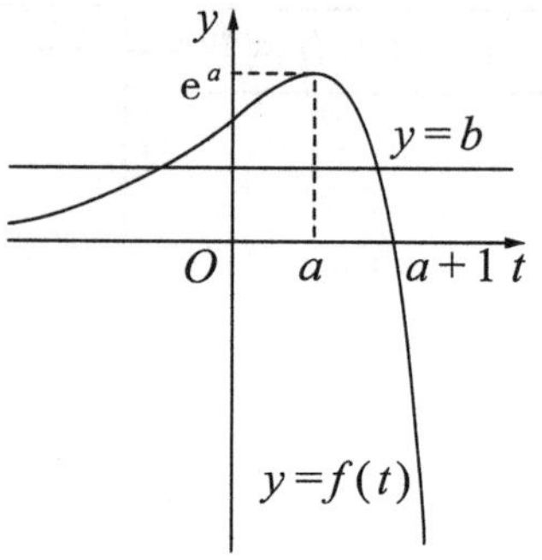

图 2－1

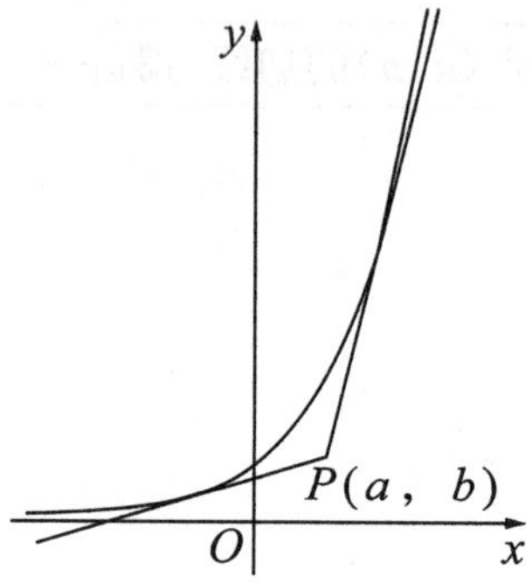

图 2－2

典例 2 （2021 年北京卷 15）已知函数 $f(x)=|\lg x|-kx-2$，给出下列四个结论：① 若 $k=0$，则 $f(x)$有两个零点；② $\exists k<0$，使得 $f(x)$有一个零点；③ $\exists k<0$，使得 $f(x)$有三个零点；④ $\exists k>0$，使得 $f(x)$有三个零点.

以上正确结论的序号是________.

关键点击 直击靶心

将函数 $f(x)$的零点个数转化为函数 $y=|\lg x|$ 的图象与直线 $y=kx+2$ 的交点个数问题.

图析路径 思维可视

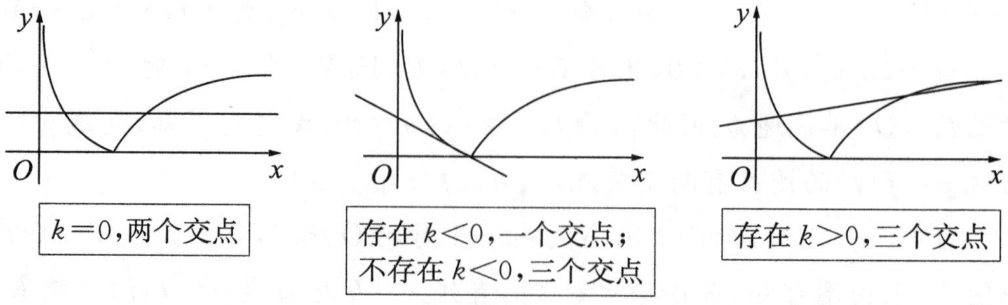

将直线绕点(0,2)旋转，观察直线与曲线位置关系的临界位置，进而作出判断.

规范解答 精准示范

①②④ **解析**：若 $k=0$，由 $|\lg x|=2$，解得 $x=\frac{1}{100}$ 或 $x=100$，故①正确.

若 $k<0$：（ⅰ）当 $0<x\leqslant 1$ 时，$f(x)=-\lg x-kx-2$，$f'(x)=-\frac{1}{x\ln 10}-k$，$f'(x)$ 至多一个零点，$f(x)$ 至多两个单调区间，$f(x)$ 在 $(0,1]$ 上至多两个零点；（ⅱ）当 $x>1$ 时，$f(x)=\lg x-kx-2$ 单调递增，$f(x)$ 在 $(1,+\infty)$ 上至多一个零点.若 $f(x)$ 在 $(0,1]$ 上最多一个零点，则 $f(x)$ 在 $(0,+\infty)$ 上至多两个零点，$f(x)$ 无三个零点.若 $f(x)$ 在 $(0,1]$ 上有两个零点，则设 $f'(x)$ 的零点为 t，当 $x\in(0,t)$ 时，$f'(x)<0$，$f(x)$ 单调递减，$f(t)<0$，当 $x\in(t,1]$ 时，$f'(x)>0$，$f(x)$ 单调递增，$f(1)\geqslant 0$.因为当 $x>1$ 时，$f(x)=\lg x-kx-2$ 单调递增，所以 $f(x)>0$，$f(x)$ 无零点.综上，若 $k<0$，不存在 k，使得 $f(x)$ 有三个零点，故③错误.

此外，当 $0<x\leqslant 1$ 时，设直线 $y=kx+2$ 与曲线 $y=|\lg x|$ 相切于点 $(x_0,-\lg x_0)$，则令 $k=-\frac{1}{x_0\ln 10}=\frac{-\lg x_0-2}{x_0}$，解得 $x_0=\frac{\mathrm{e}}{100}$，$k=-\frac{100}{\mathrm{e}\ln 10}<0$，故 $\exists k<0$，使得 $f(x)$ 有一个零点，故②正确.

若 $k>0$：（ⅰ）在 $(0,1]$ 上，函数 $f(x)=|\lg x|-kx-2=-\lg x-kx-2$ 单调递减，且 $f(1)<0$，由对数函数图象易知 $x\to 0$，$f(x)\to+\infty$，故有唯一零点.（ⅱ）当 $x>1$ 时，$f(x)=\lg x-kx-2$，$f'(x)=\frac{1}{x\ln 10}-k$，令 $f'(x)=0$，得 $x_1=\frac{1}{k\ln 10}$，当 $\frac{1}{k\ln 10}>1$，即 $k<\lg\mathrm{e}$ 时，若 $x\in(1,x_1)$，$f'(x)>0$，$f(x)$ 单调递增；若 $x\in(x_1,+\infty)$，$f'(x)<0$，$f(x)$ 单调递减.故当 $f(x_1)>0$，即 $0<k<\frac{1}{100\mathrm{e}}\lg\mathrm{e}$ 时，$f(x)$ 在 $(1,+\infty)$ 上有两个零点.综上，$\exists k>0$，使得 $f(x)$ 有三个零点，故④正确.

典例3 (2020年天津卷9)已知函数 $f(x)=\begin{cases}x^3, & x\geqslant 0,\\ -x, & x<0.\end{cases}$ 若函数 $g(x)=f(x)-|kx^2-2x|$ $(k\in\mathbf{R})$ 恰有4个不同的零点,则 k 的取值范围是 ( )

A. $\left(-\infty,-\frac{1}{2}\right)\cup(2\sqrt{2},+\infty)$

B. $\left(-\infty,-\frac{1}{2}\right)\cup(0,2\sqrt{2})$

C. $(-\infty,0)\cup(0,2\sqrt{2})$

D. $(-\infty,0)\cup(2\sqrt{2},+\infty)$

关键点击 直击靶心

将函数 $g(x)$ 有4个不同的零点转化为方程 $|kx-2|=\frac{f(x)}{|x|}$ 恰有3个非零实根,讨论折线 $y=|kx-2|(x\neq 0)$ 与 $y=\frac{f(x)}{|x|}$ 图象的交点个数.

图析路径 思维可视

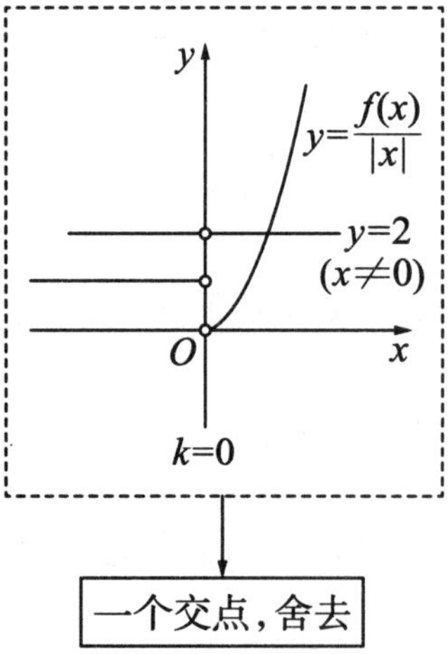

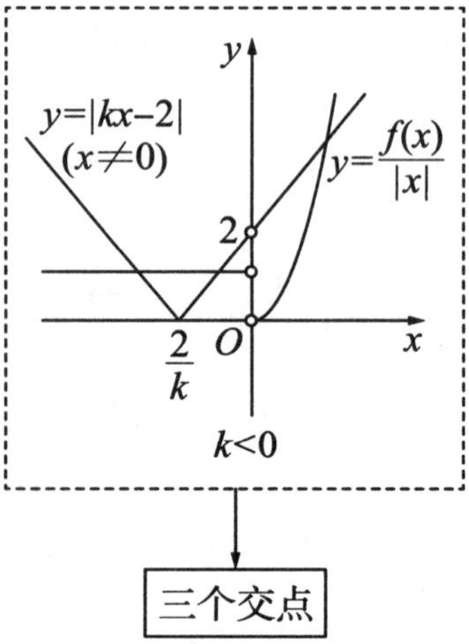

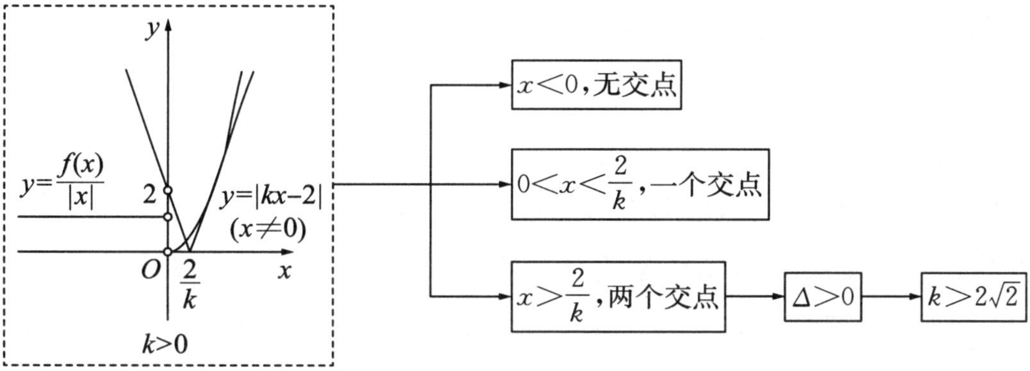

规范解答　精准示范

D　**解析**：因为 $g(0)=0$，所以要使 $g(x)$ 恰有 4 个不同的零点，只需方程 $|kx-2|=\dfrac{f(x)}{|x|}$ 恰有 3 个不同实根即可，令 $h(x)=\dfrac{f(x)}{|x|}$，即 $y=|kx-2|(x\neq 0)$ 与 $h(x)=\dfrac{f(x)}{|x|}$ 的图象有 3 个不同交点．易得 $h(x)=\dfrac{f(x)}{|x|}=\begin{cases}x^2, x>0,\\ 1,\ \ x<0,\end{cases}$ 当 $k=0$ 时，$y=|kx-2|=2$，如图 2－3，$y=2$ 与 $h(x)=\dfrac{f(x)}{|x|}$ 的图象有 1 个交点，不满足题意；当 $k<0$ 时，如图 2－4，$y=|kx-2|$ 与 $h(x)=\dfrac{f(x)}{|x|}$ 的图象恒有 3 个不同交点，满足题意；当 $k>0$ 时，如图 2－5，$x<0$ 时，无交点，$0<x<\dfrac{2}{k}$ 时，一个交点，则当 $x>\dfrac{2}{k}$ 时，$h(x)=x^2$ 与 $y=kx-2$ 的图象有两个交点，即 $x^2-kx+2=0$ 有两解，令 $\Delta>0$ 得 $k^2-8>0$，解得 $k>2\sqrt{2}$（负值舍去），故 $k>2\sqrt{2}$．综上，k 的取值范围为 $(-\infty,0)\cup(2\sqrt{2},+\infty)$．故选 D．

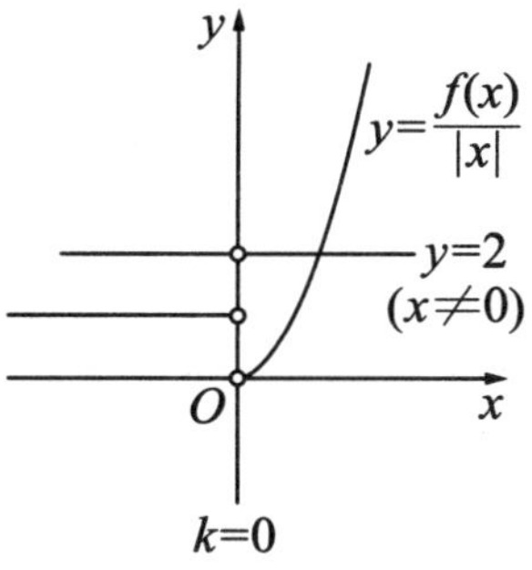

图 2－3

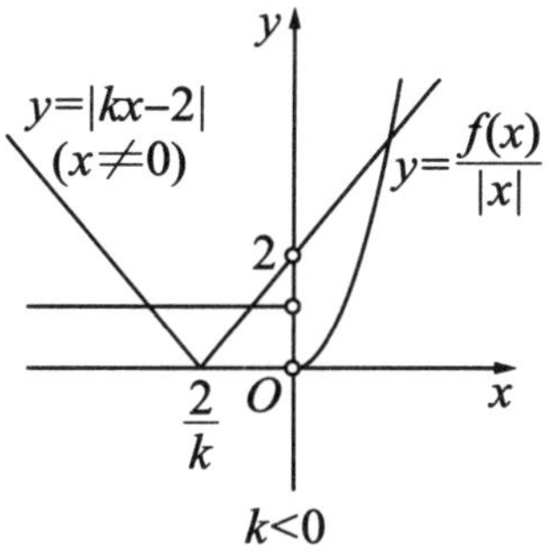

图 2－4

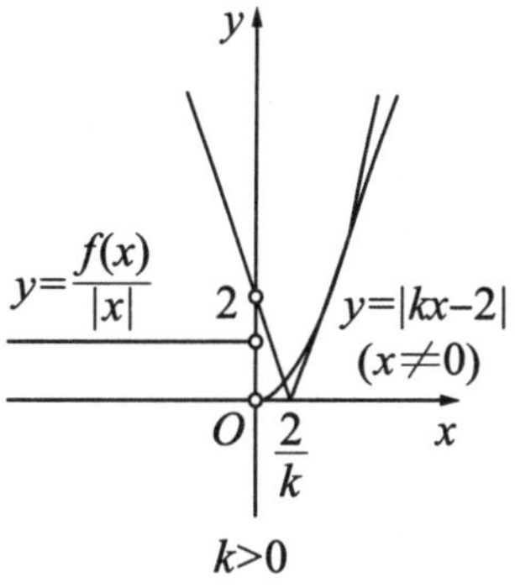

图 2－5

解后反思 迁移提升

著名数学家华罗庚说:“数形结合百般好,割裂分家万事休.”数形结合是数学解题过程中常用的一种方法,它通过数与形的相互转化将抽象数学语言与直观数学图形相结合,借助以形助数或者以数解形的具体方式将复杂的数学问题直观化、形象化,从而避免复杂的计算与推理,达到高效、简便解题的效果.我们可以借助图象来研究函数的性质,结合函数图象的几何特征与数量特征,利用图象分析、认清数学问题的本质,优化解题过程、提高解题效率.

3. 分段函数　分类整合

分段函数是指在不同的区间上有不同的对应法则的函数，其常见的表现形式是解析式分段给出，也有的是解析式中含有绝对值符号、取整符号.分段函数也是函数，我们常研究它的值域、最值、零点、零点个数等性质.因为分段函数表现形式特殊，所以我们需要先在不同的区间上分别研究分段函数的性质，再整合表述，这是研究分段函数的基本思路.

典例 1　(2016 年江苏卷 11)设 $f(x)$是定义在 $\mathbf{R}$ 上且周期为 2 的函数，在区间$[-1,1)$上，$f(x)=\begin{cases}x+a, & -1\leqslant x<0,\\ \left|\frac{2}{5}-x\right|, & 0\leqslant x<1,\end{cases}$其中 $a\in\mathbf{R}$.若 $f\left(-\frac{5}{2}\right)=f\left(\frac{9}{2}\right)$，则 $f(5a)=$________.

关键点击　直击靶心

1. 根据函数的周期性，结合 $f\left(-\frac{5}{2}\right)=f\left(\frac{9}{2}\right)$，可得 a 值.

2. 将 a 的值代入 $f(5a)$后求解.

图析路径　思维可视

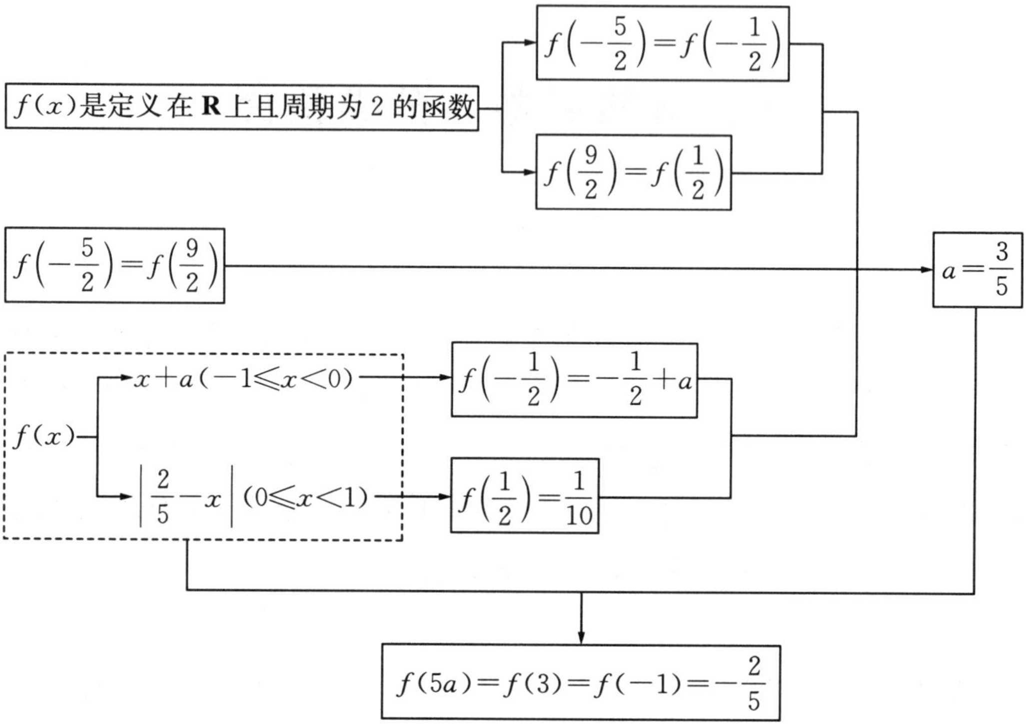

1. 根据 $f(x)$ 的周期性，得到 $f\left(-\frac{5}{2}\right)=f\left(-\frac{1}{2}\right)$，$f\left(\frac{9}{2}\right)=f\left(\frac{1}{2}\right)$.

2. 根据 $f(x)$ 的解析式求值，得到方程求解即可.

规范解答　精准示范

$-\frac{2}{5}$　**解析：**因为 $f(x)$ 是定义在 $\mathbf{R}$ 上且周期为 2 的函数，所以 $f\left(-\frac{5}{2}\right)=f\left(-\frac{1}{2}\right)$，$f\left(\frac{9}{2}\right)=f\left(\frac{1}{2}\right)$. 因为 $f(x)=\begin{cases}x+a, & -1\leqslant x<0,\\ \left|\frac{2}{5}-x\right|, & 0\leqslant x<1,\end{cases}$ 所以 $f\left(-\frac{1}{2}\right)=-\frac{1}{2}+a$，$f\left(\frac{1}{2}\right)=\left|\frac{2}{5}-\frac{1}{2}\right|=\frac{1}{10}$，又因为 $f\left(-\frac{5}{2}\right)=f\left(\frac{9}{2}\right)$，所以 $-\frac{1}{2}+a=\frac{1}{10}$，解得 $a=\frac{3}{5}$，所以 $f(5a)=f(3)=f(-1)=-1+\frac{3}{5}=-\frac{2}{5}$.

典例 2 (2021 年新高考Ⅰ卷 15)函数 $f(x)=|2x-1|-2\ln x$ 的最小值为________.

关键点击 直击靶心

1. 分类讨论去掉绝对值符号.
2. 分段求出最小值后比较大小.

图析路径 思维可视

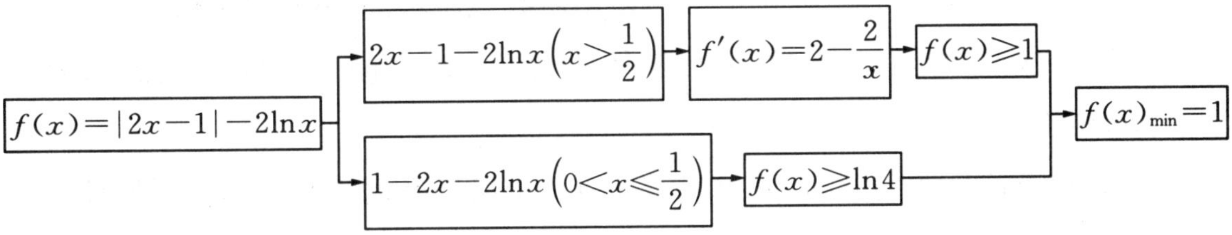

1. 根据 $2x-1$ 的正负进行分类讨论.

2. 分别求出两段的最小值再比较大小.

规范解答 精准示范

1 **解析:** 因为 $f(x)=|2x-1|-2\ln x$,所以 $f(x)=\begin{cases}2x-1-2\ln x, & x>\frac{1}{2},\\ 1-2x-2\ln x, & 0<x\leqslant\frac{1}{2}.\end{cases}$

当 $x>\frac{1}{2}$ 时,$f(x)=2x-1-2\ln x$,$f'(x)=2-\frac{2}{x}=\frac{2x-2}{x}$,如表 3-1.

表 3-1

x	$\left(\frac{1}{2},1\right)$	1	$(1,+\infty)$
$f'(x)$	$-$	0	$+$
$f(x)$	↘	1	↗

故 $f(x)$ 在 $\left(\frac{1}{2},+\infty\right)$ 上的最小值为 1.

当 $x\leqslant\frac{1}{2}$ 时，因为 $f(x)=1-2x-2\ln x$，所以 $f'(x)=-2-\frac{2}{x}<0$，所以 $f(x)$ 在 $\left(0,\frac{1}{2}\right]$ 上单调递减且最小值为 $f\left(\frac{1}{2}\right)=1-2\times\frac{1}{2}-2\ln\frac{1}{2}=\ln4$.

因为 $\ln4>1$，所以 $f(x)$ 的最小值为 1.

解后反思 迁移提升

1. 分段函数的每一段具有一个对应法则，每一段都具有特定的函数特征.准确定位各段的特征，有助于综合运用函数性质和图象解决问题.

2. 分段函数是一个函数，要用整体的眼光来思考问题，分段讨论后要整合并给出最终结论.

3. 对分段函数的学习，要重视对其概念中所涉及的解析式、定义域、值域以及图象特点的理解，回归问题本源，也要注意把握其函数性质的表现特征，关注细节，避免疏漏.

4. 三次函数　见微知著

形如 $f(x)=ax^3+bx^2+cx+d(a\neq 0)$ 的函数叫做三次函数，它由常见的幂函数组合而成，是常见的多项式函数.三次函数的导数是二次函数，判断单调性和极值点等性质比较方便，因此研究函数的变化趋势，三次函数是一个很好的载体.研究思路：(1) 借助研究函数的奇偶性的方法研究三次函数的对称问题；(2) 借助导数的正负研究三次函数的单调性及变化趋势；(3) 借助导数的零点研究三次函数的极值；(4) 借助函数的图象和零点存在定理研究三次函数的零点个数.

典例 1　(2022 年新高考Ⅰ卷 10)(多选)已知函数 $f(x)=x^3-x+1$，则 (　　)

A. $f(x)$有两个极值点

B. $f(x)$有三个零点

C. 点$(0,1)$是曲线 $y=f(x)$的对称中心

D. 直线 $y=2x$ 是曲线 $y=f(x)$的切线

关键点击　直击靶心

1. 用导数判断函数的单调性.
2. 根据零点和极值点的定义，结合函数的单调性进行判断.

图析路径　思维可视

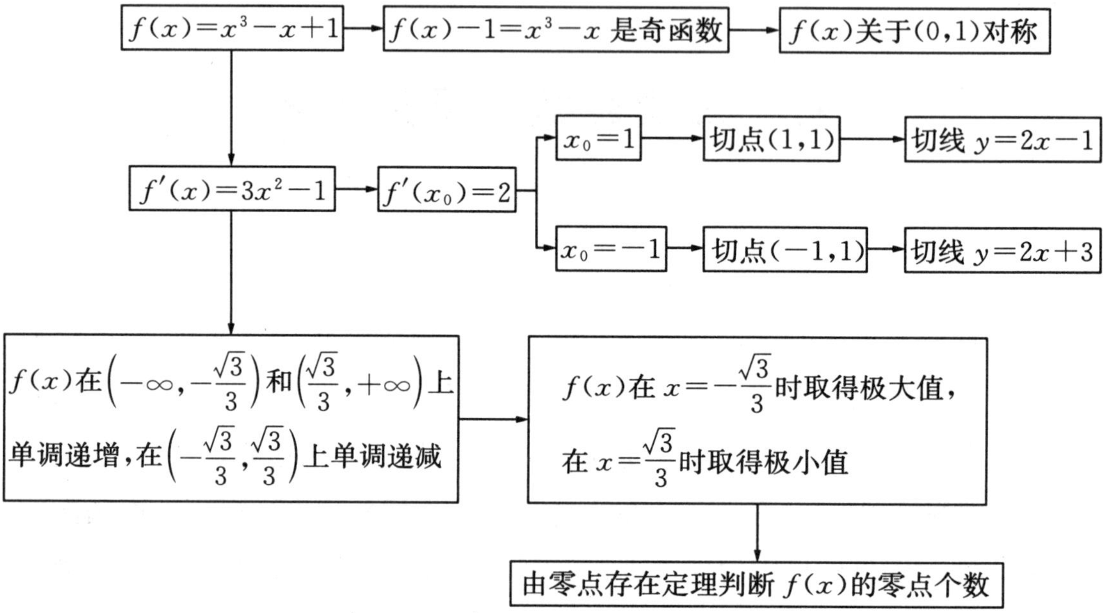

1. 由函数 $f(x)$的单调性可以作出函数的大致图象，结合 $f(x)$图象判断极值点和零点.

2. 结合 $f(x)$图象的平移，把 $f(x)$化归为常见的奇函数，判断对称中心.

规范解答　精准示范

AC　**解析**：因为 $f'(x)=3x^2-1$，所以 $f(x)$在$\left(-\infty,-\frac{\sqrt{3}}{3}\right)$，$\left(\frac{\sqrt{3}}{3},+\infty\right)$上单调递增，在$\left(-\frac{\sqrt{3}}{3},\frac{\sqrt{3}}{3}\right)$上单调递减，又因为 $f\left(-\frac{\sqrt{3}}{3}\right)=\frac{2\sqrt{3}+9}{9}>0$，$f\left(\frac{\sqrt{3}}{3}\right)=\frac{9-2\sqrt{3}}{9}>0$，所以 $f(x)$有两个极值点，有且仅有一个零点，故选项 A 正确，选项 B 错误.

因为 $f(x)-1=x^3-x$ 是奇函数，所以 $f(x)$的图象关于点$(0,1)$对称，故选项 C 正确.

假设 $y=2x$ 是曲线 $y=f(x)$的切线，设切点为(x_0,y_0)，则由 $f'(x_0)=$

2，解得 $x_0=1$ 或 $x_0=-1$，当 $x_0=1$ 时，切线为 $y=2x-1$，当 $x_0=-1$ 时，切线为 $y=2x+3$，均与 $y=2x$ 不同，故选项 D 错误．故选 AC.

典例 2　(2014 年新课标 Ⅰ 卷理 11)已知函数 $f(x)=ax^3-3x^2+1$，若 $f(x)$ 存在唯一的零点 x_0，且 $x_0>0$，则实数 a 的取值范围是　　(　　)

A. $(1,+\infty)$　　B. $(2,+\infty)$　　C. $(-\infty,-1)$　　D. $(-\infty,-2)$

关键点击　直击靶心

1. 从数与形两个角度理解函数的零点的概念.

2. 正面分析，抽丝剥茧，列出不等关系求解，或者迂回包围，等价转化，分离参数，化动为静，研究两个函数的图象交点问题.

图析路径　思维可视

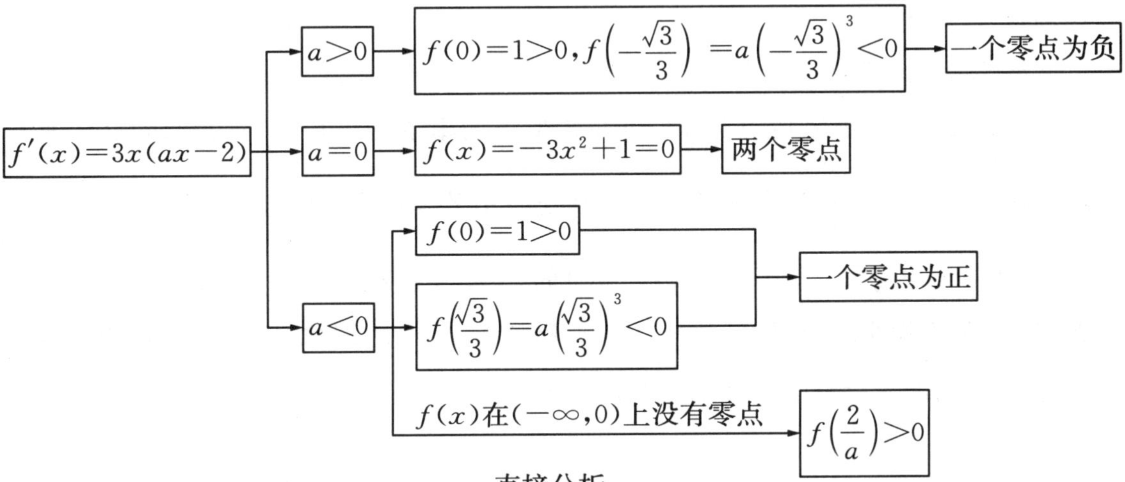

直接分析

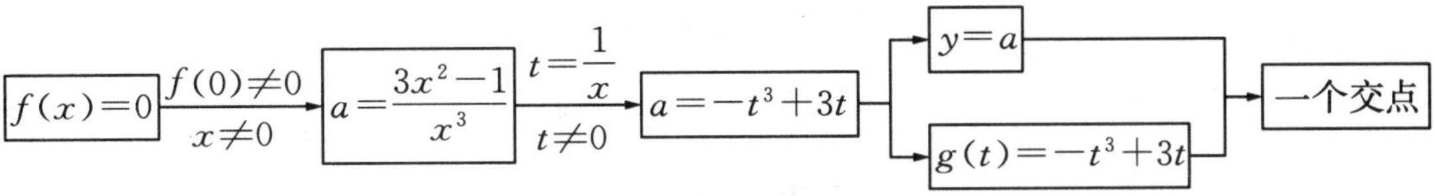

等价转化

规范解答　精准示范

D　**解析**：方法1（直接分析）：因为 $f(x)=ax^3-3x^2+1$，所以 $f'(x)=3ax^2-6x=3x(ax-2)$，$f(0)=1$.

当 $a=0$ 时，$f(x)=-3x^2+1$ 有两个零点，不合题意.

当 $a>0$ 时，$f(x)$ 在 $(-\infty,0)$ 上单调递增，又因为 $f(0)=1>0$，$f\left(-\frac{\sqrt{3}}{3}\right)=a\left(-\frac{\sqrt{3}}{3}\right)^3<0$，所以 $f(x)$ 在 $(-\infty,0)$ 上有零点，不合题意.

当 $a<0$ 时，$f(x)$ 在 $(0,+\infty)$ 上单调递减，又因为 $f(0)=1>0$，$f\left(\frac{\sqrt{3}}{3}\right)=a\left(\frac{\sqrt{3}}{3}\right)^3<0$，所以 $f(x)$ 在 $(0,+\infty)$ 上有且只有一个零点 x_0. 又因为 $f(x)$ 存在唯一的零点 x_0，且 $x_0>0$，所以 $f(x)$ 在 $(-\infty,0)$ 上没有零点. 因为当 $x=\frac{2}{a}$ 时，$f(x)=ax^3-3x^2+1$ 在 $(-\infty,0)$ 上取得最小值，所以 $f\left(\frac{2}{a}\right)=\frac{8}{a^2}-3\cdot\frac{4}{a^2}+1>0$，解得 $a<-2$.

综上所述，实数 a 的取值范围是 $(-\infty,-2)$. 故选D.

方法2（等价转化）：因为 $f(x)$ 存在唯一的零点 x_0，且 $f(0)\neq 0$，$x_0>0$，所以方程 $a=-\frac{1}{x^3}+\frac{3}{x}$ 有唯一的解 x_0，且 $x_0>0$. 令 $t=\frac{1}{x}$，则 $t\neq 0$，则 $a=-t^3+3t$. 问题转化为 $g(t)=-t^3+3t(t\neq 0)$ 的图象与直线 $y=a$ 有且只有一个交点，且交点的横坐标大于0，作出 $y=a$ 和函数 $g(t)$ 的图象，如图4-1，由图象可得 a 的范围是 $(-\infty,-2)$. 故选D.

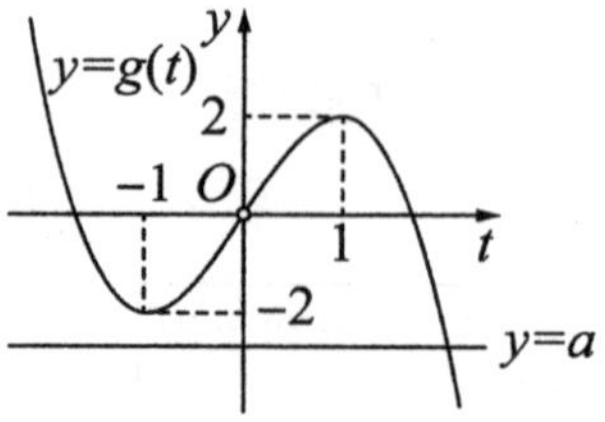

图4-1

解后反思　迁移提升

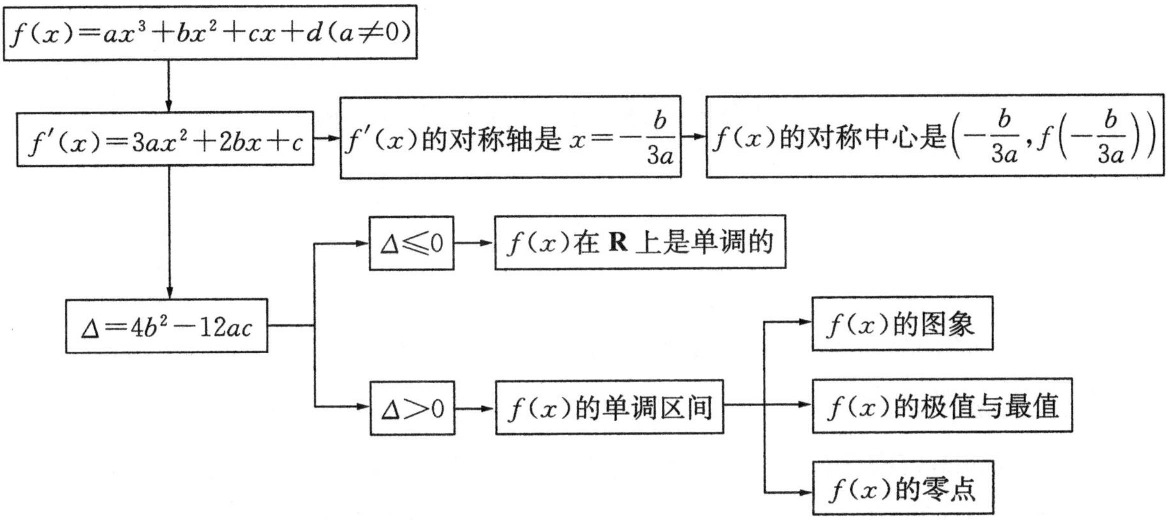
$f(x)=ax^3+bx^2+cx+d(a\neq0)$
$f'(x)=3ax^2+2bx+c$
$f'(x)$的对称轴是 $x=-\frac{b}{3a}$
$f(x)$的对称中心是$\left(-\frac{b}{3a},f\left(-\frac{b}{3a}\right)\right)$
$\Delta=4b^2-12ac$
$\Delta\leqslant0$
$f(x)$在 $\mathbf{R}$ 上是单调的
$\Delta>0$
$f(x)$的单调区间
$f(x)$的图象
$f(x)$的极值与最值
$f(x)$的零点

5. 切线条数　零点个数

三次函数是体现导数工具性特征的基本模型.对三次函数的研究,可以加深对利用导数研究函数性质的过程的理解,形成基本的研究经验,并可以迁移到其他的函数模型研究中.函数图象的切线作为导数的几何表现形式,体现了以直代曲的思想,是高考中的热点.在某点处的切线,该点即为切点;过某点处的切线,该点在切线上,未必是切点.切点与切线问题常与其他知识结合,需要等价转化,最后通常转化为方程的解和函数的零点来解决.我们如果能够熟练掌握三次函数的切点与切线问题的解决方法,对一些常考的函数模型自觉地进行深入分析,就可以达到事半功倍的效果.

典例 1　(2007 年全国Ⅱ卷理 22)已知函数 $f(x)=x^3-x$.

(1) 求曲线 $y=f(x)$在点 $M(t,f(t))$处的切线方程;

(2) 设 $a>0$,如果过点(a,b)可作曲线 $y=f(x)$的三条切线,求证:$-a<b<f(a)$.

关键点击　直击靶心

1. 用点斜式求切线方程.

2. 根据切线过点(a,b)得到方程,切线的条数问题转化为方程解的个数问题.

图析路径 思维可视

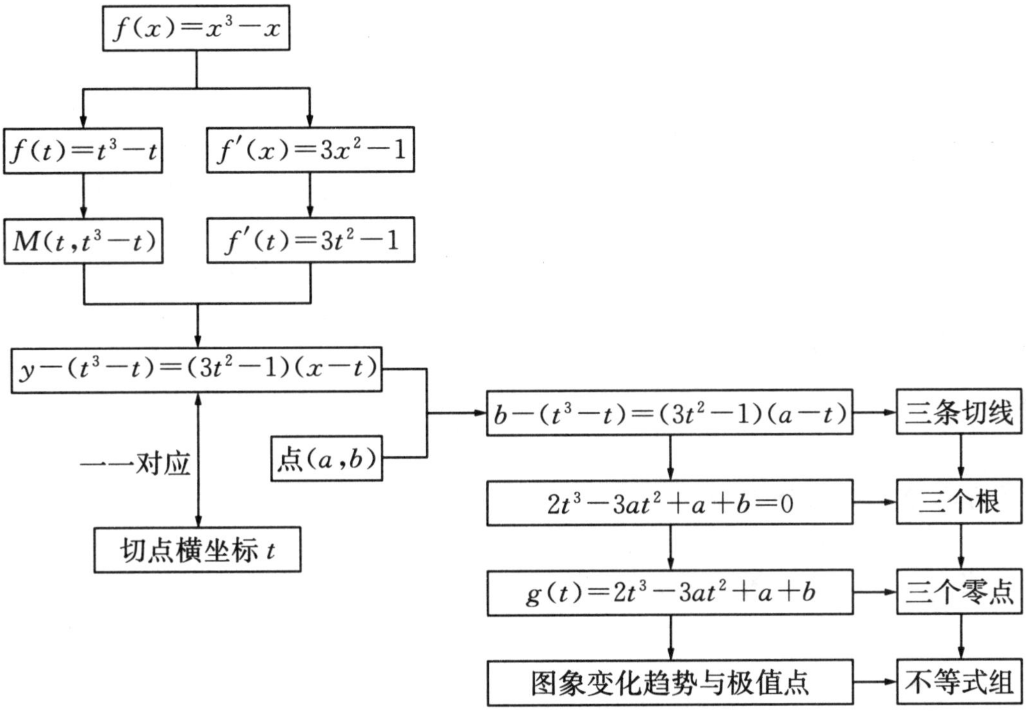

1. 由一个横坐标确定一个切点，由一个切点确定一条切线，体会横坐标与切线的一一对应关系.

2. 把切线的条数问题转化为方程的根的个数问题，构造函数后转化为研究函数的零点问题.借助函数及零点存在定理可得不等式组.

规范解答 精准示范

解：(1) 因为 $f(x)=x^3-x$，所以 $f'(x)=3x^2-1$.因为 $f(t)=t^3-t$，所以曲线 $y=f(x)$在点 $M(t,f(t))$处的切线方程为 $y-f(t)=f'(t)(x-t)$，即 $y=(3t^2-1)x-2t^3$.

(2) 若切线过点(a,b)，则存在 t，使 $b=(3t^2-1)a-2t^3$.因为过点(a,b)可作曲线 $y=f(x)$的三条切线，所以关于 t 的方程 $2t^3-3at^2+a+b=0$ 有三个相异的实数根.记 $g(t)=2t^3-3at^2+a+b$，则 $g'(t)=6t^2-6at=6t(t-a)$，如表 5－1.

表 5-1

t	$(-\infty,0)$	0	$(0,a)$	a	$(a,+\infty)$
$g'(t)$	+	0	−	0	+
$g(t)$	↗	极大值 $a+b$	↘	极小值 $b-f(a)$	↗

当 $a+b<0$ 或 $b-f(a)>0$ 时，方程 $g(t)=0$ 最多有一个实数根.

当 $a+b=0$ 时，解方程 $g(t)=0$，得 $t=0$，或 $t=\frac{3a}{2}$，即方程 $g(t)=0$ 只有两个相异的实数根.

当 $b-f(a)=0$ 时，解方程 $g(t)=0$，得 $t=-\frac{a}{2}$，或 $t=a$，即方程 $g(t)=0$ 只有两个相异的实数根.

当 $\begin{cases}a+b>0,\\ b-f(a)<0\end{cases}$ 时，$g(t)=0$ 有三个相异的实数根，故 $-a<b<f(a)$.

典例 2 （2014 年北京卷文 20）已知函数 $f(x)=2x^3-3x$.

(1) 求 $f(x)$ 在区间 $[-2,1]$ 上的最大值；

(2) 若过点 $P(1,t)$ 存在 3 条直线与曲线 $y=f(x)$ 相切，求 t 的取值范围；

(3) 过点 $A(-1,2)$，$B(2,10)$，$C(0,2)$ 分别存在几条直线与曲线 $y=f(x)$ 相切？（只需写出结论）

关键点击 直击靶心

1. 利用导数求得极值点，然后比较端点处函数值与在区间内的极值点处函数值的大小.

2. 将切线的条数问题转化为以切点横坐标为未知数的方程解的个数问题.

图析路径 思维可视

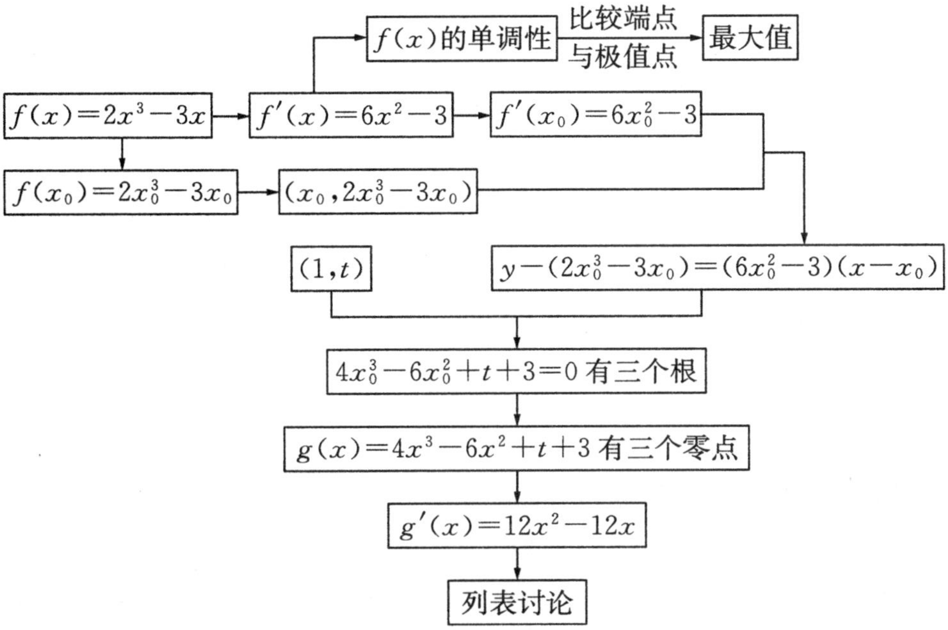

1. 利用导数求得极值点，然后比较端点与极值点处函数值的大小.

2. 利用导数的几何意义得出切线方程，点 $P(1,t)$代入后得到 $4x_0^3-6x_0^2+t+3=0$，设 $g(x)=4x^3-6x^2+t+3$，则 $g(x)$有 3 个不同的零点.再利用导数判断函数 $g(x)$的单调性进而得出函数的零点情况，得出结论.

规范解答 精准示范

解：(1) 因为 $f(x)=2x^3-3x$，所以 $f'(x)=6x^2-3$，如表 5-2.

表 5-2

x	$\left(-2,-\frac{\sqrt{2}}{2}\right)$	$-\frac{\sqrt{2}}{2}$	$\left(-\frac{\sqrt{2}}{2},\frac{\sqrt{2}}{2}\right)$	$\frac{\sqrt{2}}{2}$	$\left(\frac{\sqrt{2}}{2},1\right)$
$f'(x)$	+	0	−	0	+
$f(x)$	↗	$\sqrt{2}$	↘	$-\sqrt{2}$	↗

又因为 $f(1)=-1$，所以 $f(x)$在区间$[-2,1]$上的最大值为$\sqrt{2}$.

(2) 设过点 $P(1,t)$的直线与曲线 $y=f(x)$相切于点(x_0,y_0)，则 $y_0=2x_0^3-3x_0$，且切线斜率 $k=6x_0^2-3$，所以切线方程为 $y-y_0=(6x_0^2-3)(x-x_0)$，将点 $P(1,t)$代入切线方程可得 $t-y_0=(6x_0^2-3)(1-x_0)$，即 $4x_0^3-6x_0^2+t+3=$

0.设 $g(x)=4x^3-6x^2+t+3$，所以 $g'(x)=12x^2-12x=12x(x-1)$，如表 5－3.

表 5－3

x	$(-\infty,0)$	0	$(0,1)$	1	$(1,+\infty)$
$g'(x)$	$+$	0	$-$	0	$+$
$g(x)$	↗	$t+3$	↘	$t+1$	↗

$g(0)=t+3$ 是 $g(x)$ 的极大值，$g(1)=t+1$ 是 $g(x)$ 的极小值.当 $g(0)=t+3\leqslant 0$，即 $t\leqslant -3$ 时，$g(x)$ 在 $(-\infty,1]$ 和 $(1,+\infty)$ 上分别至多有一个零点，故 $g(x)$ 至多有 2 个零点.当 $g(1)=t+1\geqslant 0$，即 $t\geqslant -1$ 时，$g(x)$ 在 $(-\infty,0]$ 和 $(0,+\infty)$ 上分别至多有一个零点，故 $g(x)$ 至多有 2 个零点.当 $g(0)>0$ 且 $g(1)<0$，即 $-3<t<-1$ 时，因为 $g(-1)=t-7<0$，$g(2)=t+11>0$，所以 $g(x)$ 分别在 $[-1,0)$，$[0,1)$ 和 $[1,2)$ 上各有 1 个零点，由于 $g(x)$ 在区间 $(-\infty,0)$ 和 $[1,+\infty)$ 上单调，故 $g(x)$ 分别在区间 $(-\infty,0)$ 和 $[1,+\infty)$ 上恰有 1 个零点.综上所述，当过点 $P(1,t)$ 存在 3 条直线与曲线 $y=f(x)$ 相切时，t 的取值范围是 $(-3,-1)$.

(3) 过点 $A(-1,2)$ 存在 3 条直线与曲线 $y=f(x)$ 相切，过点 $B(2,10)$ 存在 2 条直线与曲线 $y=f(x)$ 相切，过点 $C(0,2)$ 存在 1 条直线与曲线 $y=f(x)$ 相切.

解后反思 迁移提升

过三次函数 $f(x)$ 的对称中心作切线 l，则坐标平面被切线 l 和函数 $f(x)$ 对应的曲线分为 Ⅰ，Ⅱ，Ⅲ，Ⅳ 四个区域，如图 5－1，则有以下结论：

1. 过区域Ⅰ，Ⅲ内的点作曲线 $y=f(x)$ 的切线，有且仅有三条.

2. 过区域Ⅱ，Ⅳ内的点作曲线 $y=f(x)$ 的切线，有且仅有一条.

3. 过曲线 $y=f(x)$ 的对称中心作曲线 $y=f(x)$ 的切线，有且仅有一条.

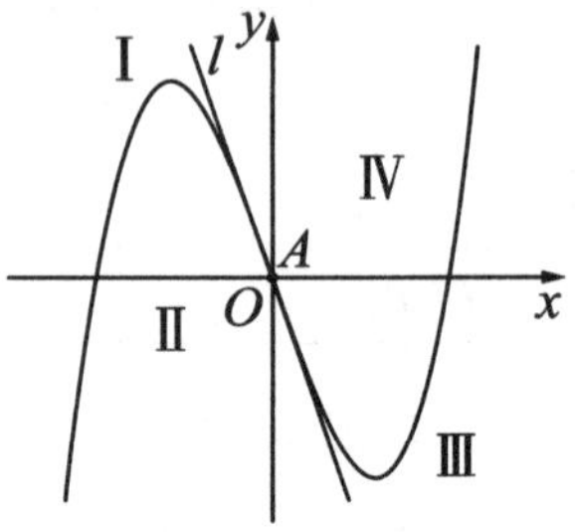

图 5－1

4. 过曲线 $y=f(x)$ 上的任意一点（不是对称中心），或过切线 l 上的任意一点（不是对称中心）作曲线 $y=f(x)$ 的切线，有且仅有两条.

6. 切线问题　追踪切点

导数中的切线问题考查的知识点是导数的几何意义，核心是切点横坐标. 抓住切点横坐标这个“牛鼻子”，此类问题就能迎刃而解. 一般地，切点已知时可以直接写出切线方程；切点未知时设出切点，得到切线，进而建立关于切点横坐标的方程(组)或函数. 这体现了化形为数、转化与化归等思想方法.

典例 1　(2021 年新高考Ⅱ卷 16)已知函数 $f(x)=|e^x-1|$，$x_1<0$，$x_2>0$，函数 $f(x)$ 的图象在点 $A(x_1,f(x_1))$ 和点 $B(x_2,f(x_2))$ 处的两条切线互相垂直，且分别交 y 轴于 M,N 两点，则 $\dfrac{|AM|}{|BN|}$ 的取值范围是________.

关键点击　直击靶心

根据两条切线垂直得到 x_1,x_2 的关系，结合直线方程及两点间距离公式表达 $|AM|$，$|BN|$，进而将 $\dfrac{|AM|}{|BN|}$ 转化为一元函数，求出取值范围.

图析路径　思维可视

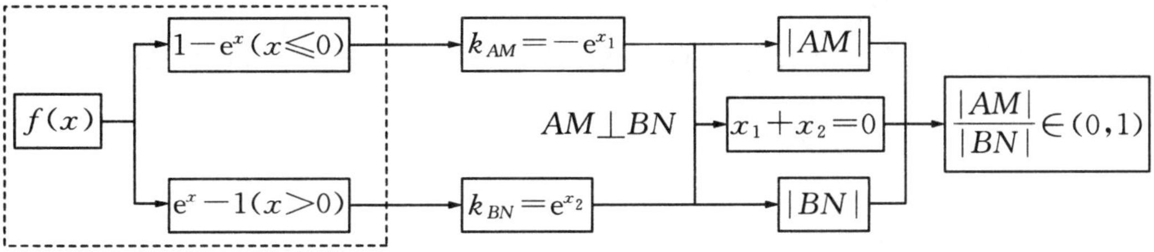

将函数 $f(x)$ 表达为分段函数，分别求出切线 AM，BN 的斜率，进而得到 $|AM|$，$|BN|$，得到 $\frac{|AM|}{|BN|}$ 的表达式.根据两条切线互相垂直，得到 $x_1+x_2=0$，代入 $\frac{|AM|}{|BN|}$ 的表达式，消元后求出函数的值域为 $(0,1)$.

规范解答　精准示范

$(0,1)$　**解析：**因为 $f(x)=|e^x-1|=\begin{cases}1-e^x, x\leqslant 0,\\ e^x-1, x>0,\end{cases}$ 所以 $f'(x)=\begin{cases}-e^x, x\leqslant 0,\\ e^x,\quad x>0.\end{cases}$ 所以 $A(x_1,1-e^{x_1})$，$B(x_2,e^{x_2}-1)$，$k_{AM}=-e^{x_1}$，$k_{BN}=e^{x_2}$.

因为两条切线互相垂直，所以 $(-e^{x_1})\cdot e^{x_2}=-1$，即 $x_1+x_2=0$.又因为 $|AM|=\sqrt{1+e^{2x_1}}\cdot|x_1-0|=\sqrt{1+e^{2x_1}}\,|x_1|$，同理 $|BN|=\sqrt{1+e^{2x_2}}\,|x_2|$，所以 $\frac{|AM|}{|BN|}=\frac{\sqrt{1+e^{2x_1}}\,|x_1|}{\sqrt{1+e^{2x_2}}\,|x_2|}=\sqrt{\frac{1+e^{2x_1}}{1+e^{2x_2}}}=\sqrt{\frac{1+e^{2x_1}}{1+e^{-2x_1}}}=e^{x_1}\in(0,1)$.

典例 2　(2021 年全国乙卷文 21)已知函数 $f(x)=x^3-x^2+ax+1$.

(1) 讨论 $f(x)$ 的单调性；

(2) 求曲线 $y=f(x)$ 过坐标原点的切线与曲线 $y=f(x)$ 的公共点的坐标.

关键点击　直击靶心

1. 通过导数的判别式符号，讨论 $f(x)$ 的单调性.

2. 先求出切线方程，再与曲线方程联立方程组，解出公共点坐标.

图析路径 思维可视

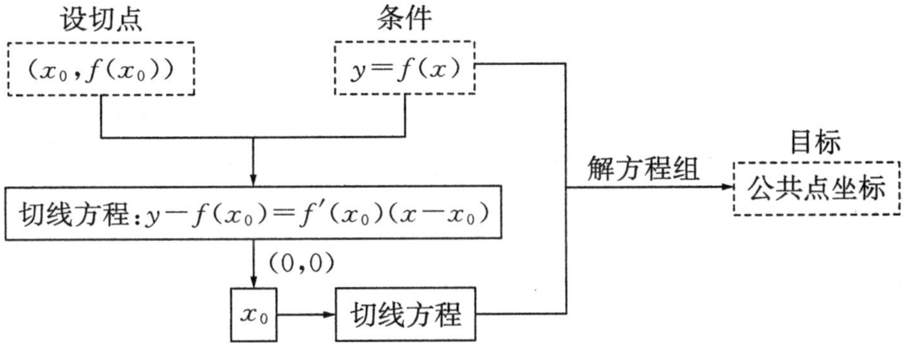

设出切点坐标，以导数为工具表示切线斜率，写出切线方程.根据切线经过原点，将原点坐标代入切线方程，求出切点横坐标，得到切线方程.将切线方程与曲线方程 $y=f(x)$ 联立，通过解方程组求得公共点坐标.

规范解答 精准示范

解：(1) $f'(x)=3x^2-2x+a$，$\Delta=4-12a$.① 当 $\Delta\leqslant0$，即 $a\geqslant\frac{1}{3}$ 时，$f'(x)\geqslant0$，故 $f(x)$ 在 $\mathbf{R}$ 上单调递增；② 当 $\Delta>0$，即 $a<\frac{1}{3}$ 时，令 $f'(x)=0$，解得 $x_1=\frac{1-\sqrt{1-3a}}{3}$，$x_2=\frac{1+\sqrt{1-3a}}{3}$，令 $f'(x)>0$，解得 $x<x_1$ 或 $x>x_2$，令 $f'(x)<0$，解得 $x_1<x<x_2$，则 $f(x)$ 在 $(-\infty,x_1)$，$(x_2,+\infty)$ 上单调递增，在 (x_1,x_2) 上单调递减.

综上，当 $a\geqslant\frac{1}{3}$ 时，$f(x)$ 在 $\mathbf{R}$ 上单调递增；当 $a<\frac{1}{3}$ 时，$f(x)$ 在 $\left(-\infty,\frac{1-\sqrt{1-3a}}{3}\right)$，$\left(\frac{1+\sqrt{1-3a}}{3},+\infty\right)$ 上单调递增，在 $\left(\frac{1-\sqrt{1-3a}}{3},\frac{1+\sqrt{1-3a}}{3}\right)$ 上单调递减.

(2) 设曲线 $y=f(x)$ 过坐标原点的切线为 l，切点为 $(x_0,x_0^3-x_0^2+ax_0+1)$，因为 $f'(x_0)=3x_0^2-2x_0+a$，所以切线方程为 $y-(x_0^3-x_0^2+ax_0+1)=(3x_0^2-2x_0+a)(x-x_0)$，将原点代入切线方程，得 $2x_0^3-x_0^2-1=0$，即 $(x_0-$

1)$(2x_0^2+x_0+1)=0$,解得 $x_0=1$,故切线方程为 $y=(a+1)x$.

将切线方程与曲线方程 $y=f(x)$ 联立方程组,得$\begin{cases}y=(a+1)x,\\ y=x^3-x^2+ax+1,\end{cases}$消去 y,得 $x^3-x^2+ax+1=(a+1)x$,即 $x^3-x^2-x+1=0$,即 $(x-1)^2(x+1)=0$,解得 $x=1$ 或 $x=-1$.故所求公共点的坐标为 $(1,a+1)$ 和 $(-1,-a-1)$.

典例 3 (2015 年广东卷理 19)设 $a>1$,函数 $f(x)=(1+x^2)e^x-a$.

(1) 求 $f(x)$ 的单调区间;

(2) 求证:$f(x)$ 在 $(-\infty,+\infty)$ 上仅有一个零点;

(3) 若曲线 $y=f(x)$ 在点 P 处的切线与 x 轴平行,且在点 $M(m,n)$ 处的切线与直线 OP 平行(O 是坐标原点),求证:$m\leqslant\sqrt[3]{a-\frac{2}{e}}-1$.

关键点击 直击靶心

先根据条件建立 a 与 m 的数量关系,再对照目标,构造函数证明.

图析路径 思维可视

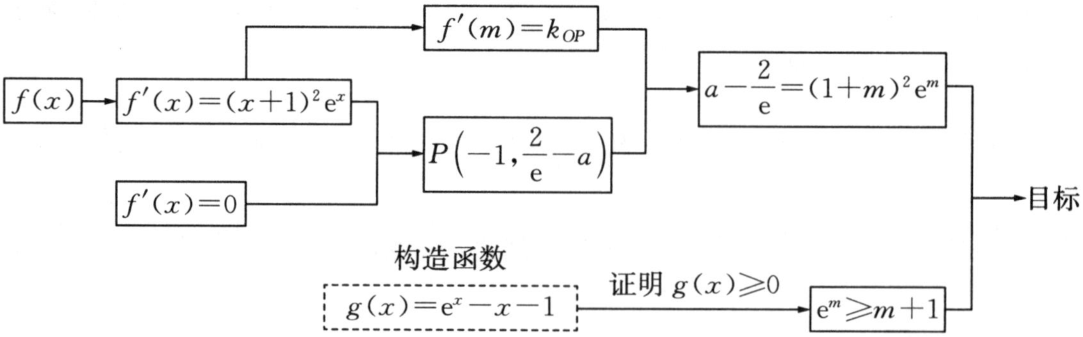

先根据点 P 处的切线与 x 轴平行,即 $f'(x)=0$,求出点 P 的坐标,再根据点 $M(m,n)$ 处的切线与直线 OP 平行,即 $f'(m)=k_{OP}$,得到 a,m 的数量关系,最后对照目标,构造函数解决问题.

规范解答 精准示范

解：(1) 因为 $f'(x)=(1+x)^2e^x\geqslant 0$，所以 $f(x)$ 的单调递增区间为 $(-\infty,+\infty)$，无单调递减区间.

(2) 证明：因为 $a>1$，所以 $f(0)=1-a<0$，$f(a)=(1+a^2)e^a-a>1+a^2-a=\left(a-\frac{1}{2}\right)^2+\frac{3}{4}>0$. 又因为 $f(x)$ 在 $(-\infty,+\infty)$ 上单调递增，且图象不间断，所以 $f(x)$ 在 $(-\infty,+\infty)$ 上仅有一个零点.

(3) 证明：由(1)知，$f'(x)=0$ 时，$x=-1$，所以点 $P\left(-1,\frac{2}{e}-a\right)$.

因为点 $M(m,n)$ 处的切线与直线 OP 平行(O 是坐标原点)，所以 $f'(m)=k_{OP}$，得 $(1+m)^2e^m=a-\frac{2}{e}$.

设 $g(x)=e^x-x-1$，则 $g'(x)=e^x-1$. 因为当 $x<0$ 时，$g'(x)<0$，$g(x)$ 单调递减；当 $x>0$ 时，$g'(x)>0$，$g(x)$ 单调递增，所以 $g(x)_{\min}=g(0)=0$，所以 $g(x)\geqslant 0$，即 $e^m\geqslant 1+m$，所以 $(1+m)^2e^m\geqslant(1+m)^3$，所以 $a-\frac{2}{e}\geqslant(1+m)^3$，所以 $m\leqslant\sqrt[3]{a-\frac{2}{e}}-1$.

解后反思 迁移提升

一般地，导数中的切线问题可以转化为切点问题，这又分为两类问题：一类是已知切点；一类是未知切点.

1. 切点已知型. 求切点为 (x_0,y_0) 的切线方程的基本思路：(1) 求导，利用求导公式求 $f'(x)$；(2) 求 k，将切点的横坐标 x_0 代入 $f'(x_0)=k$；(3) 求线，利用点斜式 $y-y_0=f'(x_0)(x-x_0)$.

2. 切点未知型. 求过点 (x_1,y_1) 的切线方程的基本思路：(1) 设点，设切点 (x_0,y_0)；(2) 求 x_0，利用斜率的关系求切点横坐标，联立 $k=f'(x_0)=\frac{y_1-y_0}{x_1-x_0}$ 和 $y_0=f(x_0)$（即将切点代入原函数）解 x_0；(3) 求 k，利用 $k=f'(x_0)$；(4) 求线，利用点斜式 $y-y_0=f'(x_0)(x-x_0)$ 或利用点斜式 $y-y_1=f'(x_0)(x-x_1)$.

7. 公共切线　解方程组

求解函数图象的公切线问题的一般方法是将公切线方程用两个不同的方程表示，构建方程组，消元后转化为一元方程问题.此类问题主要考查导数的几何意义，用导数研究函数的图象与性质.解题时主要运用函数与方程、转化与化归等数学思想方法，需要我们有较强的逻辑推理、数学运算、综合分析和解决问题的能力.

典例 1　(2022 年全国甲卷文 20)已知函数 $f(x)=x^3-x$，$g(x)=x^2+a$，曲线 $y=f(x)$在点$(x_1,f(x_1))$处的切线也是曲线 $y=g(x)$的切线.

(1) 若 $x_1=-1$，求 a；

(2) 求 a 的取值范围.

关键点击　直击靶心

将公切线方程分别用两个切点横坐标表示，利用两个方程表示同一条切线建立 a 与 x_1 的函数关系，求出 a 的取值范围.

图析路径　思维可视

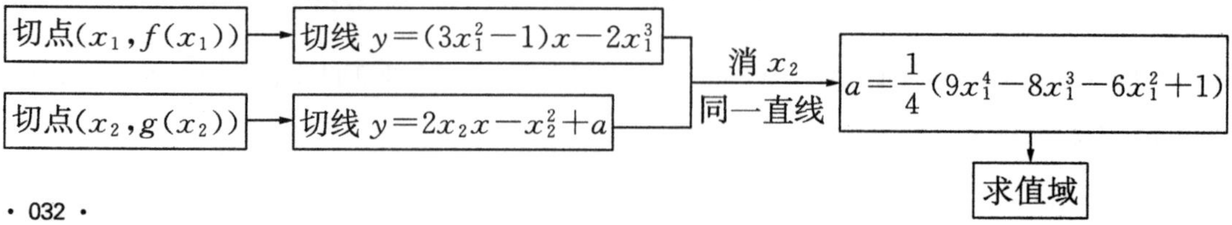

先根据条件中的切点$(x_1,f(x_1))$得到切线方程$y=(3x_1^2-1)x-2x_1^3$，再设切线与曲线$y=g(x)$相切于点$(x_2,g(x_2))$，得到切线方程$y=2x_2x-x_2^2+a$.利用两个方程表示同一条切线，建立函数关系$a=\frac{1}{4}(9x_1^4-8x_1^3-6x_1^2+1)$，求出$h(x)=\frac{1}{4}(9x^4-8x^3-6x^2+1)$的值域，即实数$a$的取值范围.

规范解答 精准示范

解：(1) $f'(x)=3x^2-1$，$f'(-1)=2$，且$f(-1)=0$，故$y=f(x)$在点$(-1,0)$处的切线方程为$y=2x+2$.

又$y=2x+2$与$y=g(x)$相切，将直线$y=2x+2$代入$y=g(x)=x^2+a$，得$x^2-2x+a-2=0$，由$\Delta=4-4a+8=0$，得$a=3$.

(2) $f'(x)=3x^2-1$，曲线$y=f(x)$在点$(x_1,f(x_1))$处的切线方程为$y-(x_1^3-x_1)=(3x_1^2-1)(x-x_1)$，即$y=(3x_1^2-1)x-2x_1^3$.

设该直线在$y=g(x)$上的切点为$(x_2,g(x_2))$.由$g(x)=x^2+a$得$g'(x)=2x$，$y=g(x)$在点$(x_2,g(x_2))$处的切线方程为$y-(x_2^2+a)=2x_2(x-x_2)$，即$y=2x_2x-x_2^2+a$.联立切线方程$\begin{cases}3x_1^2-1=2x_2,\\-2x_1^3=a-x_2^2,\end{cases}$故$a=x_2^2-2x_1^3=\frac{1}{4}(9x_1^4-8x_1^3-6x_1^2+1)$.

令$h(x)=9x^4-8x^3-6x^2+1$，则$h'(x)=36x^3-24x^2-12x=12x(x-1)(3x+1)$.

当$x<-\frac{1}{3}$或$0<x<1$时，$h'(x)<0$，此时函数$h(x)$单调递减；当$-\frac{1}{3}<x<0$或$x>1$时，$h'(x)>0$，此时函数$h(x)$单调递增.

又$h\left(-\frac{1}{3}\right)=\frac{20}{27}$，$h(1)=-4$，所以$h(x)_{\min}=h(1)=-4$，所以$a\geqslant\frac{-4}{4}=-1$，即$a$的取值范围为$[-1,+\infty)$.

典例 2 (2019 年全国Ⅱ卷理 20)已知函数 $f(x)=\ln x-\dfrac{x+1}{x-1}$.

(1) 讨论 $f(x)$的单调性,并证明 $f(x)$有且仅有两个零点;

(2) 设 x_0是 $f(x)$的一个零点,求证:曲线 $y=\ln x$ 在点$A(x_0,\ln x_0)$处的切线也是曲线 $y=e^x$ 的切线.

关键点击 直击靶心

确定曲线 $y=e^x$ 上的点 $B(x_1,e^{x_1})$,使得 B 处的切线为曲线 $y=\ln x$ 在点$A(x_0,\ln x_0)$处的切线,将 x_1 用 x_0 表示.

图析路径 思维可视

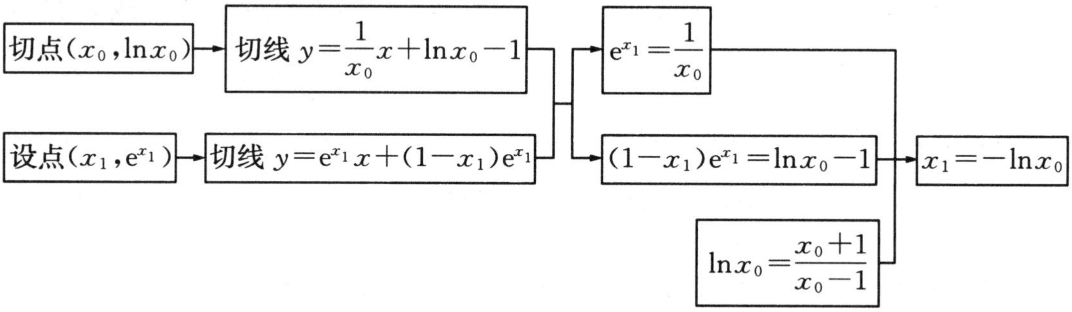

规范解答 精准示范

解:(1) $f(x)$的定义域为$(0,1)\cup(1,+\infty)$.因为 $f'(x)=\dfrac{1}{x}+\dfrac{2}{(x-1)^2}>0$,所以 $f(x)$在$(0,1)$,$(1,+\infty)$上单调递增.

因为 $f(e)=1-\dfrac{e+1}{e-1}<0$,$f(e^2)=2-\dfrac{e^2+1}{e^2-1}=\dfrac{e^2-3}{e^2-1}>0$,所以 $f(x)$在$(1,+\infty)$上有唯一零点 x_1.又 $0<\dfrac{1}{x_1}<1$,$f\left(\dfrac{1}{x_1}\right)=-\ln x_1+\dfrac{x_1+1}{x_1-1}=-f(x_1)=0$,故 $f(x)$在$(0,1)$上有唯一零点$\dfrac{1}{x_1}$.综上,$f(x)$有且仅有两个零点.

(2) 证明：曲线 $y=\ln x$ 在点 $A(x_0,\ln x_0)$ 处的切线方程为 $y=\frac{1}{x_0}x+\ln x_0-1$，曲线 $y=e^x$ 上任意一点 $B(x_1,e^{x_1})$ 处的切线方程为 $y=e^{x_1}x+(1-x_1)e^{x_1}$，令 $\begin{cases} e^{x_1}=\frac{1}{x_0} & ①, \\ (1-x_1)e^{x_1}=\ln x_0-1 & ②, \end{cases}$ 当对于 x_0，$\exists x_1$，使①②两式均成立时，则题给命题成立.

①成立，只需 $x_1=-\ln x_0$，因为 $x_0\in(0,1)\cup(1,+\infty)$，所以 x_1 存在且 $x_1=-\ln x_0$.

将 $x_1=-\ln x_0$ 代入②，结合 $\ln x_0=\frac{x_0+1}{x_0-1}$，可得当 $x_1=-\ln x_0$ 时，②也成立，故曲线 $y=\ln x$ 在点 $A(x_0,\ln x_0)$ 处的切线也是曲线 $y=e^x$ 在点 $B\left(-\ln x_0,\frac{1}{x_0}\right)$ 处的切线，证毕.

解后反思 迁移提升

公切线问题融直线与方程、函数、导数、不等式于一体，既要求我们熟练掌握借助导数解决函数问题的基本方法与基本思想，又对我们的数学运算、代数推理能力有较高要求，较好地体现高考评价体系提出的基础性、综合性、应用性、创新性原则.

设函数 $f(x)$ 与 $g(x)$ 的图象有公切线.(1) 当切点为同一点 (x_0,y_0) 时，根据 $\begin{cases} f(x_0)=g(x_0), \\ f'(x_0)=g'(x_0), \end{cases}$ 解出 x_0，写出切线方程；(2) 当切点分别为 $A(x_1,f(x_1))$，$B(x_2,g(x_2))$ 时，分别写出切线方程 $\begin{cases} y-f(x_1)=f'(x_1)(x-x_1), \\ y-g(x_2)=g'(x_2)(x-x_2), \end{cases}$ 得方程组 $\begin{cases} f'(x_1)=g'(x_2), \\ f(x_1)-x_1f'(x_1)=g(x_2)-x_2g'(x_2), \end{cases}$ 建立 x_1，x_2 之间的关系.

8. 对称周期　抽象表达

抽象函数的对称性(对称轴、对称中心)和周期性是函数中的常见问题.这类题目简洁精练、直击本质,能较好地考查数学抽象、逻辑推理等素养,但由于缺少具体的解析式,不易理解.结合条件的表征进行模型识别,化虚为实,寻找一个满足题意的函数解析式,可以为解决问题提供有力的帮助,也为深刻理解问题指明方向.

典例 1　(2022 年新高考Ⅰ卷 12)(多选)已知函数 $f(x)$及其导数 $f'(x)$的定义域均为 $\mathbf{R}$,记 $g(x)=f'(x)$,若 $f\left(\frac{3}{2}-2x\right)$,$g(2+x)$均为偶函数,则 (　　)

A. $f(0)=0$　　B. $g\left(-\frac{1}{2}\right)=0$

C. $f(-1)=f(4)$　　D. $g(-1)=g(2)$

关键点击　直击靶心

转化题干条件为抽象函数的性质,准确把握原函数与其导数图象间的关系,准确把握函数的性质(必要时结合图象)即可得解.

图析路径 思维可视

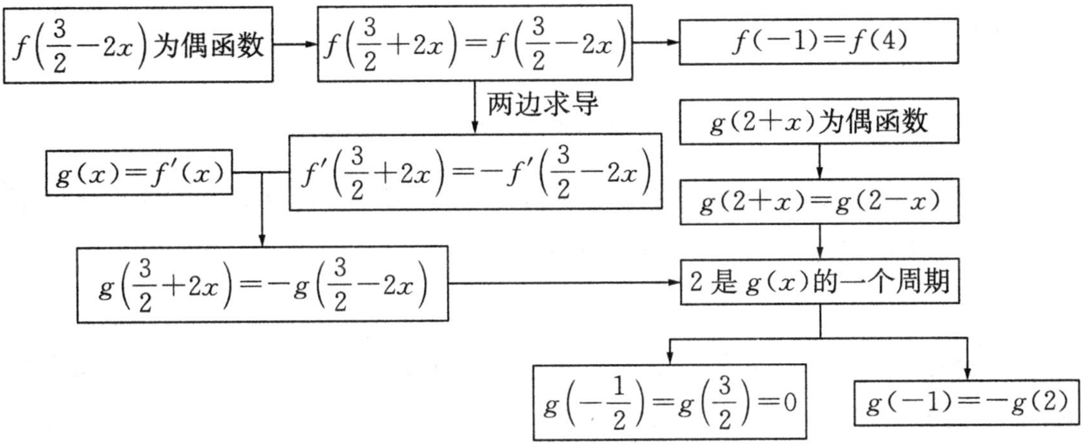

由$f\left(\frac{3}{2}-2x\right)$，$g(2+x)$均为偶函数，得$f\left(\frac{3}{2}-2x\right)=f\left(\frac{3}{2}+2x\right)$，$g(2+x)=g(2-x)$，得函数$f(x)$，$g(x)$的图象分别关于直线$x=\frac{3}{2}$，$x=2$对称，可判断选项C；两边求导得$f'\left(\frac{3}{2}+2x\right)=-f'\left(\frac{3}{2}-2x\right)$，即$g\left(\frac{3}{2}+2x\right)=-g\left(\frac{3}{2}-2x\right)$，可得$g(x)$的周期为2，可判断选项A，B，D.

规范解答 精准示范

BC **解析**：因为$f\left(\frac{3}{2}-2x\right)$，$g(2+x)$均为偶函数，所以$f\left(\frac{3}{2}-2x\right)=f\left(\frac{3}{2}+2x\right)$，即$f\left(\frac{3}{2}-x\right)=f\left(\frac{3}{2}+x\right)$，$g(2+x)=g(2-x)$，函数$f(x)$，$g(x)$的图象分别关于直线$x=\frac{3}{2}$，$x=2$对称，则$f(-1)=f(4)$，故C正确.

又因为$g(x)=f'(x)$，且函数$f(x)$可导，$f'\left(\frac{3}{2}+2x\right)=-f'\left(\frac{3}{2}-2x\right)$，所以$g\left(\frac{3}{2}\right)=0$，$g\left(\frac{3}{2}+2x\right)=-g\left(\frac{3}{2}-2x\right)$，所以$y=g(x)$的图象关于$\left(\frac{3}{2},0\right)$中心对称，又因为函数$g(x)$的图象关于直线$x=2$对称，所以$g(4-x)=$

$g(x)=-g(3-x)$，所以 $g(3-x+1)=-g(3-x)$，即 $g(x+1)=-g(x)$，所以 $g(x+2)=-g(x+1)=g(x)$，所以 $g(x)$ 的周期为 2，所以 $g\left(-\frac{1}{2}\right)=g\left(\frac{3}{2}\right)=0$，$g(-1)=g(1)=-g(2)$，故 B 正确，D 错误.

若函数 $f(x)$ 满足题设条件，则函数 $f(x)+C$（C 为常数）也满足题设条件，所以无法确定 $f(0)$，故 A 错误.故选 BC.

典例 2 （2022 年全国乙卷理 12）已知函数 $f(x)$，$g(x)$ 的定义域均为 $\mathbf{R}$，且 $f(x)+g(2-x)=5$，$g(x)-f(x-4)=7$.若 $y=g(x)$ 的图象关于直线 $x=2$ 对称，$g(2)=4$，则 $\sum_{k=1}^{22} f(k)$ 等于（　　）

A. -21　　B. -22　　C. -23　　D. -24

关键点击　直击靶心

利用函数 $f(x)$，$g(x)$ 之间的等量关系，将 $g(x)$ 的性质转化为 $f(x)$ 的性质，从而求解.

图析路径　思维可视

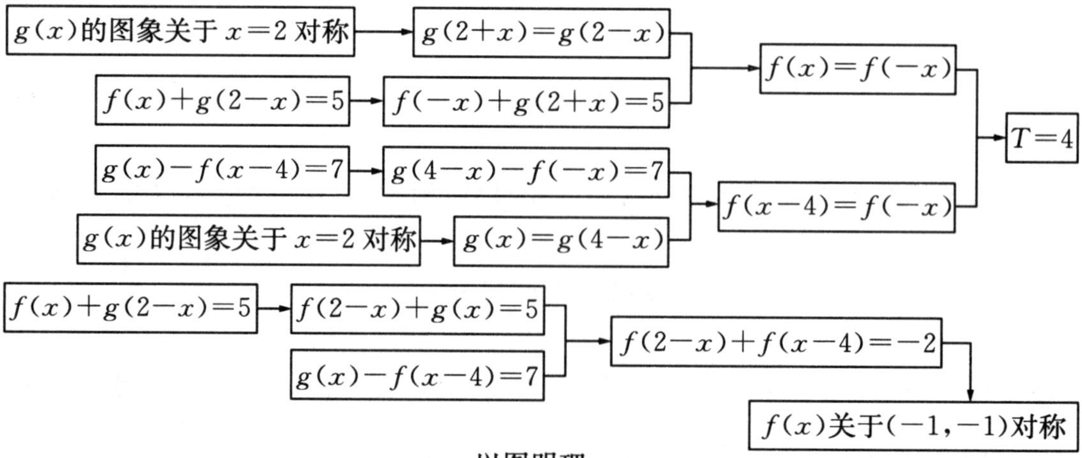

以图明理

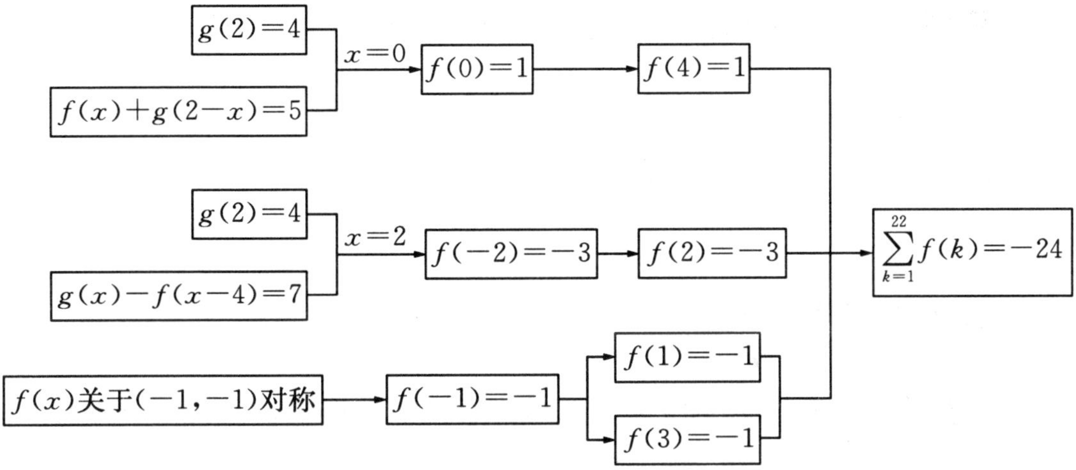

以图明法

规范解答　精准示范

D　**解析**：因为 $y=g(x)$ 的图象关于直线 $x=2$ 对称，所以 $g(2+x)=g(2-x)$，又因为 $f(x)+g(2-x)=5$，所以 $f(-x)+g(2+x)=5$，所以 $f(-x)=f(x)$，函数 $f(x)$ 为偶函数.

因为 $y=g(x)$ 的图象关于直线 $x=2$ 对称，所以 $g(x)=g(4-x)$，又因为 $g(x)-f(x-4)=7$，所以 $g(4-x)-f(-x)=7$，所以 $f(x-4)=f(-x)$，又 $f(-x)=f(x)$，所以 $f(x-4)=f(x)$，即函数 $f(x)$ 的周期为 4.

因为 $f(x)+g(2-x)=5$，所以 $f(2-x)+g(x)=5$，又因为 $g(x)-f(x-4)=7$，所以 $f(2-x)+f(x-4)=-2$，用 $x+3$ 代替 x，得 $f(-1-x)+f(-1+x)=-2$，所以函数 $f(x)$ 的图象关于点 $(-1,-1)$ 中心对称.

将 $x=0$ 代入 $f(x)+g(2-x)=5$，得 $f(0)+g(2)=5$，结合 $g(2)=4$，得 $f(0)=1$，故 $f(4)=1$.将 $x=2$ 代入 $g(x)-f(x-4)=7$，得 $g(2)-f(-2)=7$，结合 $g(2)=4$，得 $f(-2)=-3$，故 $f(2)=-3$.在 $f(-1+x)+f(-1-x)=-2$ 中，令 $x=0$，得 $f(-1)=-1$，故 $f(1)=-1$，$f(3)=-1$.故 $\sum\limits_{k=1}^{22} f(k)=f(1)+f(2)+5\sum\limits_{k=1}^{4} f(k)=-24$，故选 D.

典例3 （2022年新高考Ⅱ卷8）已知函数 $f(x)$ 的定义域为 $\mathbf{R}$，且 $f(x+y)+f(x-y)=f(x)f(y)$，$f(1)=1$，则 $\sum\limits_{k=1}^{22}f(k)$ 等于（　　）

A. -3　　B. -2　　C. 0　　D. 1

关键点击　直击靶心

根据题意赋值即可知函数 $f(x)$ 的一个周期为6，求出函数一个周期中的 $f(1)$，$f(2)$，…，$f(6)$ 的值，即可解出.

图析路径　思维可视

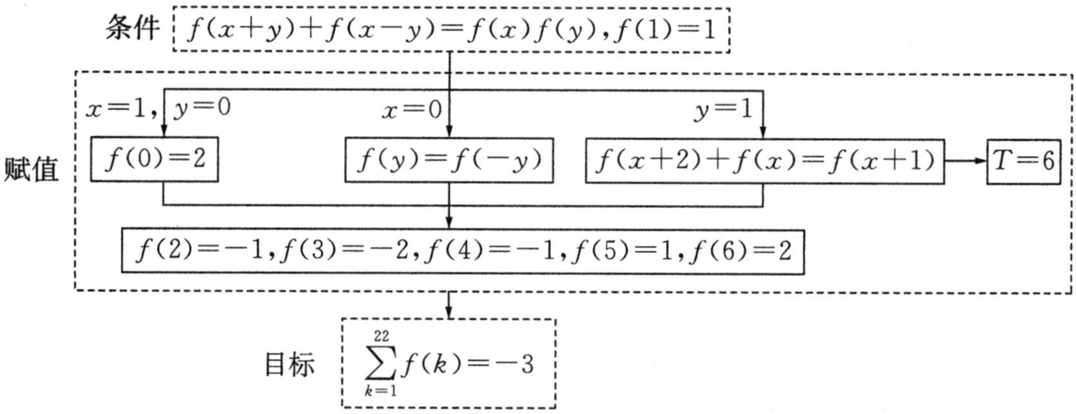

从条件 $f(x+y)+f(x-y)=f(x)f(y)$ 出发多次赋值，赋值1：令 $x=1$，$y=0$，得 $f(0)=2$；赋值2：令 $x=0$，得 $f(y)=f(-y)$；赋值3：令 $y=1$，得 $f(x+1)+f(x-1)=f(x)$，即 $f(x+2)+f(x)=f(x+1)$，所以 $f(x+2)=-f(x-1)$，所以 $f(x-1)=-f(x-4)$，所以 $f(x+2)=f(x-4)$，所以函数 $f(x)$ 的一个周期为6.综上，求出 $\sum\limits_{k=1}^{22}f(k)$.

规范解答　精准示范

A　**解析**：因为 $f(x+y)+f(x-y)=f(x)f(y)$，令 $x=1$，$y=0$，可得

$2f(1)=f(1)f(0)$，所以 $f(0)=2$.

令 $x=0$，可得 $f(y)+f(-y)=2f(y)$，即 $f(y)=f(-y)$，所以函数 $f(x)$ 为偶函数.

令 $y=1$，得 $f(x+1)+f(x-1)=f(x)f(1)=f(x)$，即 $f(x+2)+f(x)=f(x+1)$，从而可知 $f(x+2)=-f(x-1)$，$f(x-1)=-f(x-4)$，故 $f(x+2)=f(x-4)$，即 $f(x)=f(x+6)$，所以函数 $f(x)$ 的一个周期为 6.

因为 $f(2)=f(1)-f(0)=1-2=-1$，$f(3)=f(2)-f(1)=-1-1=-2$，$f(4)=f(-2)=f(2)=-1$，$f(5)=f(-1)=f(1)=1$，$f(6)=f(0)=2$，所以一个周期内的 $f(1)+f(2)+\cdots+f(6)=0$.

由于 22 除以 6 余 4，所以 $\sum\limits_{k=1}^{22}f(k)=f(1)+f(2)+f(3)+f(4)=1-1-2-1=-3$. 故选 A.

解后反思 迁移提升

1. 关于奇偶性、对称性，有以下常用结论：(1) 若 $f(a+x)=f(b-x)$，则函数 $f(x)$ 的图象关于直线 $x=\dfrac{a+b}{2}$ 对称. 特殊地，当 $a=b=0$ 时，$f(x)$ 为偶函数. (2) 若 $f(a+x)=-f(b-x)$，则函数 $f(x)$ 的图象关于点 $\left(\dfrac{a+b}{2},0\right)$ 中心对称. 特殊地，当 $a=b=0$ 时，$f(x)$ 为奇函数. (3) 若 $f(a+x)=2c-f(b-x)$，则函数 $f(x)$ 的图象关于点 $\left(\dfrac{a+b}{2},c\right)$ 中心对称. 特殊地，当 $a=b=0$ 时，$f(x)$ 的图象关于 $(0,c)$ 对称. (4) 若函数 $f(x+a)$ 是偶函数，则函数 $f(x)$ 的图象关于直线 $x=a$ 对称. (5) 若函数 $f(x+a)$ 是奇函数，则函数 $f(x)$ 的图象关于点 $(a,0)$ 对称.

2. 关于周期性，有以下常用结论：(1) 若 $f(x+a)=f(x+b)(a\neq b)$，则 $|a-b|$ 是函数 $f(x)$ 的周期；(2) 若 $f(x)$ 的图象关于直线 $x=a$ 及 $x=b(a\neq b)$ 对称，则 $2|a-b|$ 是函数 $f(x)$ 的周期；(3) 若 $f(x)$ 的图象关于点 (a,t) 及 $(b,t)(a\neq b)$ 对称，则 $2|a-b|$ 是函数 $f(x)$ 的周期；(4) 若 $f(x)$ 的图象关于直线 $x=a$ 及点 (b,t) 对称，则 $4|a-b|$ 是函数 $f(x)$ 的周期.

9. 指对运算　比较大小

含指数、对数式的比较大小问题是高考的宠儿，几乎年年出现在全国高考中.解决此类问题的一般策略是利用指数、对数的运算公式化简变形，再结合指数、对数函数的单调性进行比较，或者结合不等式的性质转化.其中，确定正确的指数、对数的运算方向是解题关键，这一方面需要分析已知条件与公式法则的差异，另一方面需要敏锐的数感.

典例 1　(2017 年全国Ⅰ卷理 11)设 x,y,z 为正数，且 $2^x=3^y=5^z$，则（　　）

A. $2x<3y<5z$　B. $5z<2x<3y$　C. $3y<5z<2x$　D. $3y<2x<5z$

关键点击　直击靶心

将 x,y,z 用同一个参数表示，再比较 $2x,3y,5z$ 的大小.

图析路径　思维可视

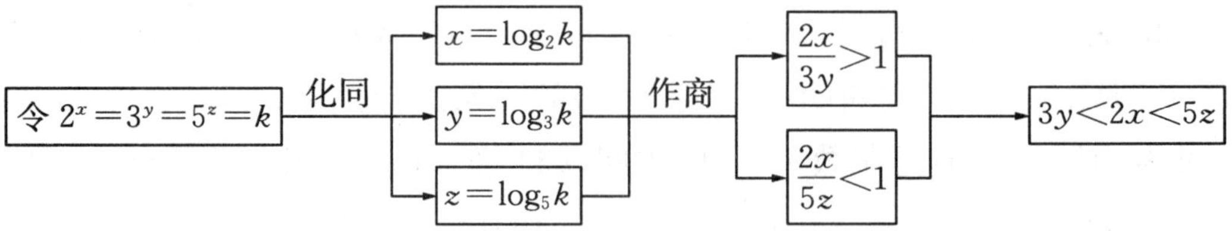

路径一：将 x,y,z 用 k 表示，再用作商法两两比较 $2x,3y,5z$ 的大小.

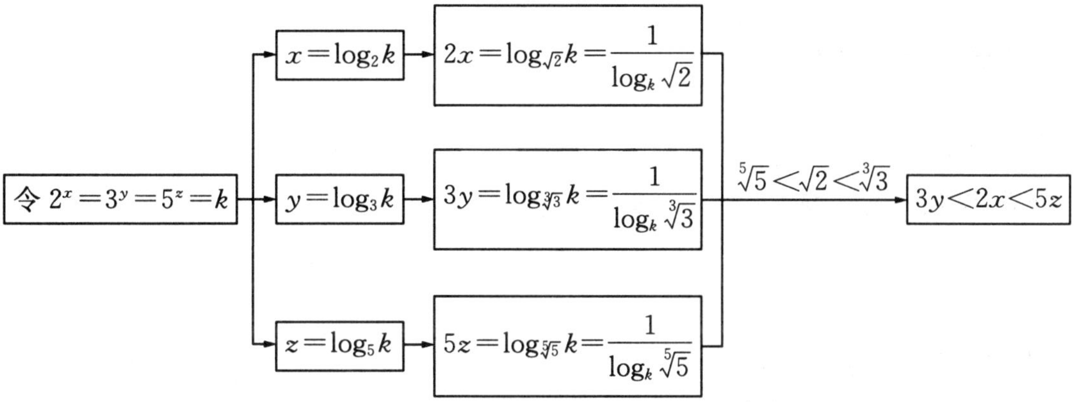

路径二：将 x,y,z 用 k 表示，再将 $2x,3y,5z$ 表示为同底的对数，转化为比较真数的大小.

规范解答 精准示范

D **解析**：方法 1：令 $2^x=3^y=5^z=k(k>1)$，则 $x=\log_2 k,y=\log_3 k,z=\log_5 k$，所以 $\frac{2x}{3y}=\frac{2\lg k}{\lg 2}\cdot\frac{\lg 3}{3\lg k}=\frac{\lg 9}{\lg 8}>1$，所以 $2x>3y$，同理 $\frac{2x}{5z}=\frac{2\lg k}{\lg 2}\cdot\frac{\lg 5}{5\lg k}=\frac{\lg 25}{\lg 32}<1$，则 $2x<5z$，故选 D.

方法 2：令 $2^x=3^y=5^z=k(k>1)$，则 $x=\log_2 k,y=\log_3 k,z=\log_5 k$，所以 $2x=\log_{\sqrt{2}} k=\frac{1}{\log_k \sqrt{2}}$，$3y=\log_{\sqrt[3]{3}} k=\frac{1}{\log_k \sqrt[3]{3}}$，$5z=\log_{\sqrt[5]{5}} k=\frac{1}{\log_k \sqrt[5]{5}}$，因为 $5^2<2^5,2^3<3^2$，所以 $\sqrt[5]{5}<\sqrt{2}<\sqrt[3]{3}$，所以 $\log_k \sqrt[5]{5}<\log_k \sqrt{2}<\log_k \sqrt[3]{3}\ (k>1)$，所以 $3y<2x<5z$，故选 D.

典例 2 (2020 年全国Ⅲ卷理 12)已知 $5^5<8^4,13^4<8^5$.设 $a=\log_5 3$，$b=\log_8 5,c=\log_{13} 8$，则 ( )

A. $a<b<c$　　B. $b<a<c$

C. $b<c<a$　　D. $c<a<b$

关键点击 直击靶心

将指数不等式转化为对数不等式,得到 b,c 的大小,再将 a,b 作商,结合基本不等式放缩,得到 a,b 的大小.

图析路径 思维可视

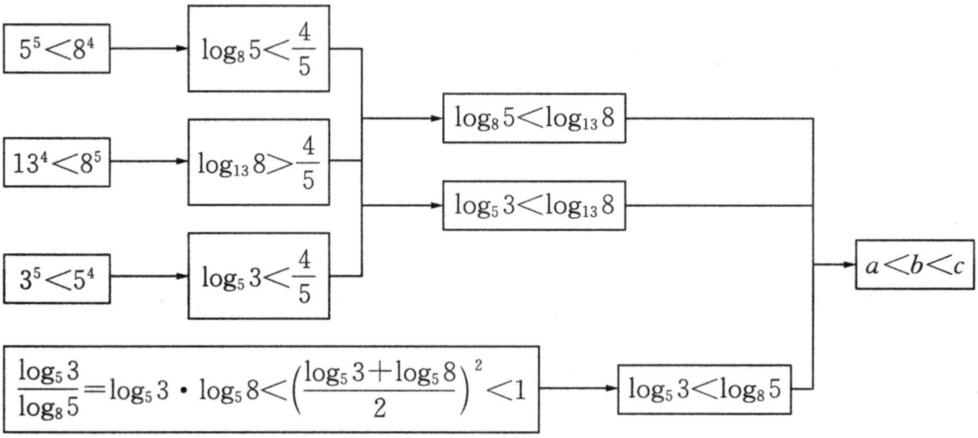

规范解答 精准示范

A **解析:**因为 $5^5<8^4$,所以$\log_8 5^5<\log_8 8^4$,所以$\log_8 5<\frac{4}{5}$,同理,由$13^4<8^5$,得$\log_{13} 13^4<\log_{13} 8^5$,即$\log_{13} 8>\frac{4}{5}$,所以 $b<c$,由 $3^5<5^4$,得$\log_5 3^5<\log_5 5^4$,即$\log_5 3<\frac{4}{5}$,所以 $a<c$.又因为$\frac{a}{b}=\frac{\log_5 3}{\log_8 5}=\log_5 3\cdot\log_5 8<\left(\frac{\log_5 3+\log_5 8}{2}\right)^2=\left(\frac{\log_5 24}{2}\right)^2<1$,所以 $a<b<c$,故选 A.

典例 3 (2018 年全国Ⅲ卷理 12)设 $a=\log_{0.2}0.3$,$b=\log_2 0.3$,则 ( )

A. $a+b<ab<0$

B. $ab<a+b<0$

C. $a+b<0<ab$

D. $ab<0<a+b$

关键点击 直击靶心

将 a,b 化为同底，对照选项，转化为研究 $\frac{1}{a}+\frac{1}{b}$ 的取值范围.

图析路径 思维可视

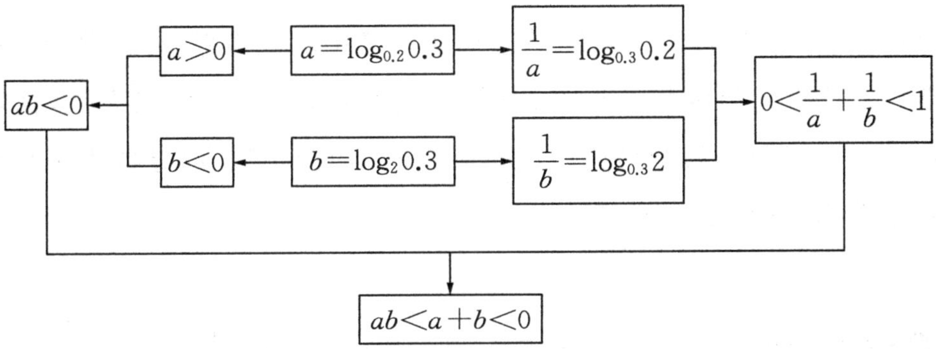

规范解答 精准示范

B **解析**：因为 $a=\log_{0.2}0.3$，$b=\log_{2}0.3$，所以 $\frac{1}{a}=\log_{0.3}0.2$，$\frac{1}{b}=\log_{0.3}2$，所以 $\frac{1}{a}+\frac{1}{b}=\log_{0.3}0.4$，所以 $0<\frac{1}{a}+\frac{1}{b}<1$，即 $0<\frac{a+b}{ab}<1$. 又因为 $a>0$，$b<0$，所以 $ab<0$，所以 $ab<a+b<0$，故选 B.

解后反思 迁移提升

基于指数、对数运算比较大小的问题，一般的方法是将问题中涉及的数化成同底的对数，再利用对数函数的性质或基本不等式得到大小关系.解决此类问题，需要熟练掌握指数与对数的概念及运算性质、指数函数与对数函数的图象及性质.在代数变形过程中，一方面考虑利用运算性质恒等变形，另一方面考虑利用不等式放缩变形.这类问题对数学运算、逻辑推理素养有较高要求.

10. 函数单调　判断大小

导数背景下的比较大小问题是近年来高考中的热点题型.这类问题通常综合指数、对数、三角函数的运算,不等式的性质,函数的思想方法,情境新颖,难度较大.一般地,我们是通过“析异寻同”,构造函数,以导数为工具分析函数的性质,解决比较大小问题.

典例 1　(2022 年新高考Ⅰ卷 7)设 $a=0.1e^{0.1}$,$b=\frac{1}{9}$,$c=-\ln 0.9$,则 (　　)

A. $a<b<c$　　B. $c<b<a$

C. $c<a<b$　　D. $a<c<b$

关键点击　直击靶心

1. 利用常用指数或对数不等式放缩,估计范围.

2. a,b,c 看似形式各异,毫不相关,其实可以剖析出 a,b,c 隐含共同的数值 0.1,抽象出一般代数式,进而构造差(或商)函数,通过研究函数的性质,达到比较大小的目的.

图析路径 思维可视

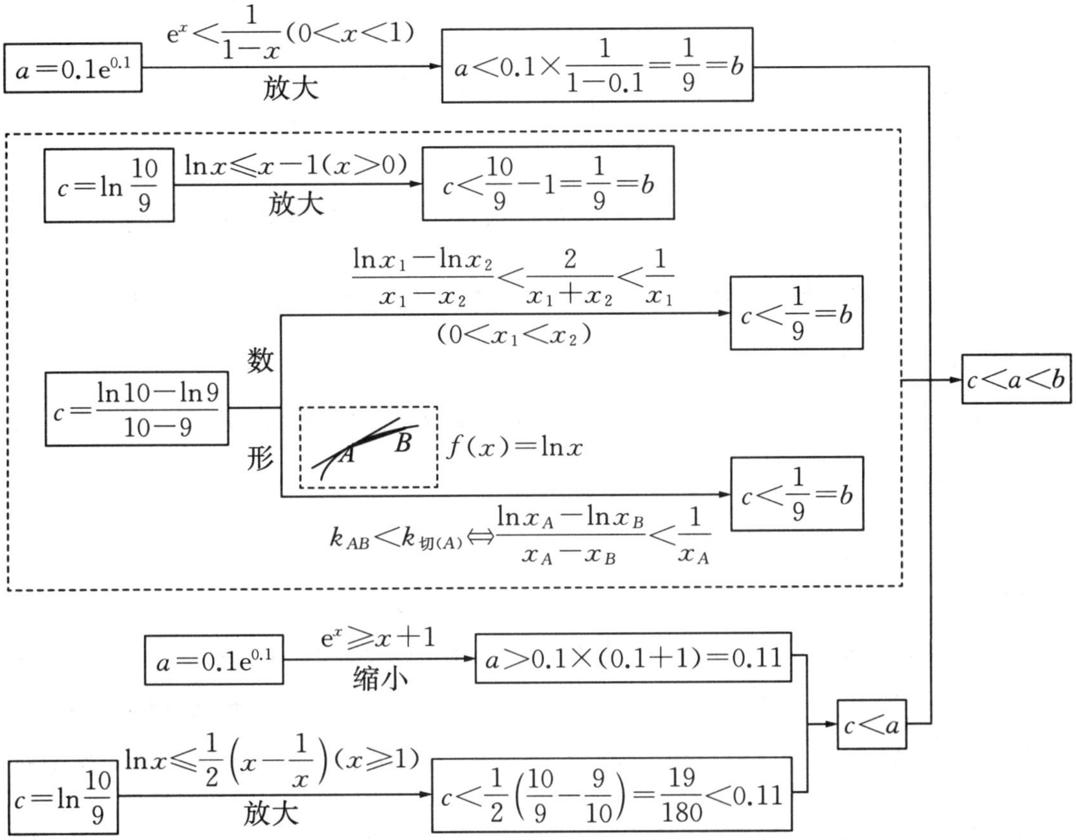

路径1(常用不等式放缩):在比较 b,c 大小时涉及三种方法.

方法一是直接利用 $\ln x\leqslant x-1(x>0)$ 将 $\ln\frac{10}{9}$ 放大为 $\frac{1}{9}$.

方法二是将 $\ln\frac{10}{9}$ 变形为 $\frac{\ln 10-\ln 9}{10-9}$,从而联想到对数平均不等式 $\frac{\ln x_1-\ln x_2}{x_1-x_2}<\frac{2}{x_1+x_2}<\frac{1}{x_1}(0<x_1<x_2)$,将 $\frac{\ln 10-\ln 9}{10-9}$ 放大为 $\frac{1}{9}$.

方法三是将 $\ln\frac{10}{9}$ 变形为 $\frac{\ln 10-\ln 9}{10-9}$,从而联想到该分式的几何意义——直线的斜率,根据函数 $f(x)=\ln x$ 的凹凸性,得到 $f'(x_B)<\frac{f(x_A)-f(x_B)}{x_A-x_B}<f'(x_A)(0<x_A<x_B)$,从而有 $\frac{\ln 10-\ln 9}{10-9}<\frac{1}{9}$.

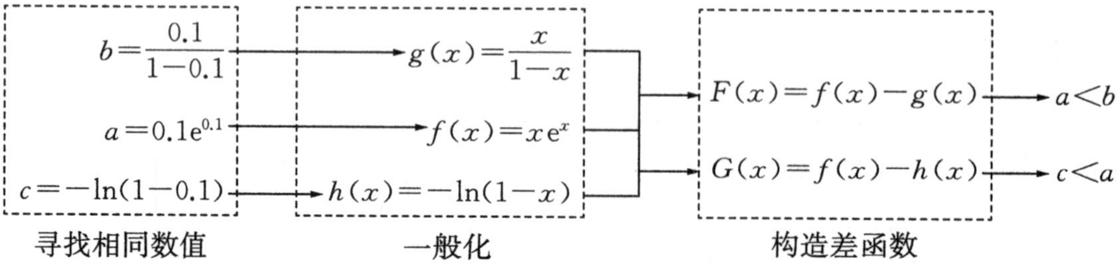

路径 2(构造函数):抓住 a 中含有 0.1,将 b,c 均配凑成含 0.1 的式子,得到一般化的函数解析式,进而构造差函数 $F(x)=xe^x-\frac{x}{1-x}(0\leqslant x<1)$,研究 $F(x)$的单调性可得 $F(0.1)<F(0)=0$,得 $a<b$.同理,构造差函数 $G(x)=xe^x+\ln(1-x)(0\leqslant x\leqslant 0.1)$,研究 $G(x)$的单调性,可得 $G(0.1)>G(0)=0$,得 $a>c$.故 $c<a<b$.

规范解答 精准示范

C **解析:**方法 1:当 $0<x<1$ 时,设函数 $f(x)=e^x(1-x)$.

当 $x\in(0,1)$时,因为 $f(x)$的导数 $f'(x)=-xe^x<0$,所以 $f(x)$ 在$(0,1)$上单调递减.又因为 $f(0)=1$,所以当 $x\in(0,1)$时,$f(x)<1$,所以当 $x\in(0,1)$时,$e^x(1-x)<1$,即 $e^x<\frac{1}{1-x}$,所以当 $x\in(0,1)$时,$xe^x<\frac{x}{1-x}$,所以 $0.1e^{0.1}<\frac{0.1}{1-0.1}$,即 $0.1e^{0.1}<\frac{1}{9}$,$a<b$.

因为当 $x>0$ 时,$\ln x\leqslant x-1$(易证),所以 $\ln\frac{10}{9}<\frac{1}{9}$,即 $c<b$.

因为 $e^x\geqslant x+1$(易证),所以当 $x>0$ 时,$xe^x>x(x+1)$,所以 $0.1e^{0.1}>0.1\times1.1=0.11$,又因为当 $x>1$ 时,$\ln x<\frac{1}{2}\left(x-\frac{1}{x}\right)$(易证),所以 $\ln\frac{10}{9}<\frac{1}{2}\left(\frac{10}{9}-\frac{9}{10}\right)=\frac{19}{180}<0.11$,所以 $a>0.11>c$,所以 $c<a<b$.故选 C.

方法 2:$a=0.1e^{0.1}$,$b=\frac{1}{9}=\frac{0.1}{1-0.1}$,$c=\ln\frac{10}{9}=-\ln\left(1-0.1\right)$,设函数 $F(x)=xe^x-\frac{x}{1-x}=\frac{x}{1-x}[e^x(1-x)-1](0\leqslant x\leqslant 0.1)$,设 $\varphi(x)=e^x(1-x)-1$

$(0 \leqslant x \leqslant 0.1)$，则 $\varphi(x)$ 的导数 $\varphi'(x)=-x\mathrm{e}^{x} \leqslant 0$，因此 $\varphi(x)$ 在 $[0,0.1]$ 上单调递减．又因为 $\varphi(0)=0$，且 $F(0)=0$，所以 $F(0.1)<0$，所以 $a<b$．

设函数 $G(x)=x\mathrm{e}^{x}+\ln(1-x)(0 \leqslant x \leqslant 0.1)$，$G(x)$ 的导数 $G'(x)=(x+1)\mathrm{e}^{x}-\dfrac{1}{1-x}=\dfrac{(1-x^{2})\mathrm{e}^{x}-1}{1-x}$．设 $m(x)=(1-x^{2})\mathrm{e}^{x}-1(0 \leqslant x \leqslant 0.1)$，当 $0 \leqslant x \leqslant 0.1$ 时，因为 $m(x)$ 的导数 $m'(x)=(1-2x-x^{2})\mathrm{e}^{x}>0$，所以 $m(x)$ 在 $(0,0.1)$ 上单调递增．又因为 $m(0)=0$，所以当 $x \in (0,0.1)$ 时，$m(x)>0$，所以 $G'(x)>0$，所以 $G(x)$ 在 $(0,0.1)$ 上单调递增，又 $G(0)=0$，所以 $G(0.1)>0$，$a>c$．综上，$c<a<b$．故选 C．

典例 2 （2021 年全国乙卷理 12）设 $a=2\ln 1.01$，$b=\ln 1.02$，$c=\sqrt{1.04}-1$．则（　　）

A. $a<b<c$　　B. $b<c<a$　　C. $b<a<c$　　D. $c<a<b$

关键点击　直击靶心

将 a,b,c 中隐含共同的数值 0.01 用变量 x 替换，构造函数，利用导数研究相应函数的单调性，进而比较大小．

图析路径　思维可视

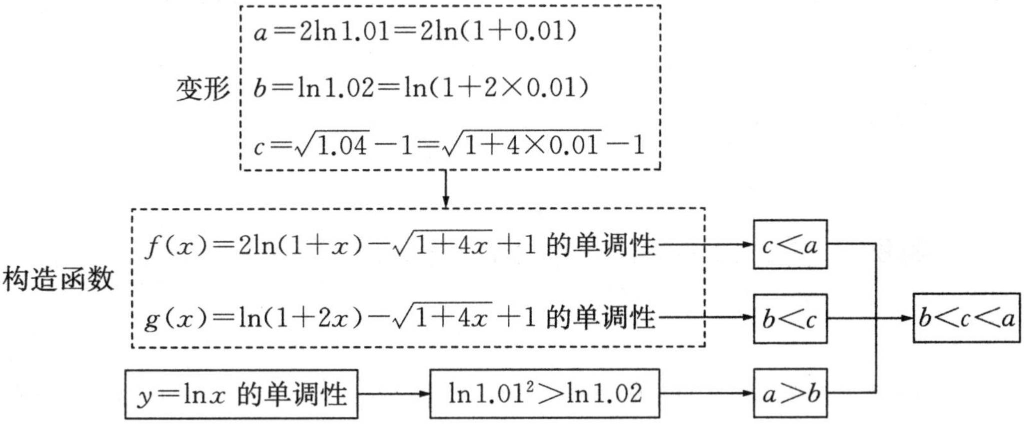

利用对数的运算和对数函数的单调性不难对 a,b 的大小作出判定，对于 a 与 c，b 与 c 的大小关系，将 0.01 换成 x，分别构造函数 $f(x)=2\ln(1+x)-\sqrt{1+4x}+1$，$g(x)=\ln(1+2x)-\sqrt{1+4x}+1$，利用导数分析它们在区间 $[0,0.01]$ 上的单调性，结合 $f(0)=0$，$g(0)=0$ 即可得出 a 与 c，b 与 c 的大小关系.

规范解答 精准示范

B **解析**：因为 $a=2\ln1.01=\ln1.01^2=\ln(1+0.01)^2=\ln(1+2\times0.01+0.01^2)>\ln1.02=b$，所以 $b<a$.

下面比较 c 与 a,b 的大小关系.记 $f(x)=2\ln(1+x)-\sqrt{1+4x}+1$，则 $f(0)=0$，$f'(x)=\dfrac{2}{1+x}-\dfrac{2}{\sqrt{1+4x}}=\dfrac{2(\sqrt{1+4x}-1-x)}{(1+x)\sqrt{1+4x}}$.因为 $1+4x-(1+x)^2=2x-x^2=x(2-x)$，所以当 $0<x<2$ 时，$1+4x-(1+x)^2>0$，即 $\sqrt{1+4x}>(1+x)$，$f'(x)>0$，所以 $f(x)$ 在 $[0,2]$ 上单调递增，所以 $f(0.01)>f(0)=0$，即 $2\ln1.01>\sqrt{1.04}-1$，即 $a>c$.

令 $g(x)=\ln(1+2x)-\sqrt{1+4x}+1$，则 $g(0)=0$，$g'(x)=\dfrac{2}{1+2x}-\dfrac{2}{\sqrt{1+4x}}=\dfrac{2(\sqrt{1+4x}-1-2x)}{(1+2x)\sqrt{1+4x}}$，因为 $1+4x-(1+2x)^2=-4x^2\leqslant0$，当 $x>0$ 时，$\sqrt{1+4x}-(1+2x)<0$，所以当 $x>0$ 时，$g'(x)<0$，即函数 $g(x)$ 在 $[0,+\infty)$ 上单调递减，所以 $g(0.01)<g(0)=0$，即 $\ln1.02<\sqrt{1.04}-1$，即 $b<c$.

综上，$b<c<a$，故选 B.

典例 3 （2022 年全国甲卷理 12）已知 $a=\dfrac{31}{32}$，$b=\cos\dfrac{1}{4}$，$c=4\sin\dfrac{1}{4}$，则 （　　）

A. $c>b>a$　　B. $b>a>c$　　C. $a>b>c$　　D. $a>c>b$

关键点击 直击靶心

容易观察到 b,c 中含有共同的数值 $\frac{1}{4}$，再通过变形，分析出 a,b 中隐含共同的数值 $\frac{1}{8}$，从而抽象出一般代数式，进而构造函数，通过研究函数的性质，分别比较 b,c 与 a,b 的大小.

图析路径 思维可视

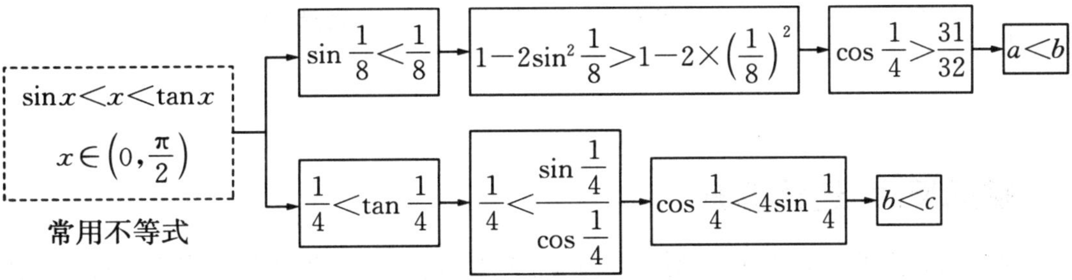

将 a 变形为 $1-2\times\left(\frac{1}{8}\right)^2$，将 b 变形为 $1-2\times\sin^2\frac{1}{8}$，将比较 a 与 b 的大小关系转化为比较 $\frac{1}{8}$ 与 $\sin\frac{1}{8}$ 的大小关系；将比较 b 与 c 的大小关系转化为比较 $\frac{1}{4}$ 与 $\tan\frac{1}{4}$ 的大小关系，利用常用不等式 $\sin x<x<\tan x\left(0<x<\frac{\pi}{2}\right)$ 即可.

规范解答 精准示范

D **解析：**先证明 $\sin x<x<\tan x\left(0<x<\frac{\pi}{2}\right)$.

设 $f(x)=x-\sin x$，则在 $\left(0,\frac{\pi}{2}\right)$ 上，$f'(x)=1-\cos x>0$，$f(x)$ 单调递增，因为 $f(0)=0$，所以在 $\left(0,\frac{\pi}{2}\right)$ 上，$f(x)>0$.

设 $g(x)=\tan x-x$，则在$\left(0,\frac{\pi}{2}\right)$上，$g'(x)=\frac{1}{\cos^2 x}-1>0$，$g(x)$单调递增，因为 $g(0)=0$，所以在$\left(0,\frac{\pi}{2}\right)$上，$g(x)>0$.

综上，$\sin x<x<\tan x\left(0<x<\frac{\pi}{2}\right)$成立.

$a=\frac{31}{32}=1-2\times\left(\frac{1}{8}\right)^2$，$b=\cos\frac{1}{4}=1-2\times\sin^2\frac{1}{8}$，因为 $\sin\frac{1}{8}<\frac{1}{8}$，所以 $1-2\times\left(\frac{1}{8}\right)^2<1-2\times\sin^2\frac{1}{8}$，即 $a<b$.因为$\frac{1}{4}\in\left(0,\frac{\pi}{2}\right)$，所以$\frac{1}{4}<\tan\frac{1}{4}$，即$\frac{1}{4}<\frac{\sin\frac{1}{4}}{\cos\frac{1}{4}}$，所以 $\cos\frac{1}{4}<4\sin\frac{1}{4}$，即 $b<c$.综上，$c>b>a$.故选 A.

解后反思 迁移提升

在处理形式千差万别的数值大小比较问题时，一般思路是分析数值中隐含的共同数值，通过常用不等式的放缩，估计出各数值的不同范围，得到大小关系；或者构造函数，通过研究函数的单调性，再结合函数特殊值得到大小关系.此类问题的求解，体现了转化与化归的思想，将不可直接求值的问题通过不等式放缩，估计范围，比较大小；同时体现了函数思想的威力，以函数为工具，解决不等式问题是函数思想在中学数学中的重要应用；此外还诠释了“变”与“不变”的辩证关系，在变化多端的形态中发掘不变性，体现了数学奇异美与简洁美的统一.

11. 简单最值　直接求解

不等式恒成立求参数范围问题在高考中屡见不鲜，它涉及函数、方程、不等式等知识，综合考查学生数学运算、逻辑推理等数学核心素养.构造函数是解决此类问题的关键，根据不等式直接研究函数最值是基本的解题思路.

典例 1　(2022 年全国甲卷理 21 节选题)已知函数 $f(x)=\frac{e^x}{x}-\ln x+x-a$.若 $f(x)\geqslant 0$，求 a 的取值范围.

关键点击　直击靶心

先研究导数 $f'(x)$ 的符号，确定函数 $f(x)$ 的单调性，再求出 $f(x)$ 的最小值 $f(x)_{\min}$，由 $f(x)_{\min}\geqslant 0$ 求出 a 的取值范围.

图析路径　思维可视

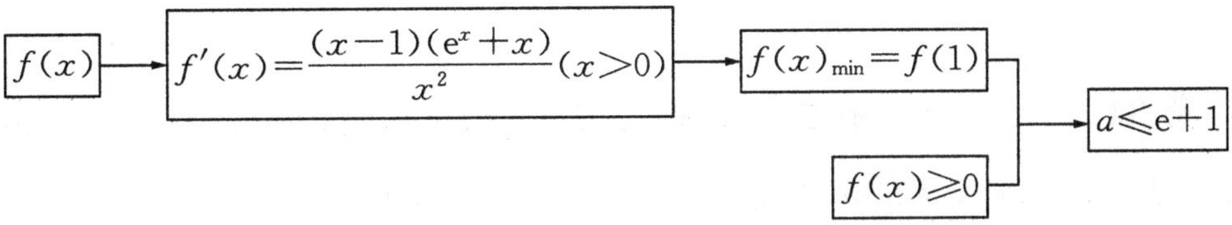

路径 1(直接研究函数最值)：按照求函数最值的一般步骤，得到 $f(x)_{\min}=e+1-a$，再根据条件 $f(x)\geqslant 0$，得到 $a\leqslant e+1$.

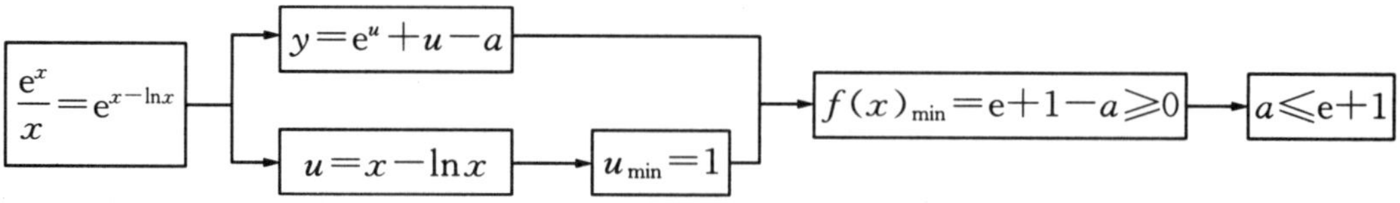

路径 2(同构函数,探求最值):抓住$\frac{e^x}{x}=e^{x-\ln x}$,同构函数,得到 $f(x)=e^{x-\ln x}+(x-\ln x)-a$,易得函数 $u=x-\ln x$ 的最小值,进而得到 $f(x)$的最小值为 $f(1)=e+1-a$,再根据条件 $f(x)\geqslant 0$,得到 $a\leqslant e+1$.

规范解答　精准示范

解:方法 1:$f(x)$的定义域为$(0,+\infty)$,$f'(x)=\left(\frac{1}{x}-\frac{1}{x^2}\right)e^x-\frac{1}{x}+1=\frac{1}{x}\left(1-\frac{1}{x}\right)e^x+\left(1-\frac{1}{x}\right)=\frac{(x-1)(e^x+x)}{x^2}$,令 $f'(x)=0$,得 $x=1$.

当 $x\in(0,1)$时,$f'(x)<0$,$f(x)$单调递减;当 $x\in(1,+\infty)$时,$f'(x)>0$,$f(x)$单调递增.因此,$f(x)_{\min}=f(1)=e+1-a$.由 $f(x)\geqslant 0$,得 $e+1-a\geqslant 0$,解得 $a\leqslant e+1$.所以 a 的取值范围为$(-\infty,e+1]$.

方法 2:$f(x)$的定义域为$(0,+\infty)$,$f(x)=e^{x-\ln x}+(x-\ln x)-a$,设 $u(x)=x-\ln x(x>0)$,则 $u'(x)=1-\frac{1}{x}=\frac{x-1}{x}$.

令 $u'(x)=0$,得 $x=1$.当 $x\in(0,1)$时,$u'(x)<0$,$u(x)$单调递减;当 $x\in(1,+\infty)$时,$u'(x)>0$,$u(x)$单调递增.因此,$u(x)_{\min}=u(1)=1$.

因为函数 $y=e^u+u-a$ 在$[1,+\infty)$上单调递增,所以 $f(x)_{\min}=y_{\min}=e+1-a$.由 $f(x)\geqslant 0$,得 $e+1-a\geqslant 0$,解得 $a\leqslant e+1$.故 a 的取值范围为$(-\infty,e+1]$.

典例 2　(2020 年新高考Ⅰ卷 21 节选题)已知函数 $f(x)=ae^{x-1}-\ln x+\ln a$.若 $f(x)\geqslant 1$,求 a 的取值范围.

关键点击 直击靶心

1. 先通过特殊值缩小参数 a 的取值范围，再虚设极值点，利用指数、对数运算化简最小值，得到结果.

2. 利用同构，简化不等式，再构造函数求最值.

图析路径 思维可视

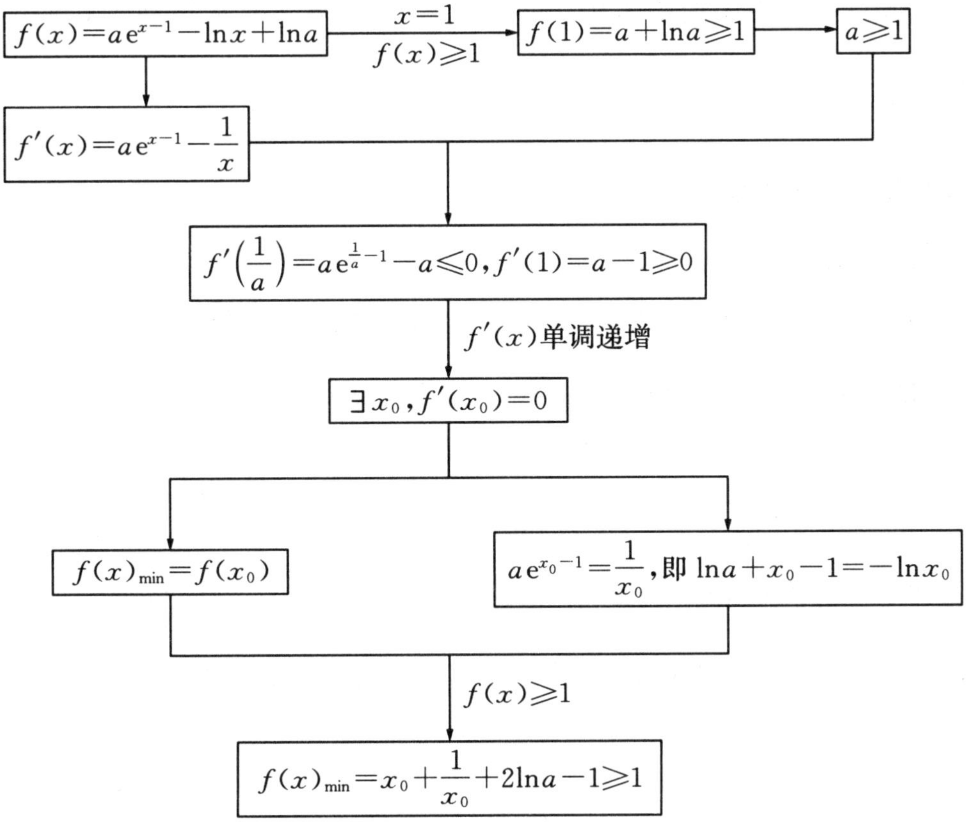

路径 1(特值探路，虚设零点)：利用特殊值 $f(1)\geqslant 1$，得到 $a\geqslant 1$.通过分析 $f'(x)$的单调性及符号，得到 $f'(x)$存在异号零点，记作 x_0，用 x_0 表达 $f(x)$ 的最小值.利用方程 $f'(x_0)=0$ 整体消去 e^{x_0} 与 $\ln x_0$，得 $f(x)_{\min}=x_0+\frac{1}{x_0}+2\ln a-1$，结合基本不等式与 $a\geqslant 1$，得 $f(x)_{\min}\geqslant 1$.

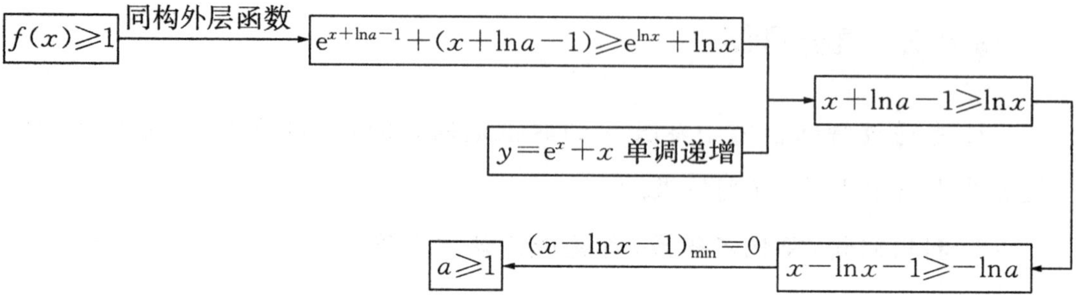

路径 2(同构函数,直接最值):将不等式 $f(x)\geqslant 1$ 同构变形为 $e^{x+\ln a-1}+(x+\ln a-1)\geqslant e^{\ln x}+\ln x$,由函数 $y=e^x+x$ 单调递增,得 $x+\ln a-1\geqslant \ln x$,即 $x-\ln x-1\geqslant -\ln a$.因为函数 $y=x-\ln x-1$ 的最小值为 0,所以 $0\geqslant -\ln a$,解得 $a\geqslant 1$.

规范解答 精准示范

解: 方法 1:由题意得 $x>0,a>0$.由 $f(x)\geqslant 1$,代入 $x=1$,得 $f(1)\geqslant 1$,即 $a+\ln a\geqslant 1$,解得 $a\geqslant 1$.则 $a\geqslant 1$ 是 $f(x)\geqslant 1$ 的必要条件.

下证充分性.当 $a\geqslant 1$ 时,因为 $f(x)$的导数 $f'(x)=ae^{x-1}-\dfrac{1}{x}$,设 $g(x)=f'(x)=ae^{x-1}-\dfrac{1}{x}$,则 $g'(x)=ae^{x-1}+\dfrac{1}{x^2}>0$,所以 $g(x)$在$(0,+\infty)$上单调递增,即 $f'(x)$在$(0,+\infty)$上单调递增.又因为 $f'\left(\dfrac{1}{a}\right)=a\left(e^{\frac{1}{a}-1}-1\right)\leqslant 0$,$f'(1)=a-1\geqslant 0$,所以 $f'(x)$在$(0,+\infty)$上存在唯一零点,记作 x_0,则 $ae^{x_0-1}-\dfrac{1}{x_0}=0$.

当 $x\in(0,x_0)$时,$f'(x)<0$,$f(x)$单调递减;当 $x\in(x_0,+\infty)$时,$f'(x)>0$,$f(x)$单调递增.故 $f(x)_{\min}=f(x_0)=ae^{x_0-1}-\ln x_0+\ln a$.

因为 $ae^{x_0-1}-\dfrac{1}{x_0}=0$,所以 $ae^{x_0-1}=\dfrac{1}{x_0}$,$\ln a+x_0-1=-\ln x_0$,所以 $f(x_0)=ae^{x_0-1}-\ln x_0+\ln a=\dfrac{1}{x_0}+x_0+2\ln a-1\geqslant 2\sqrt{\dfrac{1}{x_0}\cdot x_0}+2\ln a-1=2\ln a+1$,

因为 $a\geqslant 1$，所以 $2\ln a+1\geqslant 1$，$f(x_0)\geqslant 1$，所以 $f(x)\geqslant 1$，充分性成立.故 a 的取值范围为$[1,+\infty)$.

方法 2：由 $f(x)\geqslant 1$，得 $a\mathrm{e}^{x-1}-\ln x+\ln a\geqslant 1$，即 $\mathrm{e}^{x+\ln a-1}+\ln a-1\geqslant \ln x$，两边同时加 x，得 $\mathrm{e}^{x+\ln a-1}+(x+\ln a-1)\geqslant x+\ln x$，即 $\mathrm{e}^{x+\ln a-1}+(x+\ln a-1)\geqslant \mathrm{e}^{\ln x}+\ln x$.因为函数 $y=\mathrm{e}^x+x$ 单调递增，所以 $x+\ln a-1\geqslant \ln x$，即 $x-\ln x-1\geqslant -\ln a$.设函数 $h(x)=x-\ln x-1(x>0)$，则 $h'(x)=\dfrac{x-1}{x}$，令 $h'(x)=0$，得 $x=1$.易得 $h(x)_{\min}=h(1)=0$.故 $0\geqslant -\ln a$，即 $\ln a\geqslant 0$，解得 $a\geqslant 1$，因此 a 的取值范围为$[1,+\infty)$.

解后反思 迁移提升

1. 在求解不等式恒成立问题时，若不等号一侧为常数或通过作差、作商，使得不等号一侧为常数，可以考虑将不等式含变量的一侧直接构造函数，通过研究该函数的最值来解决问题.函数最值法作为求解此类问题的基本方法，主要适用于函数最值可求的问题.

2. 当函数最值点不能直接求出时，可以考虑虚设零点，通过整体代换研究函数最值.

3. 有时结合指数或对数的运算，同构函数简化不等式，可以使得构造的函数形式简洁、最值易求.

12. 参变分离 化繁为简

参变分离是求解不等式恒成立问题的常用方法，可有效规避含参函数的复杂讨论.基本思路是分离参数来构造新的函数，借助新函数的最值解决问题.参变分离法实质体现了转化的策略，核心依然是函数，研究单调性、最值是问题突破的关键.

典例 1 (2017 年天津卷理 8)已知函数 $f(x)=\begin{cases}x^2-x+3, & x\leqslant 1,\\ x+\dfrac{2}{x}, & x>1.\end{cases}$ 设 $a\in\mathbf{R}$，若关于 x 的不等式 $f(x)\geqslant\left|\dfrac{x}{2}+a\right|$ 在 $\mathbf{R}$ 上恒成立，则 a 的取值范围是 ( )

A. $\left[-\dfrac{47}{16},2\right]$　B. $\left[-\dfrac{47}{16},\dfrac{39}{16}\right]$　C. $[-2\sqrt{3},2]$　D. $\left[-2\sqrt{3},\dfrac{39}{16}\right]$

关键点击 直击靶心

首先把不等式 $f(x)\geqslant\left|\dfrac{x}{2}+a\right|$ 化为 $-f(x)-\dfrac{x}{2}\leqslant a\leqslant f(x)-\dfrac{x}{2}$ $(f(x)\geqslant 0)$，由于 $f(x)$ 为分段函数，遵循分段处理原则，对 x 在不同区间的情况分别进行讨论，求出函数最值，从而得到对应 a 的取值范围.

图析路径 思维可视

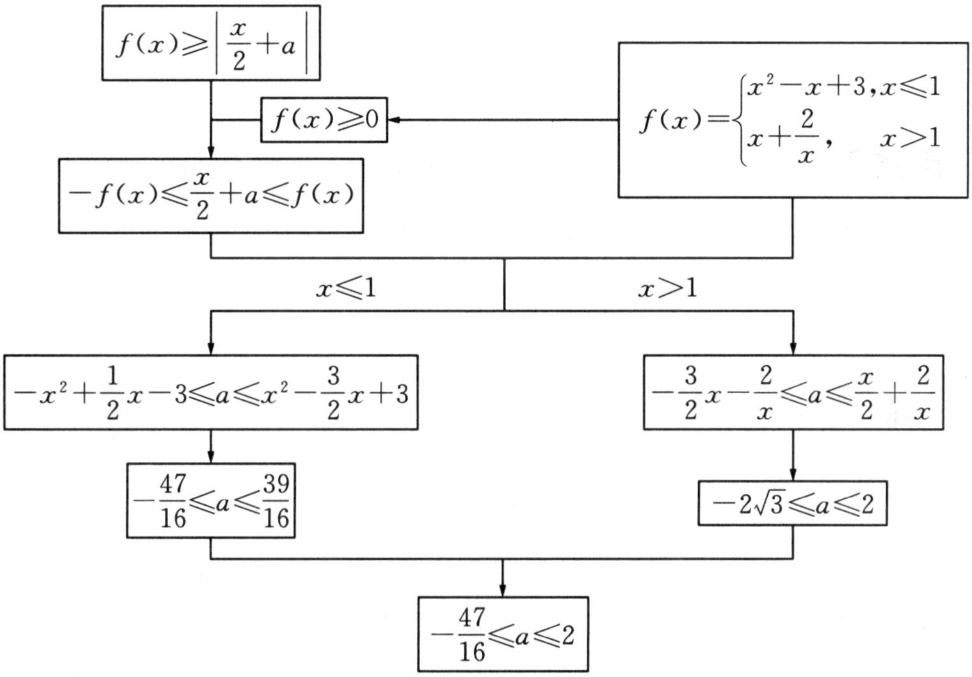

先去绝对值符号,将问题转化为不等式组恒成立,再参变分离构造函数,最后分别求出各函数的最值,得到答案.

规范解答 精准示范

A **解析**:因为 $f(x)\geqslant0$,所以不等式 $f(x)\geqslant\left|\frac{x}{2}+a\right|$ 可化为 $-f(x)\leqslant\frac{x}{2}+a\leqslant f(x)$(*).当 $x\leqslant1$ 时,(*)式化为 $-x^2+x-3\leqslant\frac{x}{2}+a\leqslant x^2-x+3$,即 $-x^2+\frac{x}{2}-3\leqslant a\leqslant x^2-\frac{3}{2}x+3$.因为 $-x^2+\frac{x}{2}-3=-\left(x-\frac{1}{4}\right)^2-\frac{47}{16}\leqslant-\frac{47}{16}$$\left(当\ x=\frac{1}{4}时取等号\right)$,$x^2-\frac{3}{2}x+3=\left(x-\frac{3}{4}\right)^2+\frac{39}{16}\geqslant\frac{39}{16}$$\left(当\ x=\frac{3}{4}时取等号\right)$,所以 $-\frac{47}{16}\leqslant a\leqslant\frac{39}{16}$.当 $x>1$ 时,(*)式化为 $-x-\frac{2}{x}\leqslant\frac{x}{2}+a\leqslant x+\frac{2}{x}$,即 $-\frac{3}{2}x-\frac{2}{x}\leqslant a\leqslant\frac{x}{2}+\frac{2}{x}$.因为 $-\frac{3}{2}x-\frac{2}{x}=-\left(\frac{3}{2}x+\frac{2}{x}\right)\leqslant-2\sqrt{3}$$\Big($当 $x=\frac{2\sqrt{3}}{3}$ 时

取等号)，$\frac{x}{2}+\frac{2}{x}\geqslant 2$（当 $x=2$ 时取等号），所以 $-2\sqrt{3}\leqslant a\leqslant 2$. 综上 $-\frac{47}{16}\leqslant a\leqslant 2$，故选 A.

典例 2 （2020 年全国Ⅰ卷理 21 节选题）已知函数 $f(x)=e^x+ax^2-x$. 当 $x\geqslant 0$ 时，$f(x)\geqslant\frac{1}{2}x^3+1$，求 a 的取值范围.

关键点击 直击靶心

将不等式 $f(x)\geqslant\frac{1}{2}x^3+1$ 中的 a 与 x 分离，构造不含参数 a 的函数 $g(x)$，求出 $g(x)$ 的最小值，得到 a 的取值范围. 参变分离时，需分 $x=0$ 与 $x>0$ 两类讨论；研究 $g'(x)$ 的符号时，要注意观察 $g'(x)$ 的零点，先将 $g'(x)$ 因式分解，再构造函数继续研究符号.

图析路径 思维可视

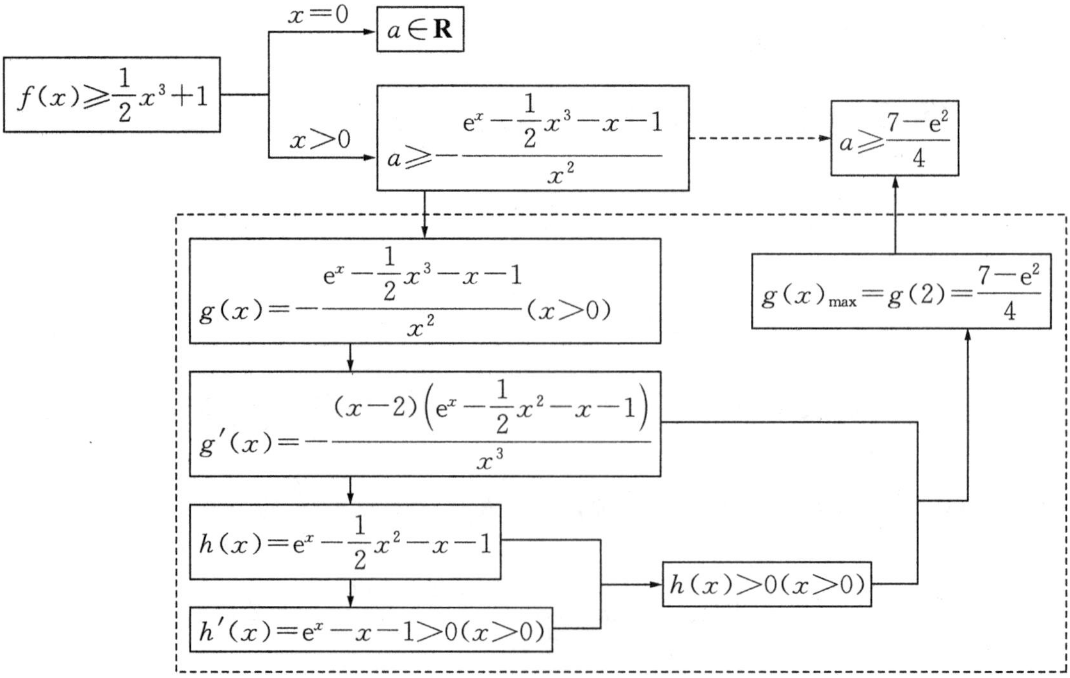

构造函数，研究最值

规范解答 精准示范

解：由 $f(x)\geqslant\frac{1}{2}x^3+1$，得 $e^x+ax^2-x\geqslant\frac{1}{2}x^3+1(x\geqslant 0)$. 当 $x=0$ 时，不等式化为 $1\geqslant 1$，显然成立，符合题意，$a\in\mathbf{R}$；当 $x>0$ 时，不等式化为 $a\geqslant -\frac{e^x-\frac{1}{2}x^3-x-1}{x^2}$.

记 $g(x)=-\frac{e^x-\frac{1}{2}x^3-x-1}{x^2}$，则 $g'(x)=-\frac{(x-2)\left(e^x-\frac{1}{2}x^2-x-1\right)}{x^3}$.

设 $h(x)=e^x-\frac{1}{2}x^2-x-1$，则 $h'(x)=e^x-x-1$.

设 $\varphi(x)=h'(x)=e^x-x-1$，则 $\varphi'(x)=e^x-1$，当 $x\geqslant 0$ 时，$\varphi'(x)\geqslant 0$，故 $\varphi(x)$ 在 $[0,+\infty)$ 上单调递增，即 $h'(x)$ 在 $[0,+\infty)$ 上单调递增，则 $h'(x)\geqslant h'(0)=0(x\geqslant 0)$，即 $h(x)$ 在 $[0,+\infty)$ 上单调递增.

因此，当 $x>0$ 时，$h(x)>h(0)=0$，即 $e^x-\frac{1}{2}x^2-x-1>0(x>0)$. 当 $x\in(0,2)$ 时，$g'(x)>0$，$g(x)$ 单调递增；当 $x\in(2,+\infty)$ 时，$g'(x)<0$，$g(x)$ 单调递减. 因此，$g(x)_{\max}=g(2)=\frac{7-e^2}{4}$.

综上，实数 a 的取值范围是 $\left[\frac{7-e^2}{4},+\infty\right)$.

解后反思 迁移提升

参变分离是不等式恒等转化的一种策略，即将不等式分离为一侧是参数，一侧是代数式的结构. 参变分离需关注两个要点：

1. 参数与变量能否分离. 这是参变分离的基础. 若不等式中参数单一或含参代数式一致，可以考虑分离；若不等式中含参代数式形式不同，一般不考虑参变分离.

2. 参变分离后构造的新函数最值是否存在,单调性能否判断.这是判断参变分离适用与否的关键.一般地,参变分离后构造的是分式型函数,若函数的最值点是分母的零点,则需运用高等数学中的洛必达法则,中学阶段难以理解,不宜使用参变分离;若新函数一阶导数乃至二阶导数较复杂,零点不易确定,此时不宜使用参变分离.

13. 端点效应　特值探路

解决不等式恒成立求参数取值范围的通法是构造函数，对参数分类讨论；也可以考虑参变分离，规避对参数的讨论.但有些时候这两种方法难以奏效.适当考虑函数在区间端点的性质，先猜想不等式成立的一个条件，再证明该条件恰是充要条件，即可求得结论.这种必要性探路，再证明充分性的方法可以称为端点效应法.

典例 1　(2022 年新高考Ⅱ卷 22 节选题)已知函数 $f(x)=xe^{ax}-e^{x}$.

(1) 当 $a=1$ 时，讨论 $f(x)$ 的单调性；

(2) 当 $x>0$ 时，$f(x)<-1$，求 a 的取值范围.

关键点击　直击靶心

1. 发现 $f(0)=-1$，$f'(0)=0$，结合 $f(x)<-1$，猜想 a 的取值范围.

2. 正面证明猜想成立，反面否定矛盾区间.

图析路径　思维可视

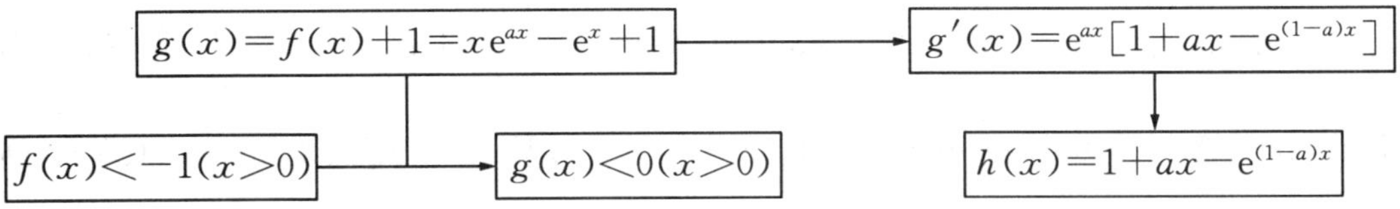

构造函数

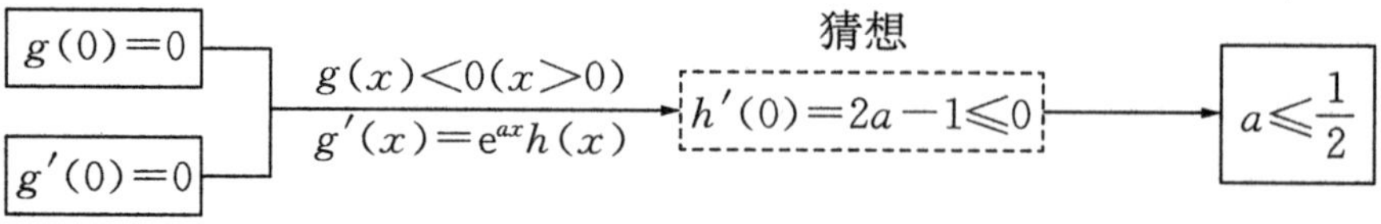

分析端点

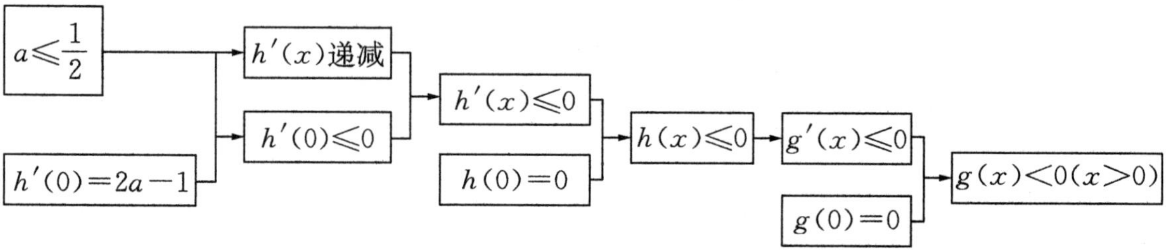

肯定 $a\leqslant \frac{1}{2}$

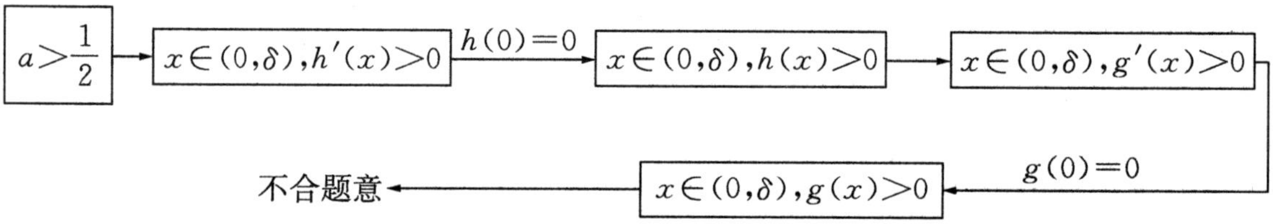

否定 $a>\frac{1}{2}$

规范解答　精准示范

解：(1) 当 $a=1$ 时，$f(x)=(x-1)e^x$，则 $f'(x)=xe^x$. 当 $x<0$ 时，$f'(x)<0$；当 $x>0$ 时，$f'(x)>0$，所以 $f(x)$ 的单调递减区间为 $(-\infty,0)$，单调递增区间为 $(0,+\infty)$.

(2) 设 $g(x)=f(x)+1=xe^{ax}-e^x+1$，则 $g(0)=0$. $g'(x)=e^{ax}(1+ax)-e^x=e^{ax}[1+ax-e^{(1-a)x}]$.

设 $h(x)=1+ax-e^{(1-a)x}$，则 $h(0)=0$，$h'(x)=a+(a-1)e^{(1-a)x}$，$h'(0)=2a-1$. 若 $a\leqslant \frac{1}{2}$，则 $a-1<0$，$1-a>0$，$h'(x)=a+(a-1)e^{(1-a)x}$ 单调递减，且 $h'(0)=2a-1\leqslant 0$，则当 $x\geqslant 0$ 时，$h'(x)\leqslant 0$，故 $h(x)$ 在 $(0,+\infty)$ 上单调递减，又因为 $h(0)=0$，所以在 $[0,+\infty)$ 上，$h(x)\leqslant 0$.

因为 $g'(x)=e^{ax}h(x)$，且 $e^{ax}>0$，所以在 $[0,+\infty)$ 上，$g'(x)\leqslant 0$，所以 $g(x)$ 在 $[0,+\infty)$ 上单调递减. 又因为 $g(0)=0$，所以当 $x>0$ 时，$g(x)<0$，即当 $x>0$ 时，$f(x)<-1$.

若 $a>\dfrac{1}{2}$，则 $h'(0)=2a-1>0$，则存在区间 $(0,\delta)$，当 $x\in(0,\delta)$ 时，$h'(x)>0$，$h(x)$ 在 $(0,\delta)$ 上单调递增.

因为 $h(0)=0$，所以当 $x\in(0,\delta)$ 时，$h(x)>0$，所以当 $x\in(0,\delta)$ 时，$g'(x)>0$，所以 $g(x)$ 在 $(0,\delta)$ 上单调递增. 因为 $g(0)=0$，所以当 $x\in(0,\delta)$ 时，$g(x)>0$，所以当 $x\in(0,\delta)$ 时，$f(x)>-1$，与 $f(x)<-1$ 在 $(0,+\infty)$ 上恒成立矛盾，所以 $a>\dfrac{1}{2}$ 不符合题意.

综上，a 的取值范围为 $\left(-\infty,\dfrac{1}{2}\right]$.

典例 2 (2017 年全国Ⅱ卷文 21)设函数 $f(x)=(1-x^2)e^x$.

(1) 讨论 $f(x)$ 的单调性；

(2) 当 $x\geqslant 0$ 时，$f(x)\leqslant ax+1$，求 a 的取值范围.

关键点击　直击靶心

1. 发现 $f(0)=1$，构造差函数 $g(x)=f(x)-ax-1$，依据 $g'(0)\leqslant 0$，猜想 a 的取值范围.

2. 正面证明猜想成立，反面否定矛盾区间.

图析路径 思维可视

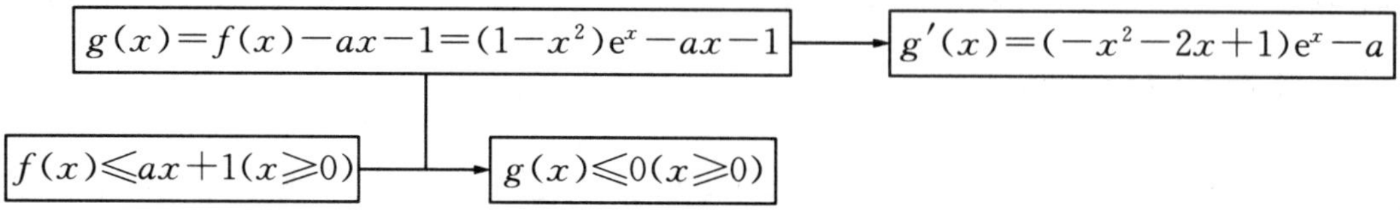

构造函数

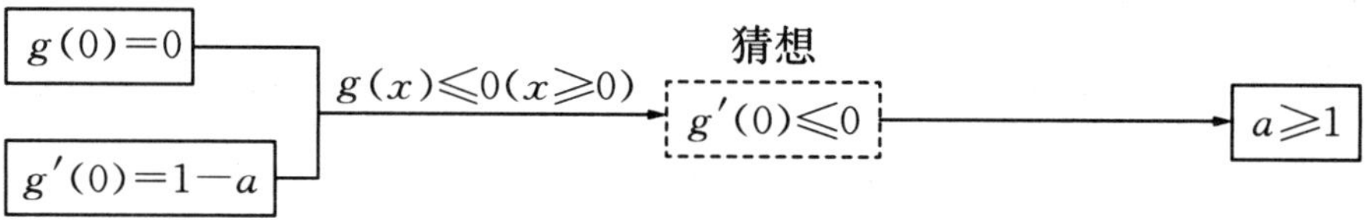

分析端点

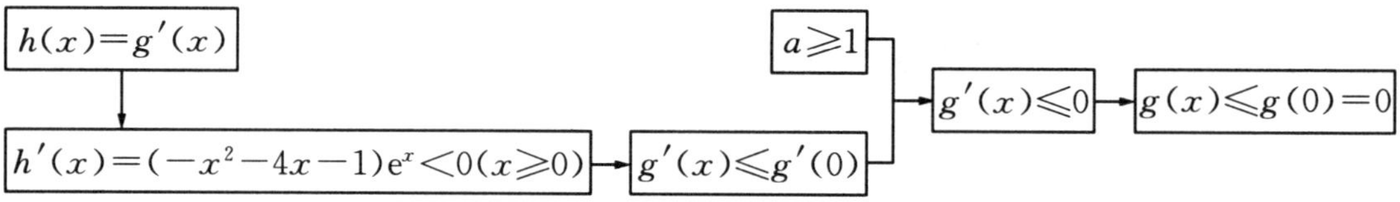

肯定 $a\geqslant 1$

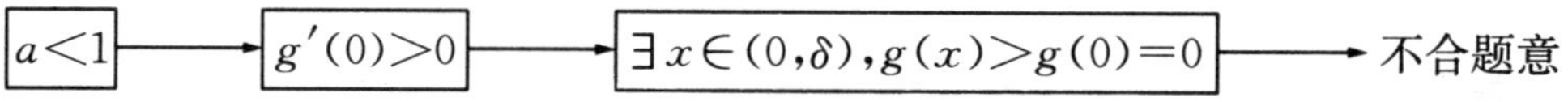

否定 $a<1$

规范解答 精准示范

解: (1) 由题可得 $f'(x)=(1-2x-x^2)e^x$.令 $f'(x)>0$,解得 $-1-\sqrt{2}<x<-1+\sqrt{2}$;令 $f'(x)<0$,解得 $x<-1-\sqrt{2}$ 或 $x>-1+\sqrt{2}$.故 $f(x)$ 在 $(-1-\sqrt{2},-1+\sqrt{2})$ 上单调递增,在 $(-\infty,-1-\sqrt{2})$ 和 $(-1+\sqrt{2},+\infty)$ 上单调递减.

(2) 由当 $x\geqslant 0$ 时,$f(x)\leqslant ax+1$,得 $(1-x^2)e^x-ax-1\leqslant 0(x\geqslant 0)$.

设 $g(x)=(1-x^2)e^x-ax-1(x\geqslant 0)$,其中 $g(0)=0$.$g'(x)=(-x^2-2x+1)e^x-a(x\geqslant 0)$,设 $h(x)=g'(x)=(-x^2-2x+1)e^x-a$,则 $h'(x)=(-x^2-4x-1)e^x<0(x\geqslant 0)$,则 $h(x)$ 在 $[0,+\infty)$ 上单调递减,即 $g'(x)$ 在 $[0,+\infty)$ 上单调递减.

若 $g'(0)=1-a\leqslant 0$，即 $a\geqslant 1$，则 $g'(x)\leqslant 0$，$g(x)$ 在 $[0,+\infty)$ 上单调递减，因为 $g(0)=0$，所以 $g(x)\leqslant 0$，即 $f(x)\leqslant ax+1$ 恒成立.

若 $g'(0)=1-a>0$，即 $a<1$，则存在 $\delta>0$，当 $x\in(0,\delta)$ 时，$g'(x)>0$，则 $g(x)$ 在 $(0,\delta)$ 上单调递增.因为 $g(0)=0$，所以当 $x\in(0,\delta)$ 时，$g(x)>0$，即 $f(x)>ax+1$，与 $f(x)\leqslant ax+1$ 在 $[0,+\infty)$ 上恒成立矛盾，所以 $a<1$ 不符合题意.

综上，实数 a 的取值范围为 $[1,+\infty)$.

解后反思 迁移提升

用端点效应法解决不等式恒成立问题的一般步骤：

1. 寻找必要条件.(1) 若 $f(x,m)\geqslant 0$（m 为参数）在 $[a,b]$ 上恒成立，且 $f(a)=0$，则 $f'(a)\geqslant 0$；(2) 若 $f(x,m)\geqslant 0$（m 为参数）在 $[a,b]$ 上恒成立，且 $f(a)=0$，$f'(a)=0$，则 $f''(a)\geqslant 0$（$f''(x)$ 表示 $f'(x)$ 的导数）.

2. 正面证明充分性.求 $f'(x)$ 并根据所求参数范围判断 $f'(x)>0$，即 $f(x)$ 单调递增，结合 $f(a)=0$，$f(x)\geqslant 0$ 即可.

3. 寻找矛盾区间，否定反面.当参数在所求范围的补集内取值时，利用零点存在定理，说明存在实数 $c(c>a)$，当 $x\in[a,c]$ 时，$f'(x)<0$，即 $f(x)$ 单调递减，结合 $f(a)=0$，得当 $x\in(a,c)$ 时 $f(x)<0$，与 $f(x)\geqslant 0$ 矛盾，从而否定反面的取值.

14. 研究函数　导数工具

运用函数求导证明不等式是高考的热点与难点.此类问题题型多样，方法灵活，难度较大，能有效考查直观想象、逻辑推理及数学运算等核心素养.解决这类问题的核心是构造适当的函数，利用导数研究函数的单调性、极值、最值等性质，达到证明不等式的目的.

典例 1 （2021 年全国乙卷理 20）设函数 $f(x)=\ln(a-x)$，已知 $x=0$ 是函数 $y=xf(x)$ 的极值点.

（1）求 a.

（2）设函数 $g(x)=\dfrac{x+f(x)}{xf(x)}$.求证：$g(x)<1$.

关键点击　直击靶心

例题第(2)问中，将待证的不等式等价变形，转化为简洁的形式，使得构造的函数便于研究，这体现了转化与化归的数学思想方法.

图析路径　思维可视

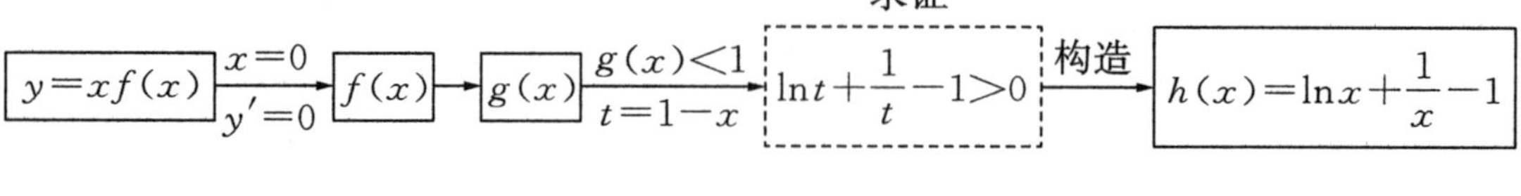

先从条件出发，根据极值点处的导数为0，求出参数 a 的值，需要检验 $x=0$ 的两侧函数单调性相反.将不等式 $g(x)<1$ 先转化为整式不等式，再孤立对数，最后换元，构造较易研究导数及性质的函数，通过研究函数的最小值求证不等式.

规范解答　精准示范

解：(1) 因为 $f(x)=\ln(a-x)$，所以 $y=xf(x)=x\ln(a-x)$，所以 $y'=\ln(a-x)+\frac{x}{x-a}$.因为 $x=0$ 是函数 $y=xf(x)$ 的极值点，所以当 $x=0$ 时，$y'=\ln a=0$，解得 $a=1$.

当 $a=1$ 时，$y=x\ln(1-x)(x<1)$，$y'=\ln(1-x)+\frac{x}{x-1}$.当 $x\in(-\infty,0)$ 时，$y'=\ln(1-x)+\frac{x}{x-1}>0$，$y=x\ln(1-x)$ 单调递增；当 $x\in(0,1)$ 时，$y'=\ln(1-x)+\frac{x}{x-1}<0$，$y=x\ln(1-x)$ 单调递减.综上，$x=0$ 是函数 $y=xf(x)$ 的极值点，$a=1$ 符合题意.

(2) 证明：由(1)得 $f(x)=\ln(1-x)$，则 $g(x)=\frac{x+f(x)}{xf(x)}=\frac{x+\ln(1-x)}{x\ln(1-x)}$ $(x<1$ 且 $x\neq0)$.

当 $x\in(0,1)$ 时，$\ln(1-x)<0$，$x\ln(1-x)<0$；当 $x\in(-\infty,0)$ 时，$\ln(1-x)>0$，$x\ln(1-x)<0$.则 $g(x)<1$ 等价于 $x+\ln(1-x)>x\ln(1-x)$，即证 $x+(1-x)\ln(1-x)>0$，因为 $1-x>0$，所以即证当 $x<1$ 且 $x\neq0$ 时，$\frac{x}{1-x}+\ln(1-x)>0$.

令 $t=1-x$，则 $t>0$ 且 $t\neq1$，即证 $\ln t+\frac{1}{t}-1>0$.设 $h(x)=\ln x+\frac{1}{x}-1$ $(x>0)$，则 $h'(x)=\frac{1}{x}-\frac{1}{x^2}=\frac{x-1}{x^2}$.当 $x\in(0,1)$ 时，$h'(x)<0$，$h(x)$ 单调递减，故 $h(x)>h(1)=0$；当 $x\in(1,+\infty)$ 时，$h'(x)>0$，$h(x)$ 单调递增，故

$h(x)>h(1)=0$.综上,当 $t>0$ 且 $t\neq1$ 时,$h(t)>0$,即 $\ln t+\frac{1}{t}-1>0$ 成立.因此,在定义域内,$g(x)<1$.

典例 2 (2020 年全国Ⅱ卷理科 21)已知函数 $f(x)=\sin^2 x\sin 2x$.

(1) 讨论 $f(x)$ 在区间 $(0,\pi)$ 上的单调性;

(2) 求证:$|f(x)|\leqslant\frac{3\sqrt{3}}{8}$;

(3) 设 $n\in\mathbf{N}^*$,求证:$\sin^2 x\sin^2 2x\sin^2 4x\cdot\cdots\cdot\sin^2 2^n x\leqslant\frac{3^n}{4^n}$.

关键点击 直击靶心

例题第(2)问中,求出函数 $f(x)$ 在一个周期内的最大值与最小值即可;第(3)问中,将不等式左侧恒等变形,结合(2)的结论与三角函数的有界性即可解决.

图析路径 思维可视

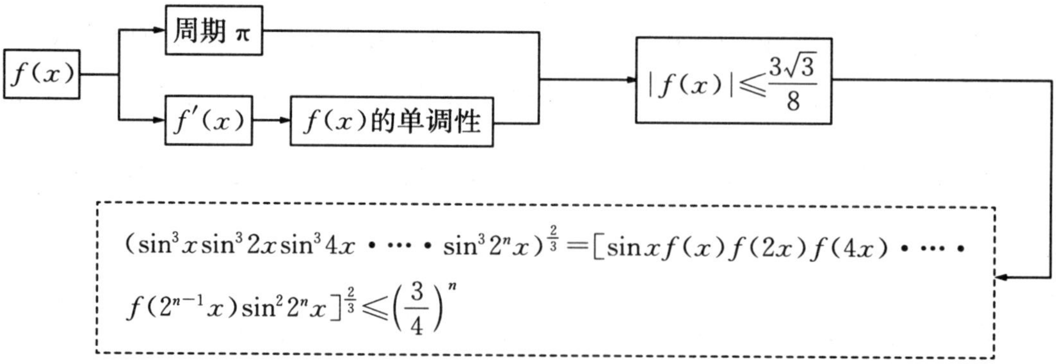

目标

规范解答 精准示范

解:(1) 因为 $f(x)=\sin^2x\sin 2x=2\sin^3x\cos x$,所以 $f'(x)=2(3\sin^2x\cos^2x-\sin^4x)=2\sin^2x(3\cos^2x-\sin^2x)=2\sin^2x(4\cos^2x-1)=2\sin^2x(2\cos x+1)(2\cos x-1)$.令 $f'(x)=0,x\in(0,\pi)$,得 $x_1=\frac{\pi}{3},x_2=\frac{2\pi}{3}$.当 $x\in\left(0,\frac{\pi}{3}\right)$时,$f'(x)>0$,$f(x)$单调递增;当 $x\in\left(\frac{\pi}{3},\frac{2\pi}{3}\right)$时,$f'(x)<0$,$f(x)$单调递减;当 $x\in\left(\frac{2\pi}{3},\pi\right)$时,$f'(x)>0$,$f(x)$单调递增.

(2) 因为 $f(x+\pi)=\sin^2(x+\pi)\sin[2(x+\pi)]=\sin^2x\sin 2x=f(x)$,所以函数 $f(x)$是周期为 π 的函数.又因为 $f(0)=f(\pi)=0$, $f\left(\frac{\pi}{3}\right)=\left(\frac{\sqrt{3}}{2}\right)^2\times\frac{\sqrt{3}}{2}=\frac{3\sqrt{3}}{8}$,$f\left(\frac{2\pi}{3}\right)=\left(\frac{\sqrt{3}}{2}\right)^2\times\left(-\frac{\sqrt{3}}{2}\right)=-\frac{3\sqrt{3}}{8}$,所以在一个周期内,由(1)知 $f(x)_{\max}=\frac{3\sqrt{3}}{8}$,$f(x)_{\min}=-\frac{3\sqrt{3}}{8}$,即$|f(x)|\leqslant\frac{3\sqrt{3}}{8}$.

(3) 结合(2)的结论,得 $\sin^2x\sin^2 2x\sin^2 4x\cdot\cdots\cdot\sin^2 2^nx=[\sin^3x\sin^3 2x\sin^3 4x\cdot\cdots\cdot\sin^3 2^nx]^{\frac{2}{3}}=[\sin x(\sin^2x\sin 2x)(\sin^2 2x\sin 4x)\cdot\cdots\cdot(\sin^2 2^{n-1}x\sin 2^nx)\sin^2 2^nx]^{\frac{2}{3}}\leqslant\left(\sin x\times\frac{3\sqrt{3}}{8}\times\frac{3\sqrt{3}}{8}\times\cdots\times\frac{3\sqrt{3}}{8}\times\sin^2 2^nx\right)^{\frac{2}{3}}=(\sin x)^{\frac{2}{3}}\times\left[\left(\frac{3\sqrt{3}}{8}\right)^n\right]^{\frac{2}{3}}\times(\sin^2 2^nx)^{\frac{2}{3}}\leqslant\left[\left(\frac{3\sqrt{3}}{8}\right)^n\right]^{\frac{2}{3}}=\frac{3^n}{4^n}$.

典例 3 (2017 年全国Ⅱ卷理 21)已知函数 $f(x)=ax^2-ax-x\ln x$,且 $f(x)\geqslant 0$.

(1) 求 a;

(2) 求证:$f(x)$存在唯一的极大值点 x_0,且 $e^{-2}<f(x_0)<2^{-2}$.

关键点击 直击靶心

1. 由 $f(x)\geqslant 0$,得 $ax-a-\ln x\geqslant 0$,构造函数 $g(x)=ax-a-\ln x$,抓住 $g(1)=0$,分类讨论即可.

2. 根据 $f'(x)$ 的单调性估计 x_0 的取值范围,利用 $f'(x_0)=0$ 简化函数 $f(x_0)$,通过研究函数的性质证明不等式.

图析路径 思维可视

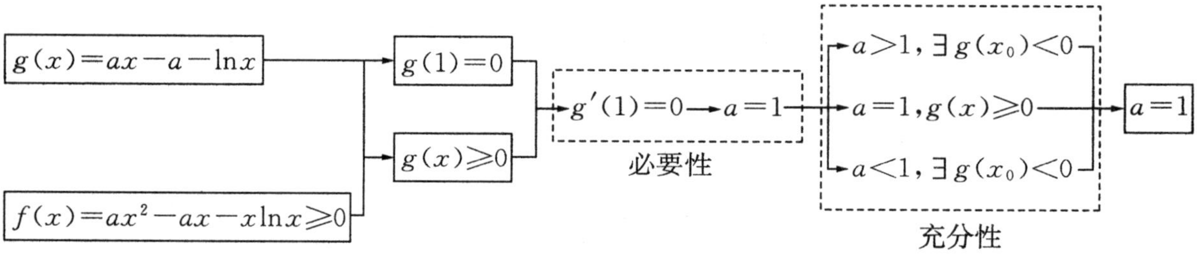

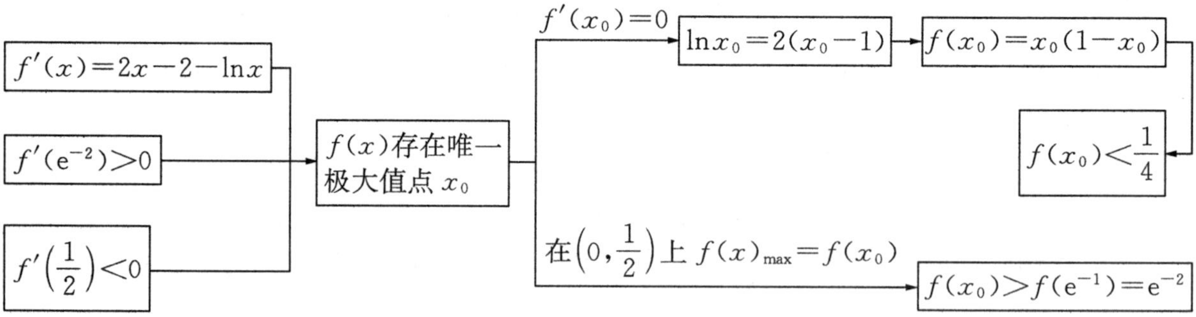

1. 将不等式 $f(x)\geqslant 0$ 化为 $ax-a-\ln x\geqslant 0$,设 $g(x)=ax-a-\ln x$,则 $g(1)=0$,又 $g'(x)=a-\frac{1}{x}$,由 $g(x)\geqslant 0$ 猜想 $g'(1)=a-1=0$,得 $a=1$.当 $a=1$ 时,$g(x)=x-1-\ln x$,$g(x)_{\min}=g(1)=0$,故 $g(x)\geqslant 0$.当 $a>1$ 时,$g\left(\frac{1}{a}\right)<g(1)=0$,与 $g(x)\geqslant 0$ 矛盾;当 $0<a<1$ 时,$g\left(\frac{1}{a}\right)<g(1)=0$,与 $g(x)\geqslant 0$ 矛盾;当 $a\leqslant 0$ 时,$g(e)<0$,与 $g(x)\geqslant 0$ 矛盾.

2. 根据零点存在定理，函数 $f'(x)$ 在区间 $\left(0,\frac{1}{2}\right)$ 上单调递减且存在唯一零点，即 $f(x)$ 存在唯一的极大值点 x_0. 由 $f'(x_0)=0$ 得 $\ln x_0=2(x_0-1)$，代入 $f(x_0)$，整理得 $f(x_0)=x_0(1-x_0)$，故 $f(x_0)=-\left(x_0-\frac{1}{2}\right)^2+\frac{1}{4}<\frac{1}{4}$. 又因为当 $x\in(0,1)$ 时，$f(x)_{\max}=f(x_0)$，所以 $f(x_0)>f(e^{-1})=e^{-2}$.

规范解答 精准示范

解：(1) $f(x)$ 的定义域为 $(0,+\infty)$. 因为 $f(x)\geqslant 0$，所以 $ax-a-\ln x\geqslant 0$.

设 $g(x)=ax-a-\ln x(x>0)$，则 $g(1)=0$. $g'(x)=a-\frac{1}{x}=\frac{ax-1}{x}$.

当 $a\leqslant 0$ 时，$g'(x)<0$，$g(x)$ 在 $(0,+\infty)$ 上单调递减，$g(e)<0$，舍去.

当 $a=1$ 时，令 $g'(x)=0$，得 $x=1$. 当 $x\in(0,1)$ 时，$g'(x)<0$，$g(x)$ 单调递减；当 $x\in(1,+\infty)$ 时，$g'(x)>0$，$g(x)$ 单调递增. 因此 $g(x)_{\min}=g(1)=0$，所以 $g(x)\geqslant 0$.

当 $a>1$ 时，令 $g'(x)=0$，得 $x=\frac{1}{a}$. 当 $x\in\left(0,\frac{1}{a}\right)$ 时，$g'(x)<0$，$g(x)$ 单调递减；当 $x\in\left(\frac{1}{a},+\infty\right)$ 时，$g'(x)>0$，$g(x)$ 单调递增，因此 $g\left(\frac{1}{a}\right)<g(1)=0$，不合题意.

当 $0<a<1$ 时，令 $g'(x)=0$，得 $x=\frac{1}{a}$. 当 $x\in\left(0,\frac{1}{a}\right)$ 时，$g'(x)<0$，$g(x)$ 单调递减；当 $x\in\left(\frac{1}{a},+\infty\right)$ 时，$g'(x)>0$，$g(x)$ 单调递增，因此 $g\left(\frac{1}{a}\right)<g(1)=0$，不合题意. 综上，$a=1$.

(2) 证明：由(1)得 $f(x)=x^2-x-x\ln x(x>0)$，$f'(x)=2x-2-\ln x$.

设 $h(x)=f'(x)=2x-2-\ln x$，则 $h'(x)=2-\frac{1}{x}$.

当 $x\in\left(0,\frac{1}{2}\right)$ 时，$h'(x)<0$，$h(x)$ 单调递减；当 $x\in\left(\frac{1}{2},+\infty\right)$ 时，$h'(x)>

0，$h(x)$单调递增．故$h(x)_{\min}=h\left(\frac{1}{2}\right)=\ln 2-1<0$．又因为$h(e^{-2})=2e^{-2}>0$，所以$h(x)$在$\left(0,\frac{1}{2}\right)$上存在唯一零点$x_0$．又因为$h(1)=0$，所以当$x\in(0,x_0)$时，$h(x)>0$，即$f'(x)>0$，$f(x)$单调递增；当$x\in(x_0,1)$时，$h(x)<0$，即$f'(x)<0$，$f(x)$单调递减；当$x\in(1,+\infty)$时，$h(x)>0$，即$f'(x)>0$，$f(x)$单调递增．

因此$f(x)$存在唯一的极大值点x_0，且$f(x_0)=x_0^2-x_0-x_0\ln x_0$．因为$f'(x_0)=2x_0-2-\ln x_0=0$，所以$f(x_0)=x_0^2-x_0-x_0(2x_0-2)=x_0(1-x_0)=-\left(x_0-\frac{1}{2}\right)^2+\frac{1}{4}$．又因为$x_0<\frac{1}{2}$，所以$f(x_0)<\frac{1}{4}$．又因为当$x\in(0,1)$时，$f(x)_{\max}=f(x_0)$，且$f'(e^{-1})\neq 0$，所以$f(x_0)>f(e^{-1})=e^{-2}$．

综上，$e^{-2}<f(x_0)<2^{-2}$．

解后反思 迁移提升

构造函数，利用导数研究函数的最值是解决不等式证明问题的一般策略，主要有以下几种常见的构造方法：

1. 根据不等式中出现的式子直接构造函数．

2. 将不等式通过四则运算、因式分解、指对运算、孤立对数、同构、放缩等进行变形，构造便于研究单调性、最值的函数．

3. 若构造的函数最值点不能直接求出，一般考虑虚设零点，通过整体代换与零点范围估计相结合的方法研究函数的性质，体现了设而不求的思想．

15. 百般武艺　化多为一

多元不等式的证明问题经常在高考中出现,此类问题呈现形式复杂多样,解题思路灵活多变,具有结构独特、技巧性强、综合性高等特点,可以充分考查直观想象、逻辑推理、数学运算等核心素养.解决此类问题的一般策略是先将多元化为一元,再构造函数证明一元不等式.

典例 1　(2022 年北京卷 20)已知函数 $f(x)=e^x\ln(1+x)$.

(1) 求曲线 $y=f(x)$在点$(0,f(0))$处的切线方程;

(2) 设 $g(x)=f'(x)$,讨论函数 $g(x)$在$[0,+\infty)$上的单调性;

(3) 求证:对任意的 $s,t\in(0,+\infty)$,有 $f(s+t)>f(s)+f(t)$.

关键点击　直击靶心

1. 由 $g'(x)$的解析式构造函数,便于判断 $g'(x)$的符号.

2. 以目标不等式中的 s 为主元,构造函数 $m(s)=f(s+t)-f(s)$,证明 $m(s)$在$(0,+\infty)$上单调递增即可.

图析路径 思维可视

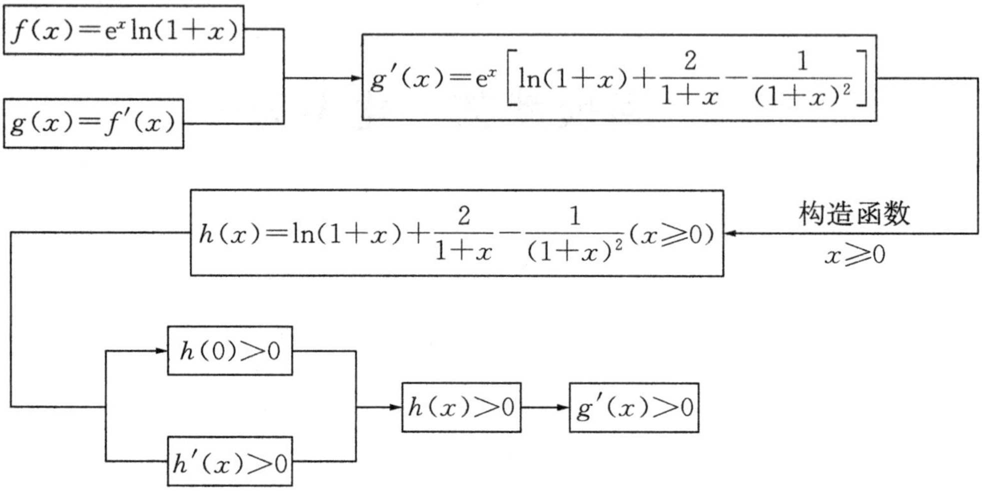

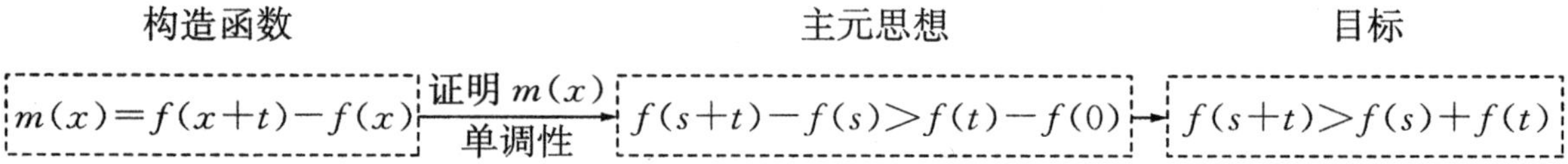

1. 为研究 $g'(x)=e^x\left[\ln(1+x)+\frac{2}{1+x}-\frac{1}{(1+x)^2}\right]$ 在 $[0,+\infty)$ 上的符号，构造函数 $h(x)=\ln(1+x)+\frac{2}{1+x}-\frac{1}{(1+x)^2}(x\geqslant0)$，判断 $h'(x)>0$，得 $h(x)$ 单调递增，又 $h(0)=1>0$，故 $h(x)>0$，即 $g'(x)>0$，从而 $g(x)$ 在 $[0,+\infty)$ 上单调递增.

2. 将不等式 $f(s+t)>f(s)+f(t)$ 变形为 $f(s+t)-f(s)>f(t)-f(0)$，构造函数 $m(x)=f(x+t)-f(x)(x\geqslant0,t>0)$，证得 $m(x)$ 在 $(0,+\infty)$ 上单调递增，则 $m(s)>m(0)$，即原不等式成立.

规范解答 精准示范

解：(1) 因为 $f(x)=e^x\ln(1+x)$，所以 $f(0)=0$，所以切点坐标为 $(0,0)$. 又因为 $f'(x)=e^x\left[\ln(1+x)+\frac{1}{1+x}\right]$，所以切线斜率 $k=f'(0)=1$，所以切线方程为 $y=x$.

(2) 因为 $g(x)=f'(x)=\mathrm{e}^x\left[\ln(1+x)+\frac{1}{1+x}\right]$,所以 $g'(x)=\mathrm{e}^x\left[\ln(1+x)+\frac{2}{1+x}-\frac{1}{(1+x)^2}\right]$.

令 $h(x)=\ln(1+x)+\frac{2}{1+x}-\frac{1}{(1+x)^2}$,则 $h'(x)=\frac{1}{1+x}-\frac{2}{(1+x)^2}+\frac{2}{(1+x)^3}=\frac{x^2+1}{(1+x)^3}>0$,即 $h(x)$ 在 $[0,+\infty)$ 上单调递增,则在 $[0,+\infty)$ 上,$h(x)\geqslant h(0)=1>0$,故 $g'(x)>0$ 在 $[0,+\infty)$ 上恒成立,即 $g(x)$ 在 $[0,+\infty)$ 上单调递增.

(3) 因为 $f(0)=0$,所以原不等式可化为 $f(s+t)-f(s)>f(t)-f(0)$.

设 $m(x)=f(x+t)-f(x)(x\geqslant 0,t>0)$,即证当 $x>0$ 时,$m(x)>m(0)$. $m(x)=\mathrm{e}^{x+t}\ln(1+x+t)-\mathrm{e}^x\ln(1+x)$,则 $m'(x)=\mathrm{e}^{x+t}\ln(1+x+t)+\frac{\mathrm{e}^{x+t}}{1+x+t}-\mathrm{e}^x\ln(1+x)-\frac{\mathrm{e}^x}{1+x}=g(x+t)-g(x)$.

由(2)知 $g(x)$ 在 $[0,+\infty)$ 上单调递增,故当 $x\geqslant 0,t>0$ 时,$g(x+t)>g(x)$,则 $m'(x)>0$ 在 $[0,+\infty)$ 上成立,因此 $m(x)$ 在 $(0,+\infty)$ 上单调递增,故当 $x>0$ 时,$m(x)>m(0)$,又因为 $s>0$,所以 $m(s)=f(s+t)-f(s)>m(0)=f(t)$,即 $f(s+t)>f(s)+f(t)$,原不等式得证.

典例 2 (2021 年新高考Ⅰ卷 22)已知函数 $f(x)=x(1-\ln x)$.

(1) 讨论 $f(x)$ 的单调性;

(2) 设 a,b 为两个不相等的正数,且 $b\ln a-a\ln b=a-b$,求证:$2<\frac{1}{a}+\frac{1}{b}<\mathrm{e}$.

关键点击 直击靶心

1. 利用同构与换元,将陌生问题转化为熟悉的模型.

2. 通过减元,将二元问题转化为一元问题.

图析路径 思维可视

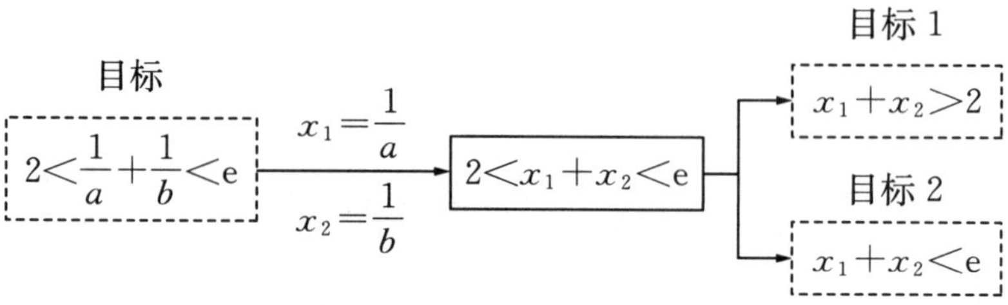

目标分解

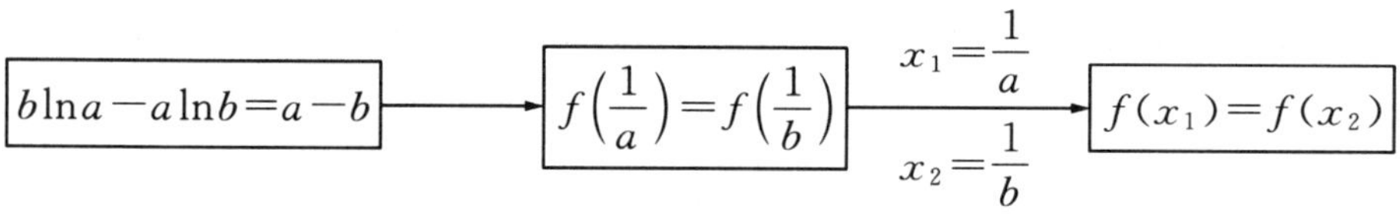

条件分析

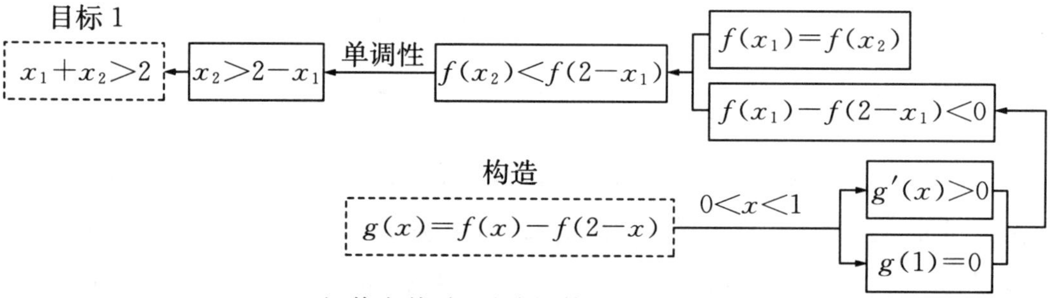

极值点偏移，对称性构造

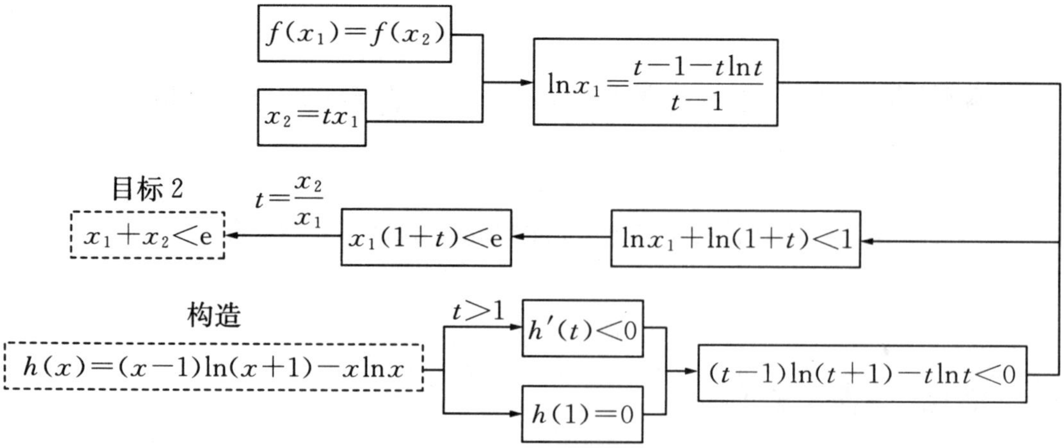

二次不等式，比值换元

从条件出发，将 $b\ln a-a\ln b=a-b$ 变形为 $\frac{1}{a}\left(1-\ln\frac{1}{a}\right)=\frac{1}{b}\left(1-\ln\frac{1}{b}\right)$，

即 $f\left(\frac{1}{a}\right)=f\left(\frac{1}{b}\right)$，令 $\frac{1}{a}=x_1$，$\frac{1}{b}=x_2$，不妨设 $x_1<x_2$，得 $f(x_1)=f(x_2)$.

从目标出发，将要证明的不等式转化为证明两个不等式 $x_1+x_2>2$ 与 $x_1+x_2<\mathrm{e}$. 先考虑证明 $x_1+x_2>2$，即证明 x_2 与 $2-x_1$ 的大小关系，利用函数 $f(x)$ 的单调性转化为证明 $f(x_2)$ 与 $f(2-x_1)$ 的大小关系，再利用 $f(x_1)=f(x_2)$ 消元，转化为证明 $f(x_1)$ 与 $f(2-x_1)$ 的大小关系，即研究差函数 $f(x)-f(2-x)$ 的最值. 再考虑证明 $x_1+x_2<\mathrm{e}$，设 $x_2=tx_1(t>1)$，又 $f(x_1)=f(x_2)$，此时相当于两个方程三个未知数，用 t 表示 x_1，x_2，从而将目标转化为证明关于 t 的一元不等式.

规范解答 精准示范

解：(1) 函数 $f(x)$ 的定义域为 $(0,+\infty)$，$f'(x)=-\ln x$. 当 $x\in(0,1)$ 时，$f'(x)>0$，$f(x)$ 单调递增；当 $x\in(1,+\infty)$ 时，$f'(x)<0$，$f(x)$ 单调递减. 因此，$f(x)$ 在 $(0,1)$ 上单调递增，在 $(1,+\infty)$ 上单调递减.

(2) 证明：由 $b\ln a-a\ln b=a-b$，得 $b(\ln a+1)=a(\ln b+1)$，即 $\frac{\ln a+1}{a}=\frac{\ln b+1}{b}$，即 $\frac{1}{a}\left(1-\ln\frac{1}{a}\right)=\frac{1}{b}\left(1-\ln\frac{1}{b}\right)$，故 $f\left(\frac{1}{a}\right)=f\left(\frac{1}{b}\right)$，令 $\frac{1}{a}=x_1$，$\frac{1}{b}=x_2$，得 $f(x_1)=f(x_2)$.

不妨设 $x_1<x_2$，结合(1)可知，$0<x_1<1<x_2$.

先证明 $x_1+x_2>2$. 设函数 $g(x)=f(x)-f(2-x)=x(1-\ln x)-(2-x)[1-\ln(2-x)]$，则 $g'(x)=f'(x)+f'(2-x)=-\ln x-\ln(2-x)=-\ln x(2-x)$.

当 $0<x<1$ 时，$0<x(2-x)<1$，$-\ln x(2-x)>0$，即 $g'(x)>0$，故 $g(x)$ 在 $(0,1)$ 上单调递增，又 $g(1)=0$，所以当 $x\in(0,1)$ 时，$g(x)<0$，即 $f(x)<f(2-x)$.

因为 $0<x_1<1$，所以 $f(x_1)<f(2-x_1)$. 又因为 $f(x_1)=f(x_2)$，所以 $f(x_2)<f(2-x_1)$. 因为 $0<x_1<1<x_2$，所以 $2-x_1>1$. 又因为 $f(x)$ 在 $(1,+\infty)$ 上单调递减，$f(x_2)<f(2-x_1)$，所以 $x_2>2-x_1$，即 $x_1+x_2>2$.

再证明 $x_1+x_2<\mathrm{e}$. 由 $f(x_1)=f(x_2)$，得 $x_1(1-\ln x_1)=x_2(1-\ln x_2)$，

设 $x_2=tx_1(t>1)$，得 $1-\ln x_1=t(1-\ln t-\ln x_1)$，即 $\ln x_1=\dfrac{t-1-t\ln t}{t-1}$.

要证明 $x_1+x_2<\mathrm{e}$，只需证 $x_1(1+t)<\mathrm{e}$，即证 $\ln x_1+\ln(1+t)<1$，即证 $\dfrac{t-1-t\ln t}{t-1}+\ln(1+t)<1$，即证 $(t-1)\ln(1+t)-t\ln t<0$.

设 $h(x)=(x-1)\ln(1+x)-x\ln x$，则 $h'(x)=\ln(1+x)-\dfrac{2}{x+1}-\ln x=\ln\dfrac{1+x}{x}-\dfrac{2}{x+1}=\ln\left(1+\dfrac{1}{x}\right)-\dfrac{2}{x+1}$.

设 $\omega(x)=\ln x-x+1$，因为当 $x\in(1,+\infty)$ 时，$\omega'(x)=\dfrac{1}{x}-1<0$，所以 $\omega(x)$ 在 $(1,+\infty)$ 上单调递减，又 $\omega(1)=0$，所以当 $x\in(1,+\infty)$ 时，$\omega(x)=\ln x-x+1<0$，即 $\ln x<x-1$.

因为 $1+\dfrac{1}{t}>1$，所以 $\ln\left(1+\dfrac{1}{t}\right)<\dfrac{1}{t}$，所以当 $t>1$ 时，$h'(t)=\ln\left(1+\dfrac{1}{t}\right)-\dfrac{2}{t+1}<\dfrac{1}{t}-\dfrac{2}{t+1}=\dfrac{1-t}{t(t+1)}<0$，所以 $h(t)$ 在 $(1,+\infty)$ 上单调递减，又 $h(1)=0$，所以 $h(t)<0$，即 $(t-1)\ln(1+t)-t\ln t<0$，所以 $x_1+x_2<\mathrm{e}$.

综上，$2<\dfrac{1}{a}+\dfrac{1}{b}<\mathrm{e}$.

典例 3 （2018 年全国Ⅰ卷理 21）已知函数 $f(x)=\dfrac{1}{x}-x+a\ln x$.

(1) 讨论 $f(x)$ 的单调性；

(2) 若 $f(x)$ 存在两个极值点 x_1,x_2，求证：$\dfrac{f(x_1)-f(x_2)}{x_1-x_2}<a-2$.

关键点击 直击靶心

对于第(2)问，可以先根据 x_1,x_2,a 的关系将目标不等式化为一元问题，再构造函数研究最值.

图析路径 思维可视

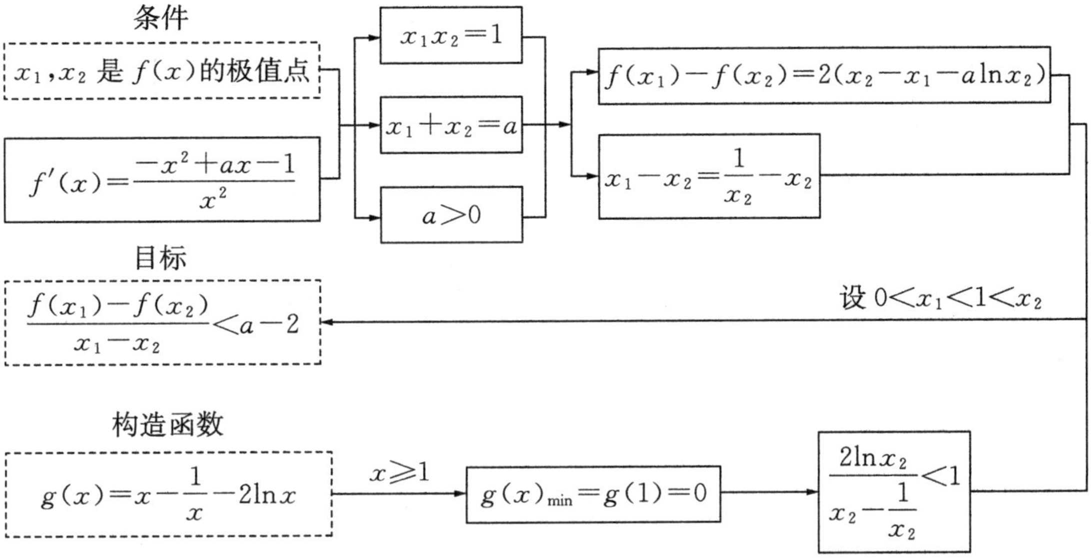

从条件知 x_1,x_2 为 $f'(x)=0$ 的不等实根，得 $x_1+x_2=a$，$x_1x_2=1$，$a>2$. 将目标不等式 $\frac{f(x_1)-f(x_2)}{x_1-x_2}<a-2$ 先消去 $f(x_1)$，$f(x_2)$，再消去 a，最后设 $0<x_1<1<x_2$，消去 x_1，得到关于 x_2 的一元不等式，构造函数 $g(x)=x-\frac{1}{x}-2\ln x$，当 $x\geqslant1$ 时，该函数的最小值为 $g(1)=0$，且 $x_2\neq1$，从而证得原不等式.

规范解答 精准示范

解：(1) 因为 $f(x)=\frac{1}{x}-x+a\ln x$，所以 $f'(x)=-\frac{x^2-ax+1}{x^2}$.

当 $-2\leqslant a\leqslant2$ 时，$\Delta\leqslant0$，$f'(x)\leqslant0$，$f(x)$ 在 $(0,+\infty)$ 上单调递减.

若 $\Delta>0$，即 $a<-2$ 或 $a>2$，此时方程 $x^2-ax+1=0$ 两根为 $x_1=\frac{a-\sqrt{a^2-4}}{2}$，$x_2=\frac{a+\sqrt{a^2-4}}{2}$. 当 $a<-2$ 时，此时两根均为负，$f(x)$ 在 $(0,+\infty)$ 上单调递减. 当 $a>2$ 时，$f(x)$ 在 $\left(0,\frac{a-\sqrt{a^2-4}}{2}\right)$，$\left(\frac{a+\sqrt{a^2-4}}{2},+\infty\right)$ 上单调

递减，在$\left(\frac{a-\sqrt{a^2-4}}{2},\frac{a+\sqrt{a^2-4}}{2}\right)$上单调递增.

综上，当$a\leqslant 2$时，$f(x)$在$(0,+\infty)$上单调递减；当$a>2$时，$f(x)$在$\left(0,\frac{a-\sqrt{a^2-4}}{2}\right)$，$\left(\frac{a+\sqrt{a^2-4}}{2},+\infty\right)$上单调递减，在$\left(\frac{a-\sqrt{a^2-4}}{2},\frac{a+\sqrt{a^2-4}}{2}\right)$上单调递增.

(2) 证明：因为$f(x)$有两个极值点，所以$x^2-ax+1=0$有两根x_1,x_2，且$a>2$，由韦达定理有$x_1+x_2=a$，$x_1\cdot x_2=1$，令$0<x_1<1<x_2$，故$x_1=\frac{1}{x_2}$，$f(x_1)-f(x_2)=\frac{1}{x_1}-x_1+a\ln x_1-\left(\frac{1}{x_2}-x_2+a\ln x_2\right)=2(x_2-x_1)-2a\ln x_2$.故$\frac{f(x_1)-f(x_2)}{x_1-x_2}=-2-a\cdot\frac{2\ln x_2}{x_1-x_2}$，

要证$\frac{f(x_1)-f(x_2)}{x_1-x_2}<a-2$成立，即证$\frac{-2\ln x_2}{\frac{1}{x_2}-x_2}<1$成立，即证$-2\ln x_2-\frac{1}{x_2}+x_2>0(x_2>1)$.

令$g(x)=-2\ln x-\frac{1}{x}+x$，因为当$x>1$时，$g'(x)=1-\frac{2}{x}+\frac{1}{x^2}=\frac{(x-1)^2}{x^2}>0$，所以$g(x)$在$(1,+\infty)$上单调递增，所以当$x>1$时，$g(x)>g(1)=0$，所以$-2\ln x_2-\frac{1}{x_2}+x_2>0$成立，所以$\frac{f(x_1)-f(x_2)}{x_1-x_2}<a-2$成立.

典例 4 (2020 年天津卷 20)已知函数$f(x)=x^3+k\ln x(k\in\mathbf{R})$，$f'(x)$为$f(x)$的导数.

(1) 当$k=6$时，求：

① 曲线$y=f(x)$在点$(1,f(1))$处的切线方程；

② 函数$g(x)=f(x)-f'(x)+\frac{9}{x}$的单调区间和极值.

(2) 当 $k\geqslant -3$ 时，求证：对任意的 $x_1,x_2\in[1,+\infty)$，且 $x_1>x_2$，有 $\dfrac{f'(x_1)+f'(x_2)}{2}>\dfrac{f(x_1)-f(x_2)}{x_1-x_2}$.

关键点击 直击靶心

通过比值换元，将目标不等式化为一元问题，再适当放缩，构造函数研究最值.

图析路径 思维可视

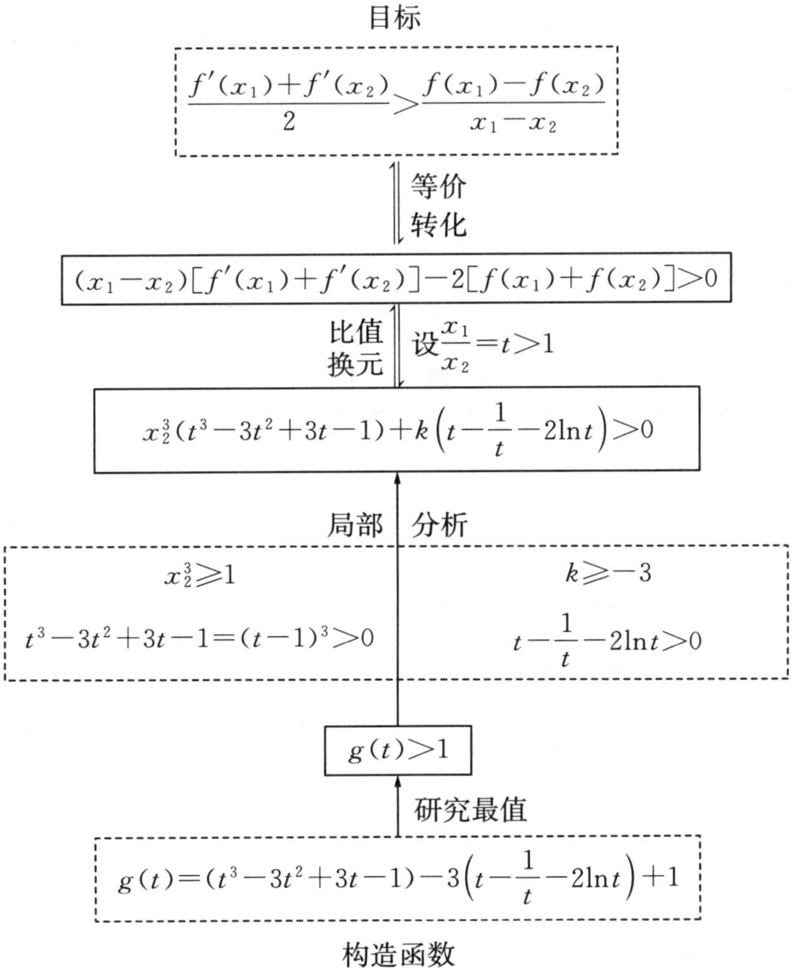

首先将导数的解析式代入目标不等式，再将分式不等式整理成整式不等式，然后令$\frac{x_1}{x_2}=t$，将问题转化证明 $x_2^3(t^3-3t^2+3t-1)+k\left(t-\frac{1}{t}-2\ln t\right)>0$.通过局部分析，放缩消元，得到关于 t 的一元不等式$(t^3-3t^2+3t-1)-3\left(t-\frac{1}{t}-2\ln t\right)>0$，可以将题中给出的函数 $g(x)$ 变形，构造函数 $g(t)=(t^3-3t^2+3t-1)-3\left(t-\frac{1}{t}-2\ln t\right)+1$，研究该函数的单调性与最值即可证明.

规范解答　精准示范

解：(1) ① 当 $k=6$ 时，因为 $f(x)=x^3+6\ln x$，$f'(x)=3x^2+\frac{6}{x}$.所以 $f(1)=1$，$f'(1)=9$，所以曲线 $y=f(x)$ 在点$(1,f(1))$处的切线方程为 $y-1=9(x-1)$，即 $y=9x-8$.

② 依题意，$g(x)=x^3-3x^2+6\ln x+\frac{3}{x}$，$x\in(0,+\infty)$，则 $g'(x)=3x^2-6x+\frac{6}{x}-\frac{3}{x^2}$，整理可得 $g'(x)=\frac{3(x-1)^3(x+1)}{x^2}$，令 $g'(x)=0$，解得 $x=1$，如表 15-1.

表 15-1

x	$(0,1)$	1	$(1,+\infty)$
$g'(x)$	$-$	0	$+$
$g(x)$	单调递减	极小值	单调递增

故函数 $g(x)$的单调递减区间为$(0,1)$，单调递增区间为$(1,+\infty)$，$g(x)$的极小值为 $g(1)=1$，无极大值.

(2) 证明：由 $f(x)=x^3+k\ln x$，得 $f'(x)=3x^2+\frac{k}{x}$.由题意可知 $x_1>x_2\geqslant1$，令$\frac{x_1}{x_2}=t(t>1)$，则$(x_1-x_2)[(f'(x_1)+f'(x_2)]-2[f(x_1)-f(x_2)]=(x_1-x_2)\left(3x_1^2+\frac{k}{x_1}+3x_2^2+\frac{k}{x_2}\right)-2\left(x_1^3-x_2^3+k\ln\frac{x_1}{x_2}\right)=x_1^3-x_2^3-3x_1^2x_2+$

$3x_1x_2^2+k\left(\frac{x_1}{x_2}-\frac{x_2}{x_1}\right)-2k\ln\frac{x_1}{x_2}=x_2^3(t^3-3t^2+3t-1)+k\left(t-\frac{1}{t}-2\ln t\right)$.

令 $h(x)=x-\frac{1}{x}-2\ln x, x\in[1,+\infty)$，因为当 $x>1$ 时，$h'(x)=1+\frac{1}{x^2}-\frac{2}{x}=\left(1-\frac{1}{x}\right)^2>0$，所以 $h(x)$ 在 $[1,+\infty)$ 上单调递增，所以当 $t>1$ 时，$h(t)>h(1)=0$，即 $t-\frac{1}{t}-2\ln t>0$.

因为 $x_2\geqslant1, t^3-3t^2+3t-1=(t-1)^3>0, k\geqslant-3$，所以 $x_2^3(t^3-3t^2+3t-1)+k\left(t-\frac{1}{t}-2\ln t\right)\geqslant(t^3-3t^2+3t-1)-3\left(t-\frac{1}{t}-2\ln t\right)=t^3-3t^2+6\ln t+\frac{3}{t}-1$.

由第(1)问可知，$g(t)=t^3-3t^2+6\ln t+\frac{3}{t}=(t^3-3t^2+3t-1)-3\left(t-\frac{1}{t}-2\ln t\right)+1$，当 $t>1$ 时，$g(t)>g(1)$，即 $t^3-3t^2+6\ln t+\frac{3}{t}>1$，故 $t^3-3t^2+6\ln t+\frac{3}{t}-1>0$.

综上，$(x_1-x_2)[f'(x_1)+f'(x_2)]-2[f(x_1)-f(x_2)]>0$. 因此，当 $k\geqslant-3$ 时，对任意的 $x_1, x_2\in[1,+\infty)$，且 $x_1>x_2$，有 $\frac{f'(x_1)+f'(x_2)}{2}>\frac{f(x_1)-f(x_2)}{x_1-x_2}$.

解后反思 迁移提升

破解多元不等式证明的三个关键点：

1. 转化，即由已知条件入手，寻找变量所满足的关系式，并把多元不等式转化为一元不等式.

2. 构造函数，再借用导数，判断函数的单调性，从而求其最值.

3. 回归多元不等式的证明，把所求的最值应用到不等式，即可证得结果.

16. 偏移问题　三大方向

函数的极值点偏移问题在高考试卷中经常出现，且大多处于试卷的压轴题位置.此类问题主要考查导数及其综合应用，涉及函数与方程、转化与化归、数形结合等数学思想方法.极值点偏移问题的实质是导数中的多元不等式问题，通常涉及函数双零点，解题策略是将多变量问题转化为单变量问题求解，方法主要有构造法、增量换元法、对数均值不等式法.

典例 1　(2010 年天津卷理 21)已知函数 $f(x)=x\mathrm{e}^{-x}(x\in\mathbf{R})$.

(1) 求函数 $f(x)$的单调区间和极值；

(2) 已知函数 $y=g(x)$的图象与函数 $y=f(x)$的图象关于直线 $x=1$ 对称，求证：当 $x>1$ 时，$f(x)>g(x)$；

(3) 如果 $x_1\neq x_2$，且 $f(x_1)=f(x_2)$，求证：$x_1+x_2>2$.

关键点击　直击靶心

1. 根据图象的对称关系求出 $g(x)$的解析式，构造差函数 $F(x)=f(x)-g(x)$，研究其单调性即可解决第(2)问，第(2)问是为第(3)问做铺垫.

2. 利用函数 $f(x)$的单调性及 $f(x_1)=f(x_2)$，将目标不等式 $x_1+x_2>2$ 转化为在解决第(2)问的过程中已证不等式即可.

图析路径 思维可视

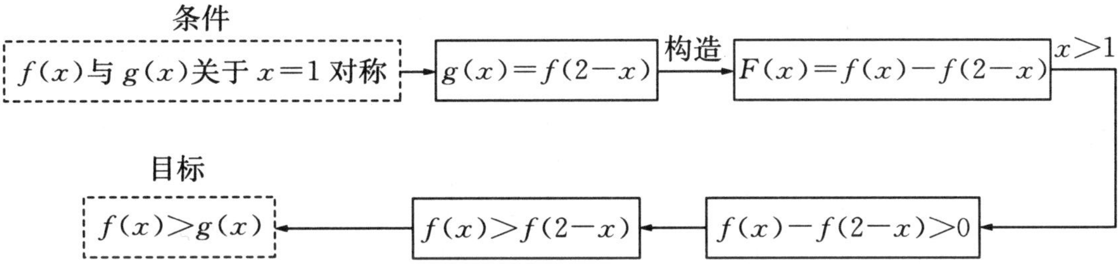

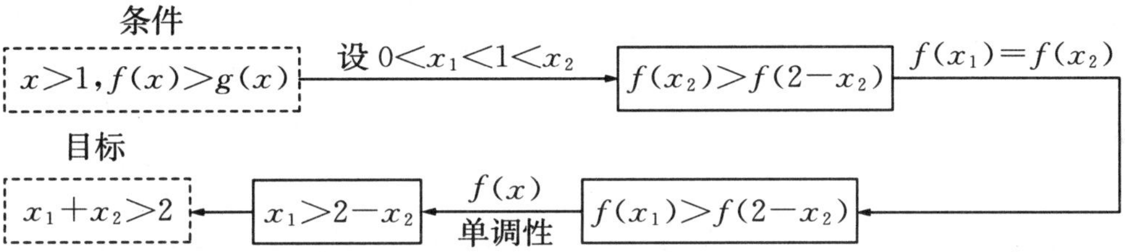

路径一：(1) 先求出函数$g(x)=f(2-x)$，当$x>1$时，将$f(x)>g(x)$转化为$f(x)>f(2-x)$，构造差函数$F(x)=f(x)-f(2-x)$，证得函数$F(x)$在$(1,+\infty)$上单调递增，且$F(1)=0$，故当$x>1$时，$F(x)>0$，即原不等式成立.(2) 根据函数$f(x)$的单调性及正负，不妨设$0<x_1<1<x_2$，将$x_1+x_2>2$转化为$1>x_1>2-x_2$，即证$f(x_1)>f(2-x_2)$，结合$f(x_1)=f(x_2)$，进一步转化为$f(x_2)>f(2-x_2)$，即证$f(x)>g(x)(x>1)$成立.

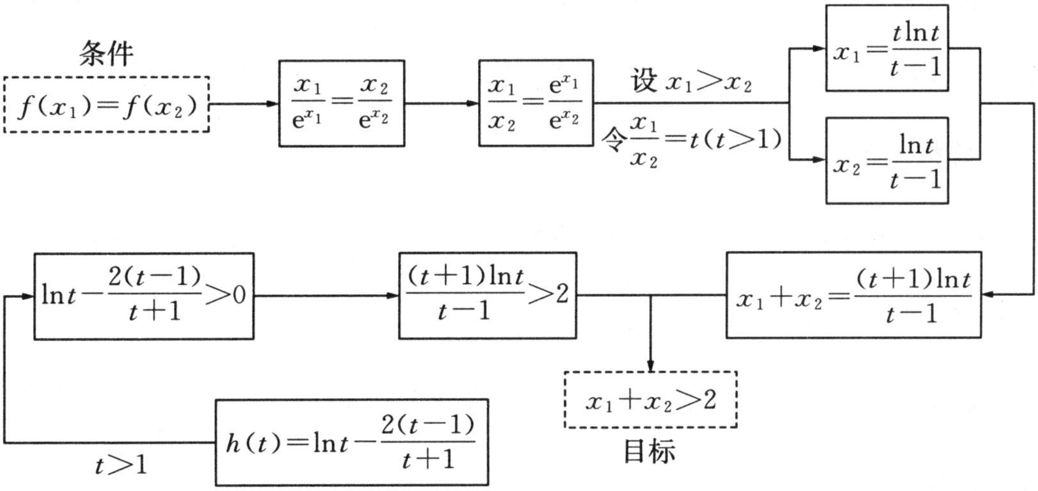

路径二：(1) 将$f(x_1)=f(x_2)$化为$\frac{x_1}{x_2}=\frac{e^{x_1}}{e^{x_2}}$，利用比值换元将$x_1,x_2$用

同一个变量 t 表示，将二元问题转化为一元问题.(2) 在证明不等式 $\frac{(t+1)\ln t}{t-1}>2$ 时，通过分离对数，构造函数 $h(t)=\ln t-\frac{2(t-1)}{t+1}$，这样便于研究函数的单调性.

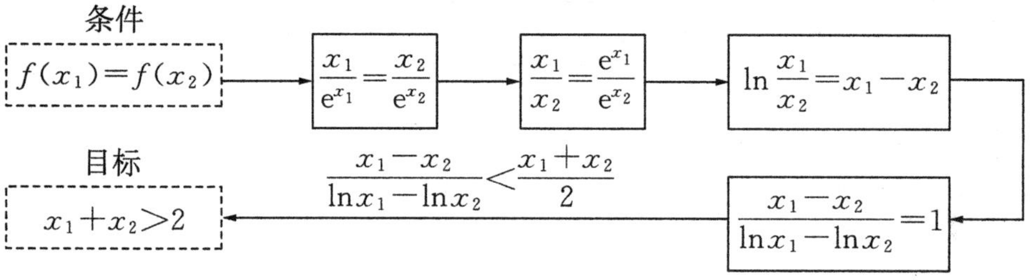

路径三：(1) 将 $f(x_1)=f(x_2)$ 化为 $\frac{x_1}{x_2}=\frac{e^{x_1}}{e^{x_2}}$，等式两边同取对数并适当变形，得到 $\frac{x_1-x_2}{\ln x_1-\ln x_2}=1$.(2) 通过对数均值不等式 $\frac{x_1-x_2}{\ln x_1-\ln x_2}<\frac{x_1+x_2}{2}$，得到 $x_1+x_2>2$.

规范解答　精准示范

解：(1) $f'(x)=\frac{1-x}{e^x}$.令 $f'(x)>0$，得 $x<1$，则 $f(x)$ 的单调递增区间为 $(-\infty,1)$；令 $f'(x)<0$，得 $x>1$，则 $f(x)$ 的单调递减区间为 $(1,+\infty)$. $f(x)$ 的极大值为 $f(1)=\frac{1}{e}$，$f(x)$ 无极小值.

(2) 证明：因为 $g(x)$ 与 $f(x)$ 的图象关于直线 $x=1$ 对称，所以 $g(x)=f(2-x)=\frac{2-x}{e^{2-x}}$.

设 $F(x)=f(x)-g(x)=xe^{-x}-(2-x)e^{x-2}$，则 $F'(x)=\frac{1-x}{e^x}+\frac{x-1}{e^{2-x}}=\frac{(x-1)(e^{2x-2}-1)}{e^x}$.因为当 $x>1$ 时，$x-1>0$，$e^{2x-2}-1>0$，所以当 $x>1$ 时，$F'(x)>0$，所以 $F(x)$ 在 $(1,+\infty)$ 上单调递增，又因为 $F(1)=0$，所以当 $x\in$

$(1,+\infty)$时，$F(x)>0$，即 $f(x)-g(x)>0$，所以当 $x>1$ 时，$f(x)>g(x)$.

(3) 证明：方法 1：由 $f(x)=x\mathrm{e}^{-x}$，可知当 $x\leqslant 0$ 时，$f(x)\leqslant 0$；当 $x>0$ 时，$f(x)>0$.由(1)可知，$f(x)$在$(-\infty,1)$上单调递增，在$(1,+\infty)$上单调递增，故当 $x_1\neq x_2$，且 $f(x_1)=f(x_2)$时，必有 $x_1,x_2>0$，且 x_1,x_2 在 $x=1$ 两侧.

不妨设 $0<x_1<1<x_2$，则由(2)得，$f(x_2)>f(2-x_2)$.因为 $f(x_1)=f(x_2)$，所以 $f(x_1)>f(2-x_2)$.因为 $0<x_1<1<x_2$，所以 $2-x_2<1$，又因为 $f(x)$在$(-\infty,1)$上单调递增，所以 $x_1>2-x_2$，所以 $x_1+x_2>2$.

方法 2：由 $f(x)=x\mathrm{e}^{-x}$，可知当 $x\leqslant 0$ 时，$f(x)\leqslant 0$；当 $x>0$ 时，$f(x)>0$.由(1)可知，$f(x)$在$(-\infty,1)$上单调递增，在$(1,+\infty)$上单调递减，故当 $x_1\neq x_2$，且 $f(x_1)=f(x_2)$时，必有 $x_1,x_2>0$ 且 x_1,x_2 在 $x=1$ 两侧.

不妨设 $x_1>1>x_2>0$，由 $f(x_1)=f(x_2)$，得$\dfrac{x_1}{x_2}=\dfrac{\mathrm{e}^{x_1}}{\mathrm{e}^{x_2}}$.不妨设$\dfrac{x_1}{x_2}=t$，则 $t>1$.由$\dfrac{x_1}{x_2}=\dfrac{\mathrm{e}^{x_1}}{\mathrm{e}^{x_2}}=\mathrm{e}^{x_2(t-1)}=t$，得 $x_1=\dfrac{t\ln t}{t-1}$，$x_2=\dfrac{\ln t}{t-1}$，故 $x_1+x_2=\dfrac{(t+1)\ln t}{t-1}$.

要证明 $x_1+x_2>2$，只需证$\dfrac{(t+1)\ln t}{t-1}>2$，即证 $\ln t>\dfrac{2(t-1)}{t+1}$，即 $\ln t-\dfrac{2(t-1)}{t+1}>0$.

设 $h(x)=\ln x-\dfrac{2(x-1)}{x+1}$，因为 $h'(x)=\dfrac{(x-1)^2}{x(x+1)^2}\geqslant 0$，所以 $h(x)$在$(1,+\infty)$上单调递增，又因为 $h(1)=0$，且 $t>1$，所以 $h(t)>0$，所以原不等式成立.

方法 3：由 $f(x)=x\mathrm{e}^{-x}$，可知当 $x\leqslant 0$ 时，$f(x)\leqslant 0$；当 $x>0$ 时，$f(x)>0$.由(1)可知，$f(x)$在$(-\infty,1)$上单调递增，在$(1,+\infty)$上单调递减，故当 $x_1\neq x_2$，且 $f(x_1)=f(x_2)$时，必有 $x_1,x_2>0$，且 x_1,x_2 在 $x=1$ 两侧.

不妨设 $x_1>1>x_2>0$，由 $f(x_1)=f(x_2)$，得$\dfrac{x_1}{x_2}=\dfrac{\mathrm{e}^{x_1}}{\mathrm{e}^{x_2}}$，即 $\ln\dfrac{x_1}{x_2}=x_1-x_2$，即$\dfrac{x_1-x_2}{\ln x_1-\ln x_2}=1$.

要证 $x_1+x_2>2$，只需证$\dfrac{x_1-x_2}{\ln x_1-\ln x_2}<\dfrac{x_1+x_2}{2}$，由对数均值不等式可知

该式成立(也可以利用方法 2 中构造的函数 $h(x)$ 予以证明).故 $\frac{x_1+x_2}{2}>1$,即 $x_1+x_2>2$ 成立.

注:方法 3 中的对数均值不等式为二级结论,一般来说,给出证明之后,才能使用.

典例 2　(2016 年全国Ⅰ卷理 21)已知函数 $f(x)=(x-2)e^x+a(x-1)^2$ 有两个零点.

(1) 求 a 的取值范围;

(2) 设 x_1,x_2 是 $f(x)$ 的两个零点,求证:$x_1+x_2<2$.

关键点击　直击靶心

1. 讨论 $f'(x)$ 的符号,确定 $f(x)$ 的单调性,结合 $f(x)$ 的最值建立关于 a 的不等式.

2. 通过对称性构造,将二元不等式转化为一元不等式.

图析路径　思维可视

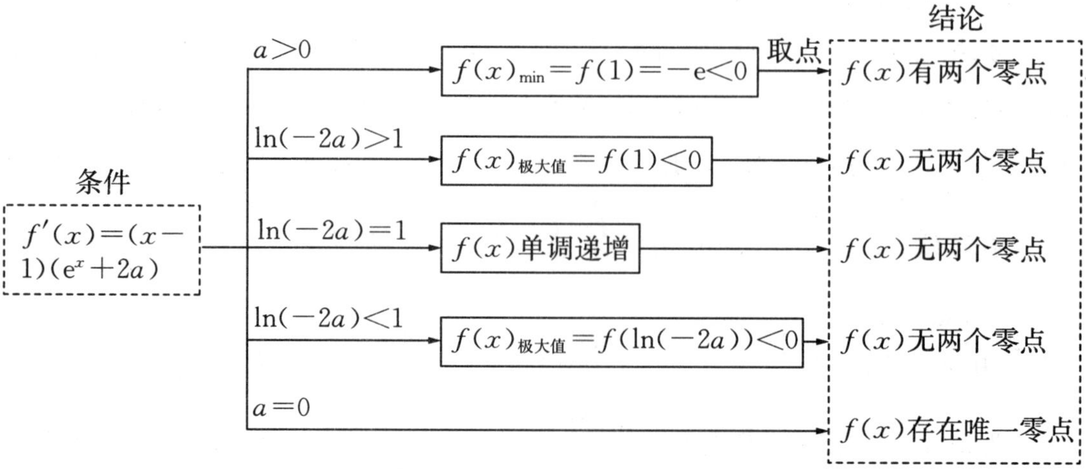

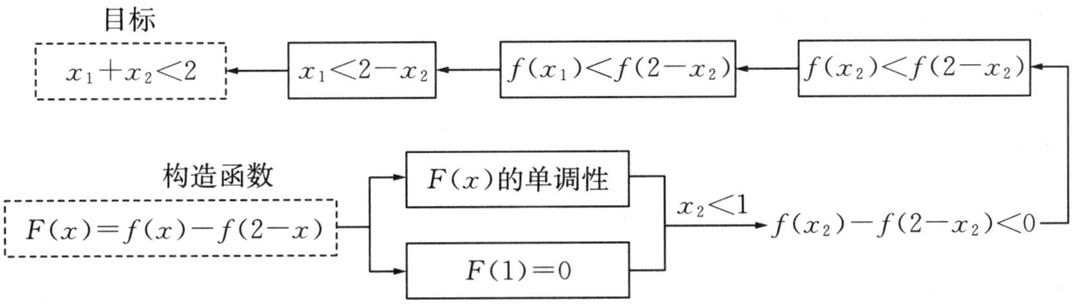

1. 讨论 $f'(x)$的符号,进而讨论 $f(x)$的单调性,结合 $f(x)$的极值符号判断函数的零点个数.

2. 通过对称性构造,将二元不等式转化为一元不等式.

规范解答 精准示范

解:(1) $f(x)$的导数 $f'(x)=(x-1)(e^x+2a)$.

当 $a=0$ 时,$f(x)=(x-2)e^x$,$f(x)$有且只有唯一零点 $x=2$,不符合题意.

当 $a>0$ 时,令 $f'(x)>0$,得 $x>1$,$f(x)$的单调递增区间为$(1,+\infty)$;令 $f'(x)<0$,得 $x<1$,$f(x)$的单调递减区间为$(-\infty,1)$.因此 $f(x)$的极小值也是最小值 $f(x)_{\min}=f(1)=-e<0$.又因为 $f(2)=a>0$,所以 $f(x)$在$(1,+\infty)$上有一个零点.当 $x<0$ 时,因为 $e^x<1$,所以 $f(x)=(x-2)e^x+a(x-1)^2>a(x-1)^2+x-2>ax^2+x-2$,所以 $f\left(\dfrac{-1-\sqrt{1+8a}}{2a}\right)>a\left(\dfrac{-1-\sqrt{1+8a}}{2a}\right)^2+\dfrac{-1-\sqrt{1+8a}}{2a}-2=0$,所以 $f(x)$在$(-\infty,1)$上有一个零点,所以 $f(x)$有两个零点.

当 $a<0$ 时,令 $f'(x)=0$,得 $x=1$ 或 $x=\ln(-2a)$.

若 $a=-\dfrac{e}{2}$,即 $\ln(-2a)=1$,$f'(x)\geqslant 0$,$f(x)$在$(-\infty,+\infty)$上单调递增,$f(x)$至多一个零点,不符合题意.

若 $a<-\dfrac{e}{2}$,即 $\ln(-2a)>1$,令 $f'(x)>0$,得 $x<1$ 或 $x>\ln(-2a)$,故

$f(x)$的单调递增区间为$(-\infty,1)$,$(\ln(-2a),+\infty)$;令$f'(x)<0$,得$1<x<\ln(-2a)$,故$f(x)$的单调递减区间为$(1,\ln(-2a))$.因此$f(x)$的极大值为$f(1)=-e<0$,即$f(x)$至多一个零点,不符合题意.

若$-\frac{e}{2}<a<0$,即$\ln(-2a)<1$,令$f'(x)>0$,得$x<\ln(-2a)$或$x>1$,故$f(x)$的单调递增区间为$(-\infty,\ln(-2a))$,$(1,+\infty)$;令$f'(x)<0$,得$\ln(-2a)<x<1$,故$f(x)$的单调递减区间为$(\ln(-2a),1)$.因此$f(x)$的极大值为$f(\ln(-2a))=a[\ln(-2a)-2]^2+a<0$,则$f(x)$至多一个零点,不符合题意.

综上,$f(x)$有两个零点时,实数a的取值范围是$(0,+\infty)$.

(2) 证明:由(1)可知$a>0$,因为$f(x)$在$(-\infty,1)$上单调递减,在$(1,+\infty)$上单调递增,又x_1,x_2是$f(x)$的两个零点,所以不妨设$x_2<1<x_1$.

设$F(x)=f(x)-f(2-x)=(x-2)e^x+xe^{2-x}$,则$F'(x)=\frac{(x-1)(e^{2x}-e^2)}{e^x}$.

因为当$x\in(-\infty,1)$时,$F'(x)>0$,所以$F(x)$在$(-\infty,1)$上单调递增,所以$F(x_2)<F(1)=0$,所以$f(x_2)<f(2-x_2)$.因为$f(x_1)=f(x_2)=0$,所以$f(x_1)<f(2-x_2)$,因为$x_2<1<x_1$,所以$x_1>1$,$2-x_2>1$.又因为当$a>0$时,$f(x)$在$(1,+\infty)$上单调递增,且$f(x_1)<f(2-x_2)$,所以$x_1<2-x_2$,所以$x_1+x_2<2$成立.

典例3 (2022年全国甲卷理21节选题)已知函数$f(x)=\frac{e^x}{x}-\ln x+x-a$.求证:若$f(x)$有两个零点$x_1$,$x_2$,则$x_1x_2<1$.

关键点击 直击靶心

利用对数均值不等式,直接证明目标不等式.

图析路径 思维可视

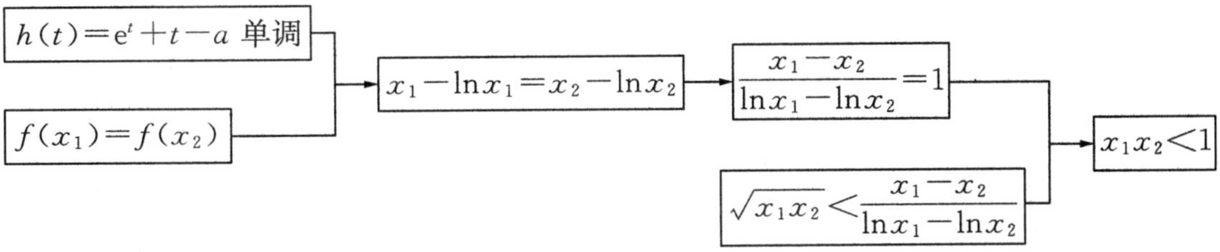

根据函数 $h(t)=\mathrm{e}^t+t-a$ 为增函数，将 $f(x_1)=f(x_2)$ 化为 $h(x_1-\ln x_1)=h(x_2-\ln x_2)$，得 $x_1-\ln x_1=x_2-\ln x_2$，利用对数均值不等式 $\sqrt{x_1x_2}<\dfrac{x_1-x_2}{\ln x_1-\ln x_2}$ 即可解决问题.

规范解答 精准示范

解：因为 $f(x)$ 有两个不同零点 x_1,x_2，所以 $f(x_1)=f(x_2)=0$，即 $\dfrac{\mathrm{e}^{x_1}}{x_1}-\ln x_1+x_1-a=\dfrac{\mathrm{e}^{x_2}}{x_2}-\ln x_2+x_2-a=0$.

设 $h(x)=\mathrm{e}^t+t-a$，则 $h(x_1-\ln x_1)=h(x_2-\ln x_2)$. 因为 $h(x)$ 在 $(-\infty,+\infty)$ 上单调递增，所以 $x_1-\ln x_1=x_2-\ln x_2$，所以 $\dfrac{x_1-x_2}{\ln x_1-\ln x_2}=1$.

下证 $\dfrac{x_1-x_2}{\ln x_1-\ln x_2}>\sqrt{x_1x_2}$，不妨设 $x_1>x_2$，则 $\dfrac{x_1}{x_2}>1$. 欲证 $\dfrac{x_1-x_2}{\ln x_1-\ln x_2}>\sqrt{x_1x_2}$，即证 $\dfrac{x_1-x_2}{\sqrt{x_1x_2}}>\ln x_1-\ln x_2$，即证 $\sqrt{\dfrac{x_1}{x_2}}-\sqrt{\dfrac{x_2}{x_1}}>\ln\dfrac{x_1}{x_2}$.

设 $u=\sqrt{\dfrac{x_1}{x_2}}>1$，即证 $u-\dfrac{1}{u}>\ln u^2$，即证 $u-\dfrac{1}{u}-2\ln u>0$.

设 $\varphi(x)=x-\dfrac{1}{x}-2\ln x$，则当 $x>1$ 时，$\varphi'(x)=1+\dfrac{1}{x^2}-\dfrac{2}{x}=\dfrac{(x-1)^2}{x^2}>0$，所以 $\varphi(x)$ 在 $(1,+\infty)$ 上单调递增.

因为 $\varphi(1)=0$，所以当 $x>1$ 时，$\varphi(x)>0$，所以 $u-\frac{1}{u}-2\ln u>0$，所以 $\frac{x_1-x_2}{\ln x_1-\ln x_2}>\sqrt{x_1x_2}$. 又因为 $\frac{x_1-x_2}{\ln x_1-\ln x_2}=1$，所以 $\sqrt{x_1x_2}<1$，所以 $x_1x_2<1$ 成立.

解后反思　迁移提升

1. 极值点偏移的概念.

已知连续函数 $y=f(x)$ 在区间 (x_1,x_2) 内只有一个极值点 x_0，且 $f(x_1)=f(x_2)$，当函数 $f(x)$ 的图象不关于直线 $x=x_0$ 对称时，极值点 x_0 偏向 x_1（或 x_2）一侧，我们称这种现象为极值点偏移. 显然，极值点偏移是函数 $f(x)$ 在极值点两侧的增减速度不同而造成的，因此会产生 $x_1+x_2>2x_0$（或 $x_1+x_2<2x_0$），$x_1x_2>x_0^2$（或 $x_1x_2<x_0^2$）这样的不等关系.

2. 极值点偏移问题的求解方法.

(1) 对称性构造法. 对称性构造法通过区间转化，把自变量转化到函数的同一单调区间内，构建运用函数单调性的桥梁，将自变量的大小关系转化为函数值的大小关系. 解题步骤（以比较 x_1+x_2 与 $2x_0$ 的大小关系为例）：① 求出函数 $f(x)$ 的极值点 x_0；② 构造一元差函数 $F(x)=f(x_0+x)-f(x_0-x)$；③ 确定函数 $F(x)$ 的单调性；④ 结合 $F(0)=0$，判断 $F(x)$ 的符号，从而确定 $f(x_0+x)$ 与 $f(x_0-x)$ 的大小；⑤ 不妨设 $x_1<x_0<x_2$，利用 $f(x)$ 的单调性，$f(x_1)=f(x_2)$ 以及 $f(x_0+x)$ 与 $f(x_0-x)$ 的大小，得出 x_1+x_2 与 $2x_0$ 的大小关系.

(2) 增量换元法. 我们把形如 $t=x_2-x_1$，$t=\frac{x_1}{x_2}$ 的式子中的 t 称为 x_1，x_2 的一个增量换元. 增量换元法从方程视角切入，结合待证目标，对含有两个变量（如 x_1，x_2）的方程，通过变形，转化为含有两个变量的不等式，再通过换元

引入增量 t，构造以 t 为变量的新函数，运用函数的单调性证明不等式.

常见增量换元有 $t=x_2-x_1$，$t=\frac{x_1}{x_2}$，$t=\ln\frac{x_1}{x_2}$，$t=e^{x_2-x_1}$ 等，解题步骤有：①建立关于变量 x_1，x_2 的方程；②将待证结论转化为含两个变量 x_1，x_2 的不等式；③增量换元，构造以 t 为变量的新函数，研究新函数的单调性，证明不等式.

(3) 对数、指数均值不等式法.两个正数 a，b 的对数平均数定义：$L(a,b)=\frac{a-b}{\ln a-\ln b}(a\neq b)$.对数平均数与算术平均数、几何平均数的大小关系为 $\sqrt{ab}<\frac{a-b}{\ln a-\ln b}<\frac{a+b}{2}$（请读者自行证明）.通过换元，易得指数均值不等式：$e^{\frac{a+b}{2}}<\frac{e^a-e^b}{a-b}<\frac{e^a+e^b}{2}$.

极值点偏移问题的函数模型若是由指数或对数函数与一次（或二次）函数组合而成的，常常可以转化为对数、指数均值不等式解决，主要步骤如下：①根据 $f(x_1)=f(x_2)$ 建立不等式.②若式子含参数，则消参；若式子含指数式，则两边同取对数.③通过代数变形，将式子转化为对数均值形式，再利用不等式放缩解决.

17. 图象交点 方程之解

高考解答题中出现的函数图象交点问题，一般可以转化为方程解的问题，这体现了数形结合的思想方法，也体现了通过代数运算进行逻辑推理的数学技巧.求解此类问题的关键是构造函数，将方程进行代数变形，直至所得函数便于研究其性质为止.求解过程中有时需要分类讨论，这增加了解题的难度.

典例 1 (2021 年全国甲卷理 21)已知 $a>0$ 且 $a\neq1$，函数 $f(x)=\dfrac{x^a}{a^x}$ $(x>0)$.

(1) 当 $a=2$ 时，求 $f(x)$的单调区间；

(2) 若曲线 $y=f(x)$与直线 $y=1$ 有且仅有两个交点，求 a 的取值范围.

关键点击 直击靶心

将曲线与直线有两个交点转化为方程 $f(x)=1$ 有两解，通过恒等变形构造函数 $g(x)=\dfrac{\ln x}{x}$，再研究函数 $g(x)$的极值，建立关于 a 的不等式，求出 a 的取值范围.

图析路径 思维可视

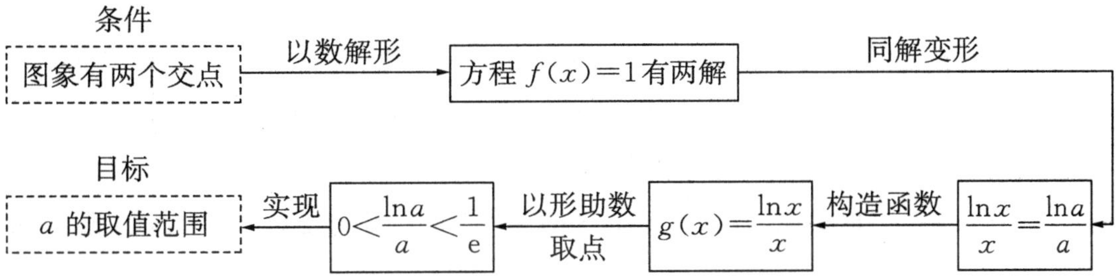

规范解答 精准示范

解：(1) 当 $a=2$ 时，$f(x)=\frac{x^2}{2^x}$，$f'(x)=\frac{2x\cdot 2^x-x^2\cdot 2^x\ln 2}{(2^x)^2}=\frac{x(2-x\ln 2)}{2^x}$.令 $f'(x)=0$，得 $x=\frac{2}{\ln 2}$.

当 $0<x<\frac{2}{\ln 2}$时，$f'(x)>0$；当 $x>\frac{2}{\ln 2}$时，$f'(x)<0$.因此，函数 $f(x)$的单调递增区间为$\left(0,\frac{2}{\ln 2}\right)$，单调递减区间为$\left(\frac{2}{\ln 2},+\infty\right)$.

(2) 由曲线 $y=f(x)$与直线 $y=1$ 有且仅有两个交点，得方程 $f(x)=1$ 有且仅有两解.由方程 $f(x)=1$，得$\frac{\ln x}{x}=\frac{\ln a}{a}$.

设函数 $g(x)=\frac{\ln x}{x}(x>0)$，则 $g'(x)=\frac{1-\ln x}{x^2}$.令 $g'(x)=0$，得 $x=e$.当 $x\in(0,e)$时，$g'(x)>0$，$g(x)$单调递增；当 $x\in(e,+\infty)$时，$g'(x)<0$，$g(x)$单调递减，故 $g(x)_{max}=g(e)=\frac{1}{e}$.

当 $x\in(0,1)$时，$g(x)=\frac{\ln x}{x}<0$；当 $x=1$ 时，$g(1)=0$；当 $x\in(1,e)$时，易知 $g(x)$的取值范围为$\left(0,\frac{1}{e}\right)$；当 $x=e$ 时，$g(e)=\frac{1}{e}$；当 $x\in(e,+\infty)$时，$g(x)$的取值范围为$\left(0,\frac{1}{e}\right)$.由方程$\frac{\ln x}{x}=\frac{\ln a}{a}$有两解，得 $0<\frac{\ln a}{a}<\frac{1}{e}$，即 $g(a)\in$

$\left(0,\frac{1}{e}\right)$，则实数 a 的取值范围为 $(1,e)\cup(e,+\infty)$.

附证：$\forall m\in\left(0,\frac{1}{e}\right)$，$x_1\in(1,e)$，$x_2\in(e,+\infty)$，使得 $g(x)=m$ 有解，且 x_1，x_2 唯一.

当 $0<m<\frac{1}{e}$ 时，$g(1)=0<m$，$g(e)=\frac{1}{e}>m$. 因为 $g(x)$ 在 $(1,e)$ 上单调递增，$g(x)$ 的图象不间断，所以 $y=g(x)-m$ 在 $(1,e)$ 上存在唯一零点，所以在 $(1,e)$ 上，方程 $g(x)-m=0$ 存在唯一解 x_1.

设 $h(x)=\ln x-x$，因为当 $x>1$ 时，$h'(x)=\frac{1}{x}-1<0$，所以 $h(x)$ 在 $x\in(1,+\infty)$ 上单调递减，又因为 $h(1)=-1<0$，所以在 $(1,+\infty)$ 上，$h(x)<0$，即当 $x\in(1,+\infty)$ 时，$\ln x<x$. 则 $\ln\sqrt{x}<\sqrt{x}$，即 $\ln x<2\sqrt{x}$.

当 $0<m<\frac{1}{e}$ 时，$\frac{4}{m^2}>e$，$g\left(\frac{4}{m^2}\right)=\dfrac{\ln\left(\frac{2}{m}\right)^2}{\frac{4}{m^2}}<\dfrac{2\sqrt{\left(\frac{2}{m}\right)^2}}{\frac{4}{m^2}}=m$，又因为 $g(e)=\frac{1}{e}>m$，$g(x)$ 在 $(e,+\infty)$ 上单调递减，$g(x)$ 的图象不间断，所以在 $\left(e,\frac{4}{m^2}\right)$ 上，$y=g(x)-m$ 存在唯一零点，所以在 $(e,+\infty)$ 上，方程 $g(x)-m=0$ 存在唯一解 x_2.

综上，当 $0<m<\frac{1}{e}$ 时，$g(x)=m$ 在 $(1,e)$ 和 $(e,+\infty)$ 上分别有唯一解 x_1，x_2.

典例 2 （2021 年全国甲卷文 20）设函数 $f(x)=a^2x^2+ax-3\ln x+1$，$a>0$.

(1) 讨论 $f(x)$ 的单调性；

(2) 若 $y=f(x)$ 的图象与 x 轴没有公共点，求 a 的取值范围.

关键点击 直击靶心

1. 通过 $f'(x)$的符号讨论 $f(x)$的单调性，关键是化简 $f'(x)$的解析式.

2. 将函数 $f(x)$的图象与 x 轴没有公共点转化为 $f(x)$的最小值大于零.需要注意的是，在 $f(x)$的最小值小于零的情况中，要利用零点存在定理说明 $f(x)$存在零点.

图析路径 思维可视

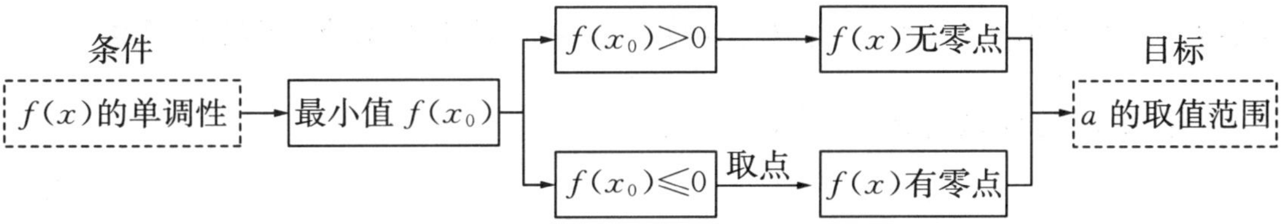

研究函数 $f(x)$的单调性，得到 $f(x)$的最小值.当最小值大于 0 时，$f(x)$的图象与 x 轴没有公共点；当最小值等于 0 时，$f(x)$的图象与 x 轴恰有一个公共点；当最小值小于 0 时，通过零点存在定理，验证 $f(x)$的图象与 x 轴有公共点.

规范解答 精准示范

解：(1) $f'(x)=2a^2x+a-\dfrac{3}{x}=\dfrac{2a^2x^2+ax-3}{x}=\dfrac{(2ax+3)(ax-1)}{x}$，$x>0$.因为 $a>0$，$x>0$，所以 $2ax+3>0$.

令 $f'(x)=0$，得 $x=\dfrac{1}{a}$.当 $x\in\left(0,\dfrac{1}{a}\right)$时，$f'(x)<0$，$f(x)$单调递减；当 $x\in\left(\dfrac{1}{a},+\infty\right)$时，$f'(x)>0$，$f(x)$单调递增.因此 $f(x)$在$\left(0,\dfrac{1}{a}\right)$上单调递减，在$\left(\dfrac{1}{a},+\infty\right)$上单调递增.

(2) 由(1)可知，$f(x)_{\min}=f\left(\frac{1}{a}\right)=a^2\times\left(\frac{1}{a}\right)^2+a\times\frac{1}{a}-3\ln\frac{1}{a}+1=3+3\ln a$.

当 $3+3\ln a>0$，即 $a>\frac{1}{e}$ 时，$f(x)$ 的图象与 x 轴没有公共点.

当 $3+3\ln a=0$，即 $a=\frac{1}{e}$ 时，$f(x)$ 的图象与 x 轴恰有一个公共点.

当 $3+3\ln a<0$，即 $0<a<\frac{1}{e}$ 时，$e^{\frac{1}{3}}<e<\frac{1}{a}$，$f\left(\frac{1}{a}\right)<0$，$f(e^{\frac{1}{3}})=a^2\times(e^{\frac{1}{3}})^2+a\times e^{\frac{1}{3}}-3\ln e^{\frac{1}{3}}+1=a^2\times(e^{\frac{1}{3}})^2+a\times e^{\frac{1}{3}}>0$，又因为 $f(x)$ 在 $\left(0,\frac{1}{a}\right)$ 上单调递减，$f(x)$ 的图象不间断，所以 $f(x)$ 的图象与 x 轴有公共点，不符合题意.

综上，a 的取值范围为 $\left(\frac{1}{e},+\infty\right)$.

解后反思 迁移提升

求解两个函数图象的交点问题，主要有以下几个常用方法：

1. 直接画出两个函数的图象，研究它们的交点，此方法主要适用于简单的选择题.

2. 令两个函数相等，构造方程，将函数图象的交点问题转化为方程解的问题，此方法主要适用于方程可解问题.

3. 令两个函数相等，构造方程，通过代数变形，在等号两端分别构造新函数，新函数的图象交点即为所求目标，此方法主要适用于新函数图象易画的问题.

4. 令两个函数相等，构造方程，进而构造新函数，研究函数的性质，分析函数的零点，此方法主要适用于解答题中的零点不可解问题.

18. 变量做媒　方程搭桥

在高考的导数压轴题中，函数零点问题及与两个函数图象交点有关的问题是命题的热点，其中与两个函数图象交点有关的问题也可以转化为一个新的函数的零点问题.函数零点的综合问题囊括了函数、方程、不等式等多方面的知识，可以全面地考查我们对函数性质、函数图象等知识的综合运用能力，同时也考查数学变形、转化的能力.

典例 1　(2021 年新高考Ⅱ卷 22)已知函数 $f(x)=(x-1)e^x-ax^2+b$.

(1) 讨论 $f(x)$的单调性.

(2) 从下面两个条件中选一个，求证：$f(x)$仅有一个零点.

① $\frac{1}{2}<a\leqslant\frac{e^2}{2}, b>2a$；② $0<a<\frac{1}{2}, b\leqslant 2a$.

关键点击　直击靶心

1. 通过讨论 $f'(x)$的符号研究函数 $f(x)$的单调性.

2. 结合函数 $f(x)$的单调性与极值研究函数在每个单调区间上零点的个数.若在单调区间上存在 $f(m)\cdot f(n)<0$，则 $f(x)$在该单调区间上有一个零点；若在单调区间上 $f(x)>0$ 或 $f(x)<0$ 恒成立，则 $f(x)$在该单调区间上无零点.

图析路径 思维可视

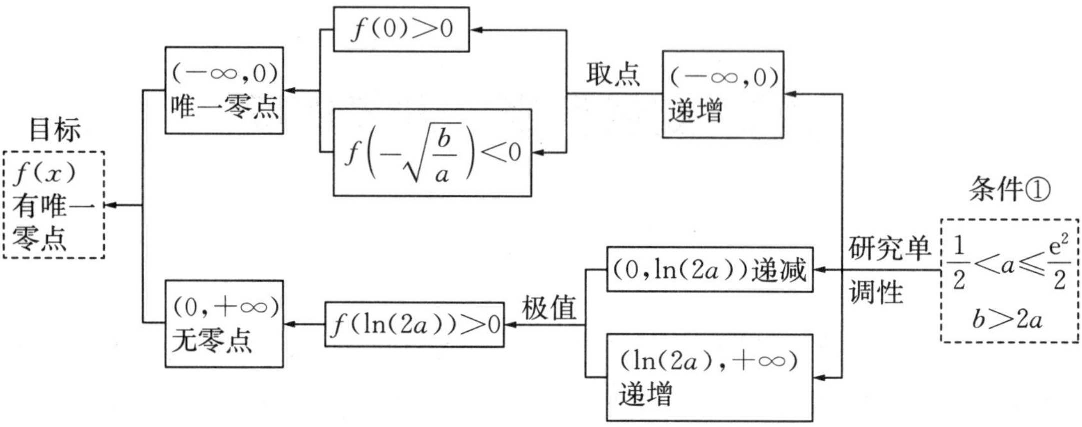

选择条件①：先确定函数 $f(x)$ 的三个单调区间，通过 $f(x)$ 的极小值 $f(\ln(2a))>0$ 得到函数 $f(x)$ 在 $(0,+\infty)$ 上无零点；通过取点，得 $f\left(-\sqrt{\frac{b}{a}}\right)<0$，$f(0)>0$，得到函数 $f(x)$ 在 $(-\infty,0)$ 上存在唯一零点.

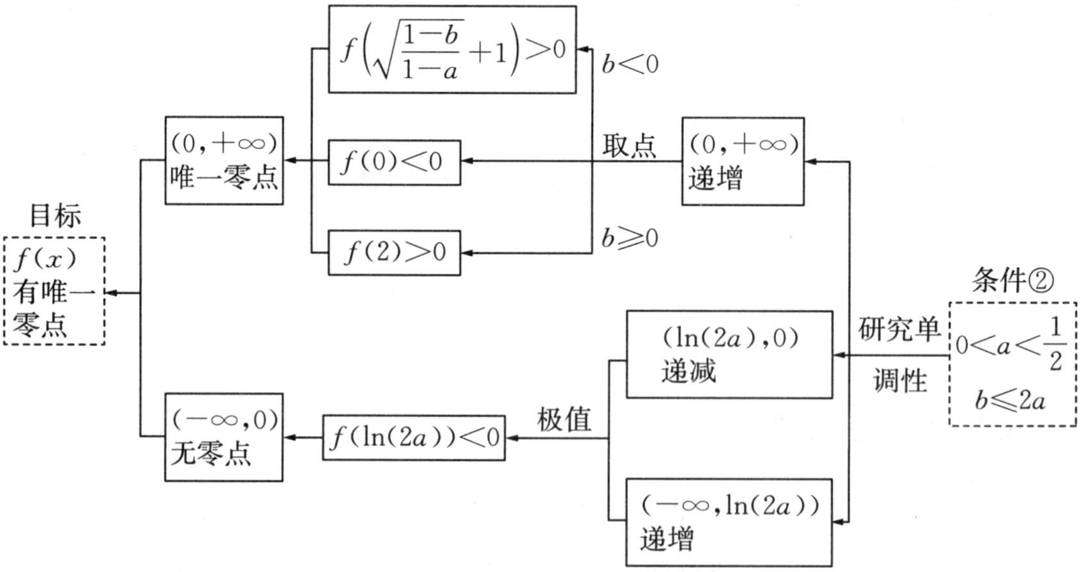

选择条件②：先确定函数 $f(x)$ 的三个单调区间，通过 $f(x)$ 的极大值 $f(\ln(2a))<0$ 得到函数 $f(x)$ 在 $(-\infty,0)$ 上无零点；通过取点，得 $f(0)<0$，$f(2)>0$ 或 $f\left(\sqrt{\frac{1-b}{1-a}}+1\right)>0$，得到函数 $f(x)$ 在 $(0,+\infty)$ 上存在唯一零点.

规范解答 精准示范

解：(1) $f'(x)=x(e^x-2a)$．当 $a\leqslant 0$ 时，若 $x\in(-\infty,0)$，则 $f'(x)<0$，$f(x)$单调递减，若 $x\in(0,+\infty)$，则 $f'(x)>0$，$f(x)$单调递增；当 $a>\frac{1}{2}$时，若 $x\in(-\infty,0)$，则 $f'(x)>0$，$f(x)$单调递增，若 $x\in(0,\ln(2a))$，则 $f'(x)<0$，$f(x)$单调递减，若 $x\in(\ln(2a),+\infty)$，则 $f'(x)>0$，$f(x)$单调递增；当 $0<a<\frac{1}{2}$时，若 $x\in(-\infty,\ln(2a))$，则 $f'(x)>0$，$f(x)$单调递增，若 $x\in(\ln(2a),0)$，则 $f'(x)<0$，$f(x)$单调递减，若 $x\in(0,+\infty)$，则 $f'(x)>0$，$f(x)$单调递增；当 $a=\frac{1}{2}$时，$f'(x)>0$，$f(x)$在 $\mathbf{R}$ 上单调递增．

综上，当 $a\leqslant 0$ 时，$f(x)$在$(-\infty,0)$上单调递减，在$(0,+\infty)$上单调递增；当 $0<a<\frac{1}{2}$时，$f(x)$在$(-\infty,\ln(2a))$，$(0,+\infty)$上单调递增，在$(\ln(2a),0)$上单调递减；当 $a=\frac{1}{2}$时，$f(x)$在 $\mathbf{R}$ 上单调递增；当 $a>\frac{1}{2}$时，$f(x)$在$(-\infty,0)$，$(\ln(2a),+\infty)$上单调递增，在$(0,\ln(2a))$上单调递减．

(2) 证明：若选择条件①：因为$\frac{1}{2}<a\leqslant\frac{e^2}{2}$，所以 $1<2a\leqslant e^2$，又因为 $b>2a$，所以 $b>2a>1$，$f(0)=b-1>0$，$f\left(-\sqrt{\frac{b}{a}}\right)=\left(-\sqrt{\frac{b}{a}}-1\right)e^{-\sqrt{\frac{b}{a}}}-a\cdot\frac{b}{a}+b=-\left(\sqrt{\frac{b}{a}}+1\right)e^{-\sqrt{\frac{b}{a}}}<0$，又 $f(x)$在$(-\infty,0)$上单调递增，故 $f(x)$在$(-\infty,0)$上仅有一个零点．

$f(x)$的极小值也是 $f(x)$在$(0,+\infty)$上的最小值 $f(\ln(2a))=2a[\ln(2a)-1]-a[\ln(2a)]^2+b>2a[\ln(2a)-1]-a[\ln(2a)]^2+2a=2a\ln(2a)-a[\ln(2a)]^2=a\ln(2a)[2-\ln(2a)]$．因为$\frac{1}{2}<a\leqslant\frac{e^2}{2}$，所以 $1<2a\leqslant e^2$，所以 $a\ln(2a)[2-\ln(2a)]>0$，所以 $f(x)$在$(0,+\infty)$上无零点．

综上，$f(x)$仅有一个零点．

若选择条件②：因为 $0<a<\frac{1}{2}$，所以 $2a<1$，又因为 $b\leqslant 2a$，所以 $f(0)=b-1\leqslant 2a-1<0$.

当 $b\geqslant 0$ 时，因为 $e^2>4$，$4a<2$，所以 $f(2)=e^2-4a+b>0$，又 $f(x)$ 在 $(0,+\infty)$ 上单调递增，故 $f(x)$ 在 $(0,+\infty)$ 上有一个零点.

当 $b<0$ 时，设函数 $H(x)=e^x-x-1$，则导数 $H'(x)=e^x-1$，当 $x\in(-\infty,0)$ 时，$H'(x)<0$，$H(x)$ 单调递减；当 $x\in(0,+\infty)$ 时，$H'(x)>0$，$H(x)$ 单调递增. 又因为 $H(0)=0$，所以 $H(x)\geqslant 0$，所以 $e^x\geqslant x+1$，当且仅当 $x=0$ 时等号成立，

因此，$f(x)=(x-1)e^x-ax^2+b\geqslant(x-1)(x+1)-ax^2+b=(1-a)x^2+(b-1)$，当 $x>\sqrt{\frac{1-b}{1-a}}$ 时，$(1-a)x^2+(b-1)>0$，取 $x_0=\sqrt{\frac{1-b}{1-a}}+1$，则 $f(x_0)>0$，因为 $f(0)<0$，$f\left(\sqrt{\frac{1-b}{1-a}}+1\right)>0$，且 $f(x)$ 在 $(0,+\infty)$ 上单调递增，所以 $f(x)$ 在 $(0,+\infty)$ 上有一个零点.

又 $f(x)$ 的极大值也是 $f(x)$ 在 $(-\infty,0)$ 上的最大值 $f(\ln(2a))=2a[\ln(2a)-1]-a[\ln(2a)]^2+b\leqslant 2a[\ln(2a)-1]-a[\ln(2a)]^2+2a=2a\ln(2a)-a[\ln(2a)]^2=a\ln(2a)[2-\ln(2a)]$. 因为 $0<a<\frac{1}{2}$，所以 $0<2a<1$，所以 $a\ln(2a)[2-\ln(2a)]<0$，所以 $f(x)$ 在区间 $(-\infty,0)$ 上没有零点.

综上，$f(x)$ 仅有一个零点.

典例 2 （2022 年新高考Ⅰ卷 22）已知函数 $f(x)=e^x-ax$ 和 $g(x)=ax-\ln x$ 有相同的最小值.

(1) 求 a；

(2) 求证：存在直线 $y=b$，其与两条曲线 $y=f(x)$ 和 $y=g(x)$ 共有三个不同的交点，并且从左到右的三个交点的横坐标成等差数列.

关键点击 直击靶心

1. 根据导数可得函数的单调性，从而可得相应的最小值，根据最小值相等可求 a.注意分类讨论.

2. 根据第(1)问的结论可得当 $b>1$ 时，$e^x-x=b$ 的解的个数、$x-\ln x=b$ 的解的个数均为 2，构建新函数 $h(x)=e^x+\ln x-2x$，利用导数可得该函数只有一个零点且可得 $f(x)$，$g(x)$的大小关系，根据存在直线 $y=b$ 与曲线 $y=f(x)$，$y=g(x)$有三个不同的交点可得 b 的取值，再根据两类方程的根的关系可证明三根成等差数列.

图析路径 思维可视

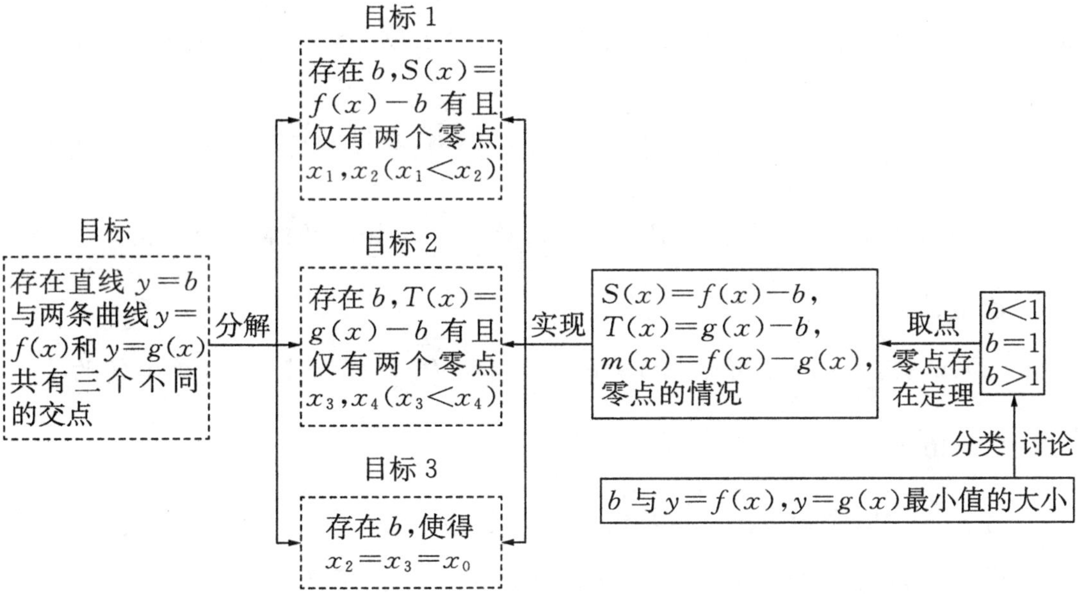

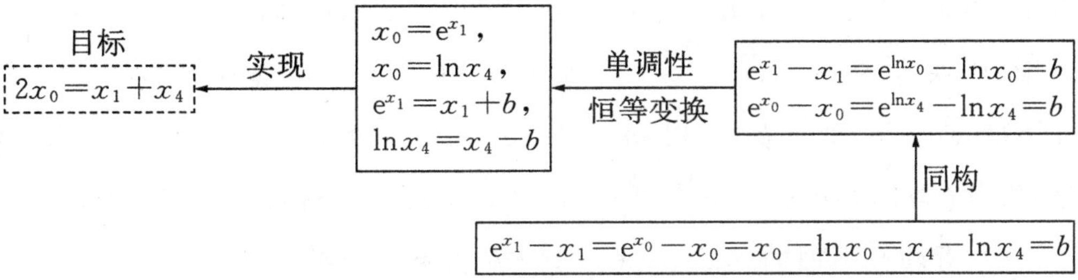

规范解答 精准示范

解:(1) $f(x)=e^x-ax$ 的定义域为 $\mathbf{R}$,而 $f'(x)=e^x-a$,若 $a\leqslant 0$,则 $f'(x)>0$,此时 $f(x)$ 无最小值,故 $a>0$. 当 $x<\ln a$ 时,$f'(x)<0$,故 $f(x)$ 在 $(-\infty,\ln a)$ 上单调递减,当 $x>\ln a$ 时,$f'(x)>0$,故 $f(x)$ 在 $(\ln a,+\infty)$ 上单调递增,故 $f(x)_{\min}=f(\ln a)=a-a\ln a$.

$g'(x)=a-\dfrac{1}{x}=\dfrac{ax-1}{x}$,当 $0<x<\dfrac{1}{a}$ 时,$g'(x)<0$,故 $g(x)$ 在 $\left(0,\dfrac{1}{a}\right)$ 上单调递减. 当 $x>\dfrac{1}{a}$ 时,$g'(x)>0$,故 $g(x)$ 在 $\left(\dfrac{1}{a},+\infty\right)$ 上单调递增,故 $g(x)_{\min}=g\left(\dfrac{1}{a}\right)=1-\ln\dfrac{1}{a}$.

因为 $f(x)=e^x-ax$ 和 $g(x)=ax-\ln x$ 有相同的最小值,所以 $1-\ln\dfrac{1}{a}=a-a\ln a$,整理得到 $\dfrac{a-1}{1+a}=\ln a$,其中 $a>0$. 设 $h(a)=\dfrac{a-1}{1+a}-\ln a\,(a>0)$,则 $h'(a)=\dfrac{2}{(1+a)^2}-\dfrac{1}{a}=\dfrac{-a^2-1}{a(1+a)^2}<0$,故 $h(a)$ 为 $(0,+\infty)$ 上的减函数,而 $h(1)=0$,故 $h(a)=0$ 的唯一解为 $a=1$,故 $\dfrac{1-a}{1+a}=\ln a$ 的解为 $a=1$.

综上,$a=1$.

(2) 证明:由(1)可得 $f(x)=e^x-x$ 和 $g(x)=x-\ln x$ 的最小值为 $1-\ln 1=1-\ln\dfrac{1}{1}=1$.

当 $b>1$ 时,考虑 $e^x-x=b$ 的解的个数、$x-\ln x=b$ 的解的个数.

设 $S(x)=f(x)-b=e^x-x-b$,$S'(x)=e^x-1$,因为当 $x<0$ 时,$S'(x)<0$,当 $x>0$ 时,$S'(x)>0$,所以 $S(x)$ 在 $(-\infty,0)$ 上单调递减,在 $(0,+\infty)$ 上单调递增,所以 $S(x)_{\min}=S(0)=1-b<0$. 而 $S(-b)=e^{-b}>0$,$S(b)=e^b-2b$. 设 $u(b)=e^b-2b$,则当 $b>1$ 时,$u'(b)=e^b-2>0$,故 $u(b)$ 在 $(1,+\infty)$ 上单调递增,故当 $b>1$ 时,$u(b)>u(1)=e-2>0$,故当 $b>1$ 时,$S(b)>0$,故 $S(x)=e^x-x-b$ 有两个不同的零点,即 $e^x-x=b$ 的解的个数为 2.

设 $T(x)=g(x)-b=x-\ln x-b$，$T'(x)=\frac{x-1}{x}$，当 $0<x<1$ 时，$T'(x)<0$，当 $x>1$ 时，$T'(x)>0$，故 $T(x)$ 在 $(0,1)$ 上单调递减，在 $(1,+\infty)$ 上单调递增，则 $T(x)_{\min}=T(1)=1-b<0$，而 $T(e^{-b})=e^{-b}>0$，$T(e^{b})=e^{b}-2b>0$，故 $T(x)=x-\ln x-b$ 有两个不同的零点，即 $x-\ln x=b$ 的解的个数为 2.

当 $b=1$ 时，由(1)中讨论可得 $x-\ln x=b$，$e^{x}-x=b$ 分别仅有一个零点.

当 $b<1$ 时，由(1)中讨论可得 $x-\ln x=b$，$e^{x}-x=b$ 均无零点.

故若存在直线 $y=b$ 与曲线 $y=f(x)$，$y=g(x)$ 有三个不同的交点，则 $b>1$.

设 $m(x)=f(x)-g(x)=e^{x}+\ln x-2x$，其中 $x>0$，故 $m'(x)=e^{x}+\frac{1}{x}-2$.

设 $n(x)=e^{x}-x-1$，则当 $x>0$ 时，$n'(x)=e^{x}-1>0$，故 $n(x)$ 在 $(0,+\infty)$ 上单调递增，故 $n(x)>n(0)=0$，即 $e^{x}>x+1$.

因此 $m'(x)>x+\frac{1}{x}-1\geqslant 2-1>0$，即 $m(x)$ 在 $(0,+\infty)$ 上单调递增.而 $m(1)=e-2>0$，$m\left(\frac{1}{e^{3}}\right)=e^{\frac{1}{e^{3}}}-3-\frac{2}{e^{3}}<e-3-\frac{2}{e^{3}}<0$，故 $m(x)$ 在 $(0,+\infty)$ 上有且只有一个零点 x_0，$\frac{1}{e^{3}}<x_0<1$，且当 $0<x<x_0$ 时，$m(x)<0$，即 $e^{x}-x<x-\ln x$，即 $f(x)<g(x)$，当 $x>x_0$ 时，$m(x)>0$，即 $e^{x}-x>x-\ln x$，即 $f(x)>g(x)$.

因此若存在直线 $y=b$ 与曲线 $y=f(x)$，$y=g(x)$ 有三个不同的交点，则 $b=f(x_0)=g(x_0)>1$，此时 $e^{x}-x=b$ 有两个不同的零点 x_1，x_0 $(x_1<0<x_0)$，$x-\ln x=b$ 有两个不同的零点 x_0，x_4 $(0<x_0<1<x_4)$.

故 $e^{x_1}-x_1=b$，$e^{x_0}-x_0=b$，$x_4-\ln x_4-b=0$，$x_0-\ln x_0-b=0$，可得 $x_4-b=\ln x_4$，即 $e^{x_4-b}=x_4$，即 $e^{x_4-b}-(x_4-b)-b=0$.故 x_4-b 为方程 $e^{x}-x=b$ 的解，同理 x_0-b 也为方程 $e^{x}-x=b$ 的解.

因此 $\{x_1,x_0\}=\{x_0-b,x_4-b\}$，而 $b>1$，故 $\begin{cases}x_0=x_4-b,\\x_1=x_0-b,\end{cases}$ 即 $x_1+x_4=2x_0$.

因此，存在直线 $y=b$ 与曲线 $y=f(x)$ 和 $y=g(x)$ 共有三个交点，并且从左到右三个交点的横坐标依次成等差数列.

也可以利用 $e^{x_1}-x_1=e^{\ln x_0}-\ln x_0=b$，$e^{x_0}-x_0=e^{\ln x_4}-\ln x_4=b$，得到 $x_0=e^{x_1}$，$x_0=\ln x_4$，$e^{x_1}=x_1+b$，$\ln x_4=x_4-b$，则 $2x_0=e^{x_1}+\ln x_4=x_1+b+x_4-b=x_1+x_4$.

解后反思 迁移提升

函数图象的交点、函数零点、方程的根三者之间可相互转化，解题的宗旨就是函数与方程的思想.方程的根转化为函数零点或函数图象的交点，函数零点、函数图象交点问题也可以转化为方程根的问题.函数与方程在一定的条件下是可以相互转化的，是相辅相成的.函数思想重在对问题进行动态的研究，方程思想则重在动中求静，研究变化中的等量关系.运用函数与方程的思想巧解函数零点综合问题，需要明确变量，以变量为媒，巧设未知数，以方程为桥，建立等价关系.

19. 情境问题　函数视角

数学文化是指数学的思想、精神、语言、方法、观点，以及它们的形成和发展；还包括数学在人类生活、科学技术、社会发展中的贡献和意义，以及与数学相关的人文活动.许多经典数学名题、名著中有大量的运用函数、数列、立体几何、算法等知识解决现实问题的经典案例.这些案例可能成为高考试题的来源.创设文化情境、合理设定设问方式，可以渗透数学文化，帮助理解数学本质.在解决情境问题的同时，不妨欣赏名题，品味经典，研究试题，感悟本质.

典例 1　(2020 年全国Ⅲ卷理 4)逻辑斯谛模型是常用数学模型之一，可应用于流行病学领域.有学者根据公开数据建立了某地区某传染病累计确诊病例数 $I(t)$ 的逻辑斯谛模型：$I(t)=\frac{K}{1+e^{-0.23(t-53)}}$，其中 K 为最大确诊病例数.当 $I(t^*)=0.95K$ 时，标志着已初步遏制疫情，则 t^* 约为($\ln 19\approx 3$)　(　　)

A. 60　　B. 63　　C. 66　　D. 69

关键点击　直击靶心

1. 理解题意，列出方程 $\frac{K}{1+e^{-0.23(t^*-53)}}=0.95K$.

2. 由方程 $\frac{K}{1+e^{-0.23(t^*-53)}}=0.95K$，解出 t^*.

图析路径　思维可视

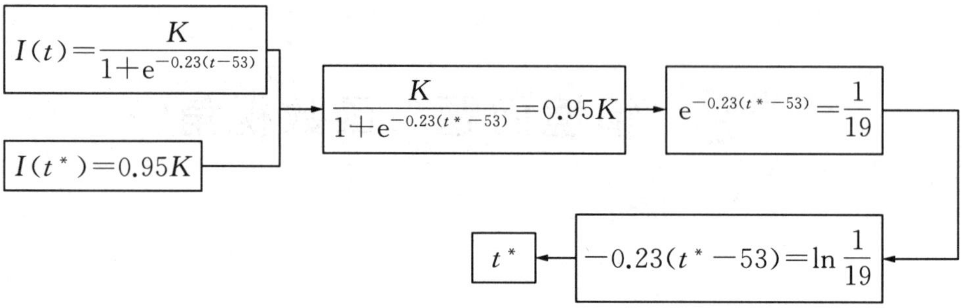

由题意列出指数方程，解指数方程，利用所给数据进行估算.

规范解答　精准示范

C　**解析**：由已知可得$\frac{K}{1+e^{-0.23(t^*-53)}}=0.95K$，解得 $e^{-0.23(t^*-53)}=\frac{1}{19}$，取对数，得$-0.23(t^*-53)=-\ln 19$，所以 $t^*=\frac{\ln 19}{0.23}+53$，解得 $t^*\approx 66$.故选 C.

典例 2　牛顿迭代法又称牛顿-拉弗森方法，是牛顿在 17 世纪提出的一种在实数集上近似求解方程根的方法.具体步骤如下：设 r 是函数 $y=f(x)$的一个零点，任意选取 x_0 作为 r 的初始近似值，过点$(x_0,f(x_0))$作曲线 $y=f(x)$的切线 l_1，设 l_1 与 x 轴交点的横坐标为 x_1，并称 x_1 为 r 的 1 次近似值；过点$(x_1,f(x_1))$作曲线 $y=f(x)$的切线 l_2，设 l_2 与 x 轴交点的横坐标为 x_2，称 x_2 为 r 的 2 次近似值.一般地，过点$(x_n,f(x_n))(n\in\mathbf{N})$作曲线 $y=f(x)$的切线 l_{n+1}，记 l_{n+1}与 x 轴交点的横坐标为 x_{n+1}，并称 x_{n+1}为 r 的$n+1$ 次近似值.设 $f(x)=x^3+x-1(x\geqslant 0)$的零点为 r，取 $x_0=0$，则 r 的 2 次近似值为________.设 $a_n=\frac{3x_n^3+x_n}{2x_n^3+1}(n\in\mathbf{N}^*)$，数列$\{a_n\}$的前 n 项积为 T_n.若对于任意 $n\in\mathbf{N}^*$，$T_n<\lambda$ 恒成立，则整数 λ 的最小值为________.

关键点击 直击靶心

1. 确定 x_{n+1} 与 x_n 的递推关系.

2. 根据 x_{n+1} 与 x_n 的递推关系，得到 $\{a_n\}$ 的表达式，进而求出 T_n.

图析路径 思维可视

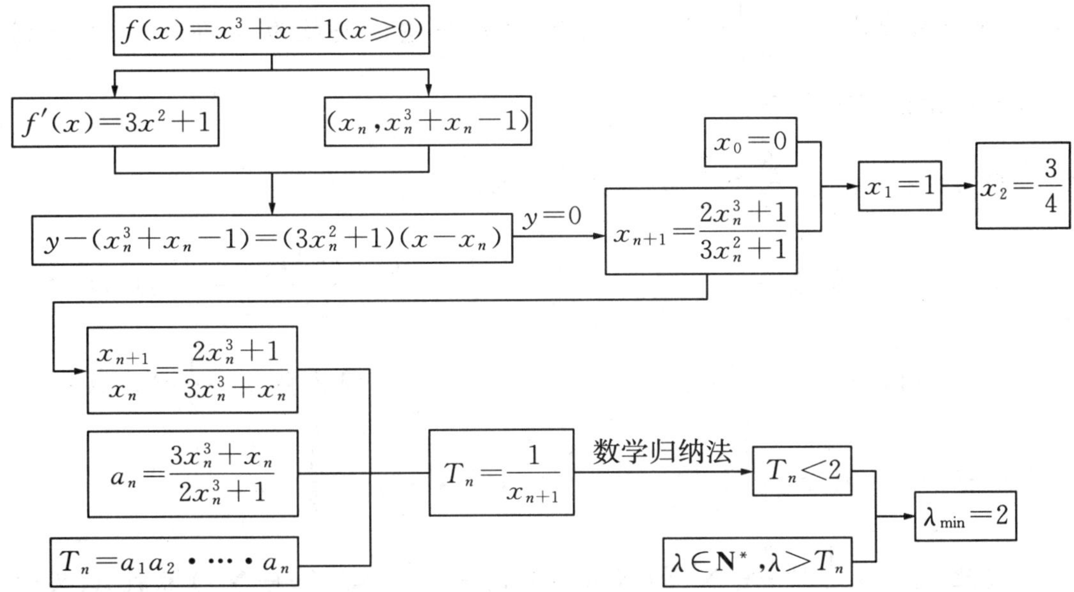

1. 由切线方程求出 x_{n+1}，进而得到 x_{n+1} 与 x_n 的递推关系.

2. 数学归纳法是求出 λ 的最小值的关键.

规范解答 精准示范

$\dfrac{3}{4}$ 2 **解析：** 因为 $f(x)=x^3+x-1(x\geqslant 0)$，所以可设切点为 $(x_n, x_n^3+x_n-1)$. 因为 $f'(x)=3x^2+1$，所以切线方程为 $y=(3x_n^2+1)(x-x_n)+x_n^3+x_n-1$.

令 $y=0$，可得 $x_{n+1}=-\dfrac{x_n^3+x_n-1}{3x_n^2+1}+x_n=\dfrac{2x_n^3+1}{3x_n^2+1}$. 因为 $x_0=0$，所以 $x_1=1$，

$x_2=\frac{3}{4}$，即 r 的 2 次近似值为 $\frac{3}{4}$.

因为 $x_{n+1}=\frac{2x_n^3+1}{3x_n^2+1}$，所以 $\frac{x_n}{x_{n+1}}=\frac{3x_n^3+x_n}{2x_n^3+1}=a_n$，所以 $T_n=a_1a_2\cdots a_n=\frac{x_1}{x_2}\cdot\frac{x_2}{x_3}\cdot\cdots\cdot\frac{x_n}{x_{n+1}}=\frac{x_1}{x_{n+1}}=\frac{1}{x_{n+1}}$.

因为 $x_{n+1}=\frac{2x_n^3+1}{3x_n^2+1}$，$x_1=1>\frac{1}{2}$，经过计算发现数列 $\{x_n\}$ 的前几项都大于 $\frac{1}{2}$，而题目要求大于 $\frac{1}{x_{n+1}}$ 的最小整数，所以猜想该整数为 2，即 $x_{n+1}>\frac{1}{2}$.利用数学归纳法证明如下：

当 $n=1$ 时，$x_2=\frac{3}{4}>\frac{1}{2}$，$x_{n+1}>\frac{1}{2}$ 成立.

当 $n=k$ 时，假设 $x_{k+1}>\frac{1}{2}$，则 $x_{k+2}-\frac{1}{2}=\frac{4x_{k+1}^3-3x_{k+1}^2+1}{6x_{k+1}^2+2}$，设 $h(x)=4x^3-3x^2+1$，则 $h'(x)=12x^2-6x=12x\left(x-\frac{1}{2}\right)$，因为当 $x>\frac{1}{2}$ 时，$h'(x)>0$，所以当 $x>\frac{1}{2}$ 时，$h(x)>h\left(\frac{1}{2}\right)=\frac{3}{4}>0$，所以 $x_{k+2}>\frac{1}{2}$.

因此 $x_{n+1}>\frac{1}{2}$ 对 $n\in\mathbf{N}^*$ 恒成立，即 $T_n=\frac{1}{x_{n+1}}<2(n\in\mathbf{N}^*)$ 恒成立.又因为 $T_1=\frac{4}{3}>1$，所以整数 λ 的最小值为 2.

解后反思 迁移提升

1. 关注数学文化，研究数学应用，理解数学本质.

2. 感悟数学家们那种不畏艰辛，不怕失败的精神，体会以退为进，逐步调整的方法、策略.

3. 认识数学的应用价值、科学价值和文化价值，形成理性思维，崇尚科学精神.

20. 直观判断　精确说明

函数零点个数问题经常与参数取值范围综合.这类问题要求我们具有函数与方程之间的转化能力,有效地体现了放缩法、有限与无限、分类讨论、数形结合等重要的数学思想方法,对于逻辑推理、数学运算等数学学科核心素养的培养起到了潜移默化的作用,解决这类题目的关键就是要掌握这些数学思想方法并能综合运用.

典例 1 (2022 年全国乙卷文 20)已知函数 $f(x)=ax-\frac{1}{x}-(a+1)\ln x$.

(1) 当 $a=0$ 时,求 $f(x)$的最大值;

(2) 若 $f(x)$恰有一个零点,求 a 的取值范围.

关键点击　直击靶心

1. 通过讨论 $f'(x)$的符号研究函数 $f(x)$的单调性,并求出极值点,进而求出最大值.

2. 结合函数 $f(x)$的单调性与极值研究函数在每个单调区间上零点的个数.若在单调区间上存在 $f(m)\cdot f(n)<0$,则 $f(x)$有一个零点;若在单调区间上 $f(x)>0$ 或 $f(x)<0$ 恒成立,则 $f(x)$无零点.

图析路径 思维可视

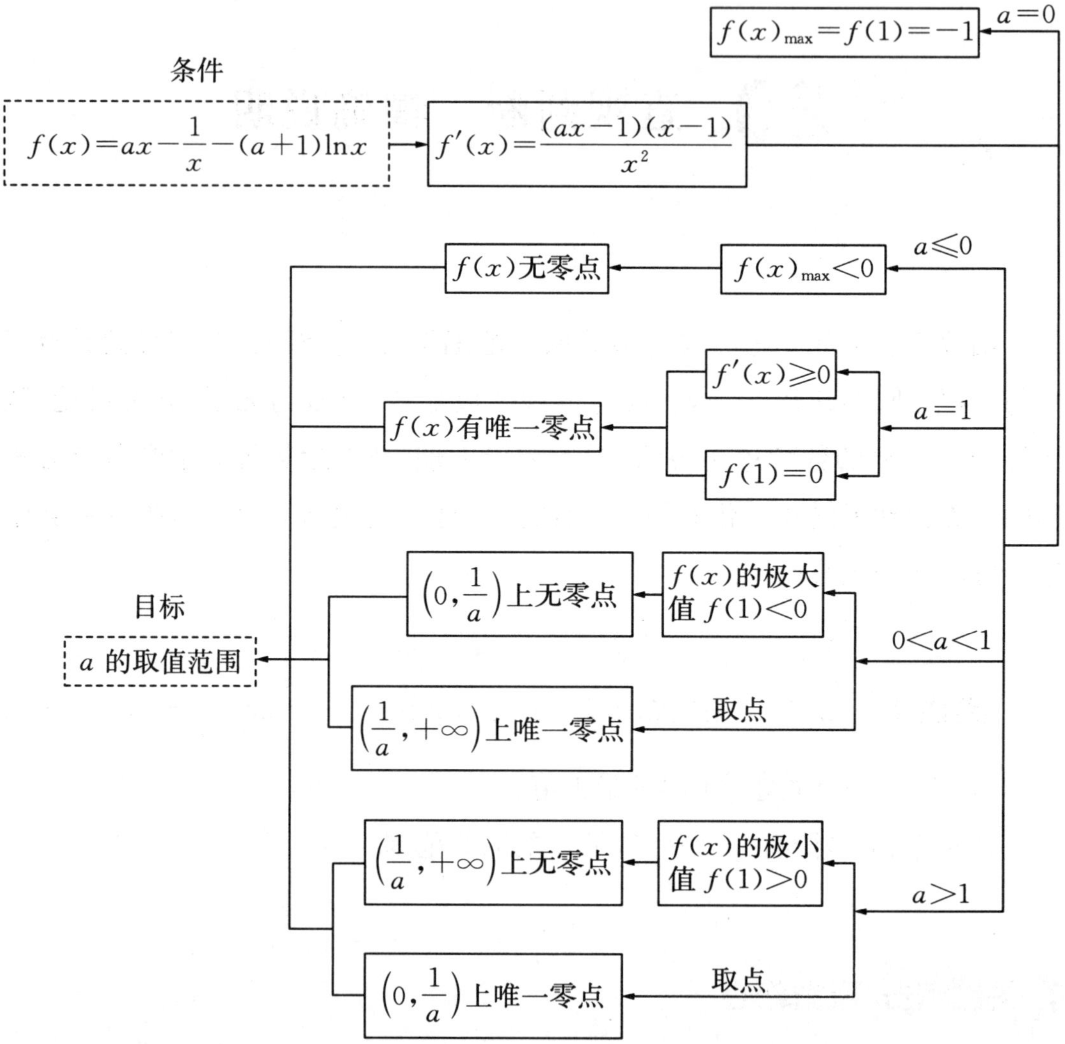

当 $a\leqslant 0$ 时，$f(x)$的最大值 $f(1)<0$，$f(x)$无零点；当 $a=1$ 时，$f(x)$单调递增，$f(1)=0$，$f(x)$存在唯一零点；当 $0<a<1$ 时，先确定函数 $f(x)$的三个单调区间，通过 $f(x)$的极大值 $f(1)<0$ 得 $f(x)$在$\left(0,\frac{1}{a}\right)$上无零点，通过取点得 $f(x)$在$\left(\frac{1}{a},+\infty\right)$上存在唯一零点；当 $a>1$ 时，处理方法同当 $0<a<1$ 时的处理方法.

规范解答 精准示范

解：(1) 当 $a=0$ 时，$f(x)=-\frac{1}{x}-\ln x(x>0)$，则 $f'(x)=\frac{1}{x^2}-\frac{1}{x}=\frac{1-x}{x^2}$. 当 $x\in(0,1)$ 时，$f'(x)>0$，$f(x)$ 单调递增；当 $x\in(1,+\infty)$ 时，$f'(x)<0$，$f(x)$ 单调递减. 因此 $f(x)$ 的最大值为 $f(1)=-1$.

(2) $f(x)=ax-\frac{1}{x}-(a+1)\ln x(x>0)$，则 $f'(x)=a+\frac{1}{x^2}-\frac{a+1}{x}=\frac{(ax-1)(x-1)}{x^2}$.

当 $a\leqslant 0$ 时，$ax-1<0$，则当 $x\in(0,1)$ 时，$f'(x)>0$，$f(x)$ 单调递增；当 $x\in(1,+\infty)$ 时，$f'(x)<0$，$f(x)$ 单调递减. 故 $f(x)$ 的最大值 $f(1)=a-1<0$，此时 $f(x)$ 无零点，不合题意.

当 $a=1$ 时，$f'(x)=\frac{(x-1)^2}{x^2}\geqslant 0$，则 $f(x)$ 单调递增. 因为 $f(1)=a-1=0$，所以 $f(x)$ 有唯一零点，符合题意.

当 $0<a<1$ 时，$\frac{1}{a}>1$，在 $(0,1)$，$\left(\frac{1}{a},+\infty\right)$ 上，$f'(x)>0$，$f(x)$ 单调递增；在 $\left(1,\frac{1}{a}\right)$ 上，$f'(x)<0$，$f(x)$ 单调递减. 又 $f(1)=a-1<0$，则 $f(x)$ 在 $\left(0,\frac{1}{a}\right)$ 上无零点.

设 $g(x)=x-\mathrm{e}\ln x(x>0)$，则 $g'(x)=1-\frac{\mathrm{e}}{x}=\frac{x-\mathrm{e}}{x}$，当 $x\in(0,\mathrm{e})$ 时，$g'(x)<0$，$g(x)$ 单调递减；当 $x\in(\mathrm{e},+\infty)$ 时，$g'(x)>0$，$g(x)$ 单调递增. 则 $g(x)$ 的最小值为 $g(\mathrm{e})=0$，故 $g(x)\geqslant 0$，即 $x\geqslant \mathrm{e}\ln x$，则有 $x>2\ln x$，则 $x>\ln x^2$，用 $\sqrt{x}$ 代替 x，有 $\sqrt{x}>\ln x$.

当 $x\in\left(\frac{1}{a},+\infty\right)$ 时，$-\frac{1}{x}>-a$，$f(x)>ax-a-(a+1)\sqrt{x}$，当 $x=\left(2+\frac{2}{a}\right)^2$ 时，有 $f\left(4+\frac{8}{a}+\frac{4}{a^2}\right)>a\left(2+\frac{2}{a}\right)^2-a-(a+1)\cdot\left(2+\frac{2}{a}\right)=a+\frac{2}{a}+4>0$. 因

为 $f(1)<0$，$f(x)$ 在 $\left(1,\frac{1}{a}\right)$ 上单调递减，所以 $f\left(\frac{1}{a}\right)<0$，又因为 $f(x)$ 在 $\left(\frac{1}{a},+\infty\right)$ 上单调递增，所以 $f(x)$ 在 $\left(\frac{1}{a},+\infty\right)$ 上有唯一零点，所以 $f(x)$ 在 $(0,+\infty)$ 上有唯一零点，符合题意.

当 $a>1$ 时，$\frac{1}{a}<1$，在 $\left(0,\frac{1}{a}\right)$，$(1,+\infty)$ 上，$f'(x)>0$，$f(x)$ 单调递增；在 $\left(\frac{1}{a},1\right)$ 上，$f'(x)<0$，$f(x)$ 单调递减. 因为 $f(1)=a-1>0$，所以 $f(x)$ 在 $\left(\frac{1}{a},+\infty\right)$ 上无零点.

当 $x\in\left(0,\frac{1}{a}\right)$ 时，$f(x)=ax-\frac{1}{x}-(a+1)\ln x<a-\frac{1}{x}+(a+1)\sqrt{\frac{1}{x}}$. 因为 $\frac{1}{4(a+1)^2}-\frac{1}{a}=\frac{-4a^2-7a-4}{4a(a+1)^2}<0$，所以 $\frac{1}{4(a+1)^2}\in\left(0,\frac{1}{a}\right)$. 当 $x=\frac{1}{4(a+1)^2}$ 时，有 $f\left(\frac{1}{4(a+1)^2}\right)<a-4(a+1)^2+2(a+1)^2=-2a^2-3a-2<0$，因为 $f(1)>0$，$f(x)$ 在 $\left(\frac{1}{a},1\right)$ 上单调递减，所以 $f\left(\frac{1}{a}\right)>0$. 又因为 $f(x)$ 在 $\left(0,\frac{1}{a}\right)$ 上单调递增，所以 $f(x)$ 在 $\left(0,\frac{1}{a}\right)$ 上有唯一零点，所以 $f(x)$ 在 $(0,+\infty)$ 上有唯一零点，符合题意.

综上，a 的取值范围为 $(0,+\infty)$.

典例 2 （2022 年全国乙卷理 21）已知函数 $f(x)=\ln(1+x)+axe^{-x}$.

(1) 当 $a=1$ 时，求曲线 $y=f(x)$ 在点 $(0,f(0))$ 处的切线方程；

(2) 若 $f(x)$ 在区间 $(-1,0)$，$(0,+\infty)$ 上各恰有一个零点，求 a 的取值范围.

关键点击 直击靶心

本题第(2)问是代数说理问题，需要结合函数 $f(x)$的性质，逐步排除不满足 $f(x)$在区间$(-1,0)$，$(0,+\infty)$上各恰有一个零点的 a 的取值范围，再从正面证明当 a 在余下的范围内取值时，函数 $f(x)$满足题意.

图析路径 思维可视

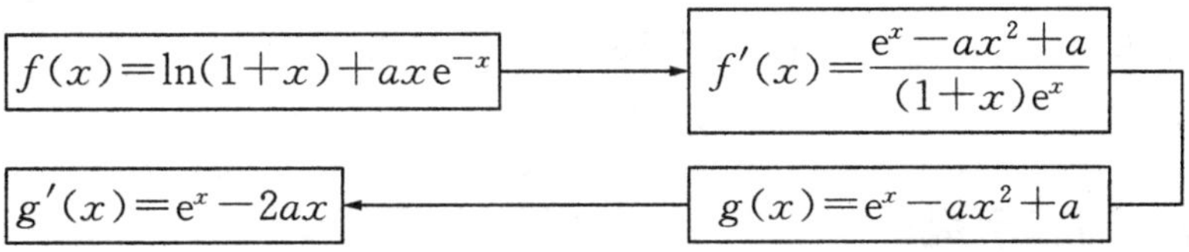

构造函数

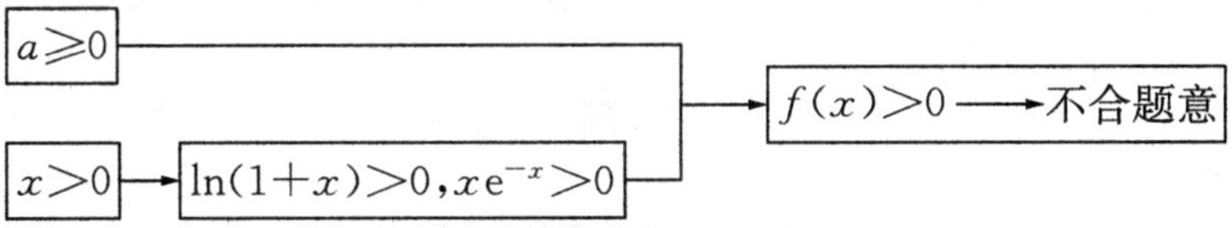

否定 $a\geqslant0$

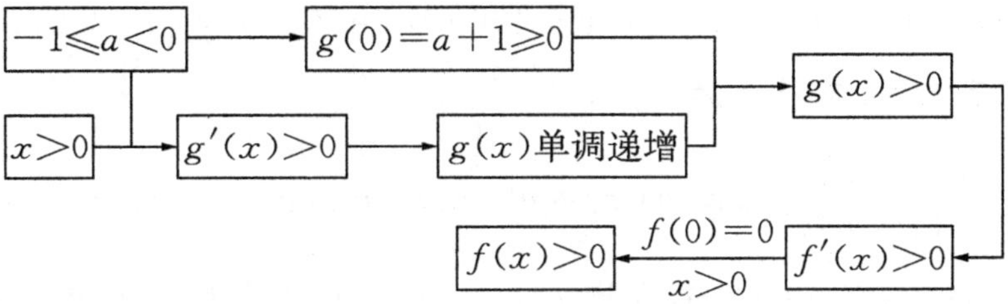

否定$-1\leqslant a<0$

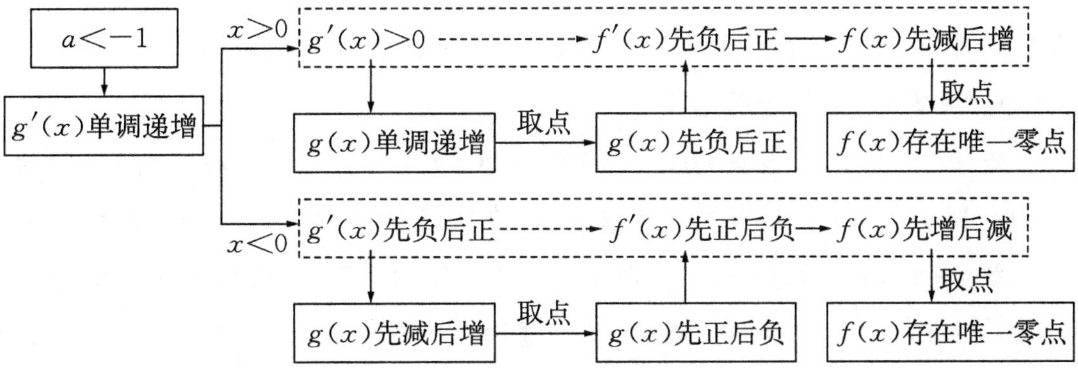

肯定 $a<-1$

1. 若 $a\geqslant 0$,则 $f(x)>0$ 在 $(0,+\infty)$ 上恒成立,与 $f(x)$ 在 $(0,+\infty)$ 上恰有一个零点矛盾.

2. 若 $-1\leqslant a<0$,当 $x\in(0,+\infty)$ 时,$f'(x)>0$,$f(x)$ 单调递增,又 $f(0)=0$,所以 $f(x)>0$ 在 $(0,+\infty)$ 上恒成立,与 $f(x)$ 在 $(0,+\infty)$ 上恰有一个零点矛盾.

3. 若 $a<-1$,当 $x\in(0,+\infty)$ 时,先证明 $f'(x)$ 单调递增,通过取点判断 $f'(x)$ 先负后正,进而得到 $f(x)$ 先减后增,通过取点证明 $f(x)$ 在 $(0,+\infty)$ 上恰有一个零点;当 $x\in(-1,0)$ 时,先证明 $f'(x)$ 先正后负,得到 $f(x)$ 先增后减,通过取点证明 $f(x)$ 在 $(-1,0)$ 上恰有一个零点.

规范解答 精准示范

解:(1) $a=1$ 时,$f(x)=\ln(1+x)+x\mathrm{e}^{-x}$,定义域为 $(-1,+\infty)$,$f(0)=0$.因为 $f'(x)=\dfrac{1}{1+x}+\dfrac{1-x}{\mathrm{e}^x}$,$f'(0)=2$,所以曲线 $y=f(x)$ 在 $x=0$ 处的切线斜率为 2,所以曲线 $y=f(x)$ 在 $(0,f(0))$ 处的切线方程为 $y=2x$.

(2) 若 $a\geqslant 0$,当 $x>0$ 时,$\ln(x+1)>0$,$x\mathrm{e}^{-x}>0$,$f(x)>0$,则 $f(x)$ 在 $(0,+\infty)$ 上无零点,不符合题意.

$f'(x)=\dfrac{\mathrm{e}^x-ax^2+a}{(1+x)\mathrm{e}^x}$,设 $g(x)=\mathrm{e}^x-ax^2+a$,$g'(x)=\mathrm{e}^x-2ax$.

若 $-1\leqslant a<0$,则在 $(0,+\infty)$ 上,$g'(x)>0$,$g(x)$ 单调递增.又因为 $g(0)=1+a\geqslant 0$,所以在 $(0,+\infty)$ 上,$g(x)>0$,即 $f'(x)>0$,所以 $f(x)$ 在 $(0,+\infty)$ 上单调递增.又因为 $f(0)=0$,所以在 $(0,+\infty)$ 上,$f(x)>0$,所以 $f(x)$ 在 $(0,+\infty)$ 上无零点,不符合题意.

若 $a<-1$,则当 $x\in(0,+\infty)$ 时,$g'(x)>0$,$g(x)$ 单调递增,又因为 $g(0)=1+a<0$,$g(1)=\mathrm{e}>0$,所以 $g(x)$ 在 $(0,1)$ 上存在唯一零点,记作 x_1.

当 $x\in(0,x_1)$ 时,$g(x)<0$,即 $f'(x)<0$,$f(x)$ 单调递减;当 $x\in(x_1,+\infty)$ 时,$g(x)>0$,即 $f'(x)>0$,$f(x)$ 单调递增.

因为 $f(0)=0$,所以 $x\in(0,x_1)$ 时,$f(x)<0$ 且 $f(x_1)<0$;易证 $\mathrm{e}^{-a}-1>$

$e-1>1>x_1$，$f(e^{-a}-1)=\ln e^{-a}+a(e^{-a}-1)e^{1-e^{-a}}=a[(e^{-a}-1)e^{1-e^{-a}}-1]=ae^{1-e^{-a}}(e^{-a}-1-e^{e^{-a}-1})$.

设 $\varphi(x)=x-e^x$，因为当 $x>0$ 时，$\varphi'(x)=1-e^x<0$，所以 $\varphi(x)$ 在 $(0,+\infty)$ 上单调递减，所以当 $x>0$ 时，$\varphi(x)<\varphi(0)=-1$，所以当 $x>0$ 时，$\varphi(x)<0$，即 $e^x>x(x>0)$，所以 $\varphi(e^{-a}-1)<0$，即 $e^{-a}-1-e^{e^{-a}-1}<0$.

因为 $a<-1$，$e^{1-e^{-a}}>0$，所以 $ae^{1-e^{-a}}(e^{-a}-1-e^{e^{-a}-1})>0$，即 $f(e^{-a}-1)>0$. 所以 $f(x)$ 在 $(x_1,+\infty)$ 上存在唯一零点，所以 $f(x)$ 在 $(0,+\infty)$ 上存在唯一零点.

当 $x\in(-1,0)$ 时，$g'(x)=e^x-2ax$ 单调递增，$g'(-1)=\frac{1}{e}+2a<0$，$g'(0)=1>0$，所以 $g'(x)$ 在 $(-1,0)$ 上存在唯一零点，记作 x_2. 当 $x\in(-1,x_2)$ 时，$g'(x)<0$，$g(x)$ 单调递减；当 $x\in(x_2,0)$ 时，$g'(x)>0$，$g(x)$ 单调递增. 又因为 $g(-1)=\frac{1}{e}>0$，$g(0)=1+a<0$，所以 $g(x)$ 在 $(-1,0)$ 上存在唯一零点，记作 x_3. 当 $x\in(-1,x_3)$ 时，$g(x)>0$，即 $f'(x)>0$，$f(x)$ 单调递增；当 $x\in(x_3,0)$ 时，$g(x)<0$，即 $f'(x)<0$，$f(x)$ 单调递减. 因为 $f(0)=0$，所以当 $x\in(x_3,0)$ 时，$f(x)>0$，又因为 $x\in(-1,x_3)$ 时，$1<e^{-x}<e$，$0<ax<-a$，所以 $f(x)=\ln(1+x)+axe^{-x}<\ln(1+x)-ae$，所以 $f(e^{ae}-1)<ae-ae=0$，且 $-1<e^{ae}-1<0$，又因为在 $(x_3,0)$ 上，$f(x)>0$，所以 $e^{ae}-1\in(-1,x_3)$，所以 $f(x)$ 在 $(-1,x_3)$ 上存在唯一零点，所以 $f(x)$ 在 $(-1,0)$ 上存在唯一零点.

综上，当 $a<-1$ 时，$f(x)$ 在区间 $(-1,0)$，$(0,+\infty)$ 上各恰有一个零点.

解后反思 迁移提升

1. 根据零点的个数，分类讨论，细化解题. 对参数的取值范围进行讨论是解题的关键. 讨论中要保证分类的科学性，做到既不重复，又不遗漏.

2. 根据零点的个数，利用特殊值法发掘关键点. 在自变量 x 的取值范围内进行特殊值检验，对参数以及函数进行整体分析，能帮助我们找到关键点，从而达到解决问题的目的.

3. 根据零点的个数，数形结合直观判断.利用零点求参数范围的问题，用数形结合的思路，可考虑构造两个函数，根据两个函数图象交点的个数来判断.

4. 根据零点的个数，通过放缩精确说明.如果函数对应的方程的根容易求出，我们可以通过解方程求根来解决函数零点问题.如果方程中有超越函数不易求根，我们可将方程中出现的超越函数，放缩成小于或大于一次函数、幂函数等，这样通过函数间的放缩转化，利用基础函数重新确定零点.

第二章
三角函数

21. 数形结合　整体变化

高考中三角函数的图象与性质问题，主要围绕三角函数的定义、解析式、区间上的零点、值域等展开考查，也常兼顾与向量、不等式、方程、函数等有关知识的结合，一方面考查对三角恒等变形和三角函数图象与性质的灵活运用，另一方面重点考查推理能力、运算能力、思维能力以及方程思想、数形结合思想、转化与化归思想.

典例 1　（2022 年新高考Ⅰ卷 6）记函数 $f(x)=\sin\left(\omega x+\frac{\pi}{4}\right)+b(\omega>0)$ 的最小正周期为 T.若 $\frac{2\pi}{3}<T<\pi$，且 $y=f(x)$ 的图象关于点 $\left(\frac{3\pi}{2},2\right)$ 中心对称，则 $f\left(\frac{\pi}{2}\right)$ 等于　（　　）

A. 1　　B. $\frac{3}{2}$　　C. $\frac{5}{2}$　　D. 3

关键点击　直击靶心

1. 熟练掌握正弦函数、余弦函数的图象及性质，明晰由特殊到一般的研究方法.

2. 熟悉特殊角的三角函数值，能正确求解简单不等式.

图析路径 思维可视

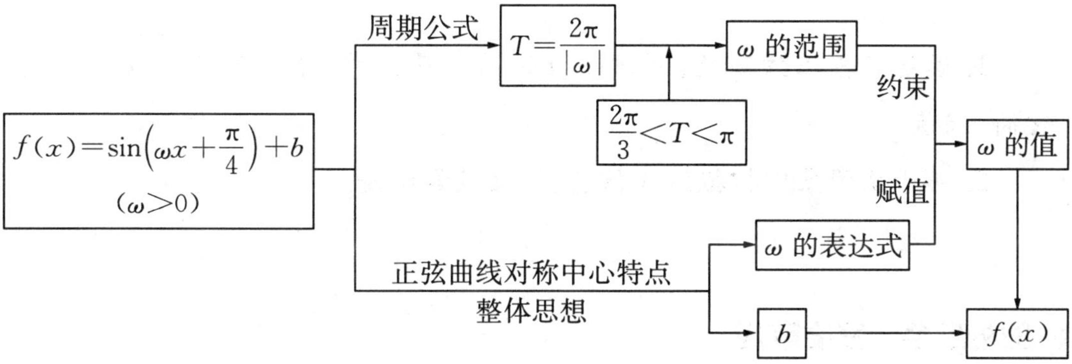

一方面，由正弦函数的最小正周期计算公式可得到最小正周期，根据周期 T 的范围求得 ω 的范围；另一方面，由正弦函数的对称中心，运用整体思想求得 ω 关于 k 的表达式及 b 的值.结合两方面的结果，通过赋值验证可唯一确定 ω 的值，从而确定函数的解析式，最后将$\frac{\pi}{2}$代入即可.

规范解答 精准示范

A **解析**：由函数的最小正周期 T 满足$\frac{2\pi}{3}<T<\pi$，且 $\omega>0$，得$\frac{2\pi}{3}<\frac{2\pi}{\omega}<\pi$，解得 $2<\omega<3$.因为 $y=f(x)$ 的图象关于点$\left(\frac{3\pi}{2},2\right)$对称，所以$\frac{3\pi}{2}\omega+\frac{\pi}{4}=k\pi,k\in\mathbf{Z}$，且 $b=2$，所以 $\omega=-\frac{1}{6}+\frac{2}{3}k,k\in\mathbf{Z}$，结合 ω 的取值范围，得 $\omega=\frac{5}{2}$，则 $f(x)=\sin\left(\frac{5}{2}x+\frac{\pi}{4}\right)+2$，所以 $f\left(\frac{\pi}{2}\right)=\sin\left(\frac{5\pi}{4}+\frac{\pi}{4}\right)+2=1$.故选 A.

典例 2 (2021 年全国甲卷理 16)已知函数 $f(x)=2\cos(\omega x+\varphi)$ 的部分图象如图 21－1，则满足条件$\left[f(x)-f\left(-\frac{7\pi}{4}\right)\right]\left[f(x)-f\left(\frac{4\pi}{3}\right)\right]>0$ 的最小正整数 x 为________.

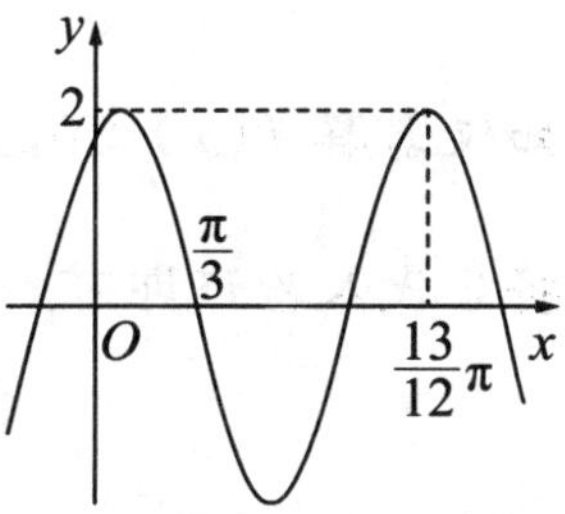

图 21－1

关键点击 直击靶心

1. 熟练掌握正弦函数、余弦函数的图象及性质，能正确使用诱导公式化简、求值.

2. 善于从图象中挖掘隐含信息、捕捉数学结论.

图析路径 思维可视

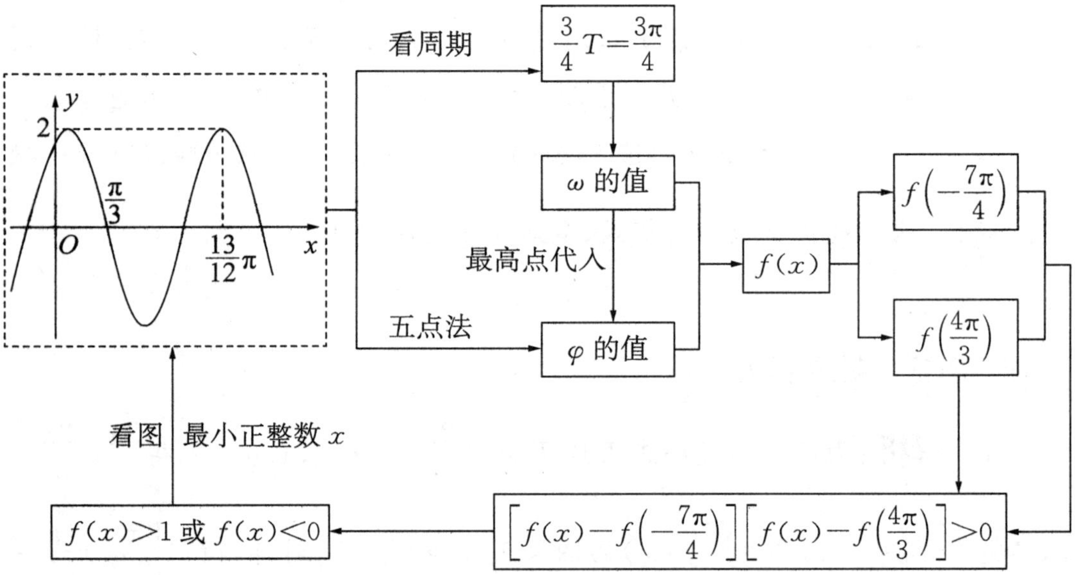

根据函数图象特点，可确定函数的周期，也就求得了 ω；结合余弦曲线五点法作图及图中最高点坐标可确定 φ 的值，进而确定函数解析式，问题中的不等式即可化简.因为是求满足条件的最小正整数，所以不用急于去解，可先观察图形，知满足条件的最小正整数应在 $\frac{\pi}{3}$ 附近.先代入 $x=1$，得 $f(1)<1$，易知仅需解 $f(x)<0$，且可判断此时满足条件的最小正整数 $x>\frac{\pi}{3}>1$，故仅需将 2 代入验证即可.

规范解答 精准示范

2 **解析:** 由题图可知$\frac{3}{4}T=\frac{13\pi}{12}-\frac{\pi}{3}=\frac{3\pi}{4}$,即$T=\frac{2\pi}{\omega}=\pi$,则$\omega=2$,由五点法以及点$\left(\frac{\pi}{3},0\right)$,可得$2\times\frac{\pi}{3}+\varphi=\frac{\pi}{2}+2k\pi,k\in\mathbf{Z}$,即$\varphi=-\frac{\pi}{6}+2k\pi,k\in\mathbf{Z}$,则$f(x)=2\cos\left(2x-\frac{\pi}{6}+2k\pi\right)=2\cos\left(2x-\frac{\pi}{6}\right)$.

因为$f\left(-\frac{7\pi}{4}\right)=2\cos\left(-\frac{11\pi}{3}\right)=1,f\left(\frac{4\pi}{3}\right)=2\cos\frac{5\pi}{2}=0$,所以由$\left[f(x)-f\left(-\frac{7\pi}{4}\right)\right]\left[f(x)-f\left(\frac{4\pi}{3}\right)\right]>0$可得$f(x)>1$或$f(x)<0$.因为$f(1)=2\cos\left(2-\frac{\pi}{6}\right)<2\cos\left(\frac{\pi}{2}-\frac{\pi}{6}\right)=1$,所以结合图形可知,最小正整数应该满足$f(x)<0$.又$f(2)=2\cos\left(4-\frac{\pi}{6}\right)<0$,符合题意,可得满足条件的最小正整数$x$为2.

典例3 (2016年全国Ⅰ卷理12)已知函数$f(x)=\sin(\omega x+\varphi)\left(\omega>0,|\varphi|\leqslant\frac{\pi}{2}\right)$,$x=-\frac{\pi}{4}$为$f(x)$的一个零点,$x=\frac{\pi}{4}$为$f(x)$的一条对称轴,且$f(x)$在$\left(\frac{\pi}{18},\frac{5\pi}{36}\right)$上单调,则$\omega$的最大值为 ( )

A. 11　　B. 9　　C. 7　　D. 5

关键点击 直击靶心

1. 深刻理解正弦曲线的性质,能将这种理解迁移到对一般三角函数性质的研究中.

2. 善于深入挖掘已知条件中隐含的丰富内涵,具备对所求结果进行检验的意识.

图析路径 思维可视

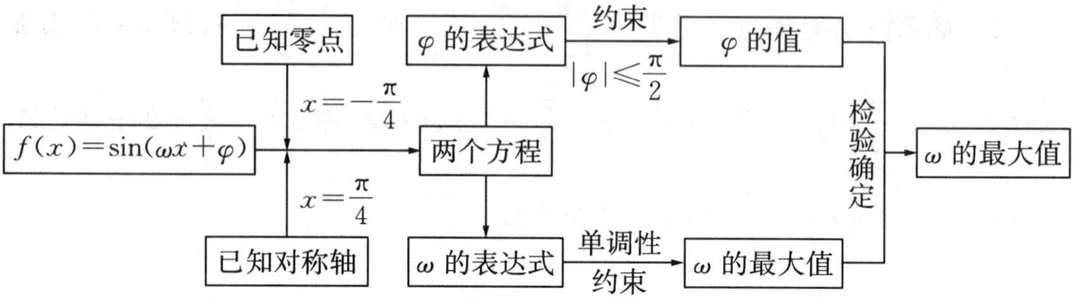

首先抓住零点和对称轴这两个已知条件，构建关于 ω 及 φ 的两个方程，进而将这两个未知量用含 k 的表达式表示；其次根据显性条件 $|\varphi|\leqslant\frac{\pi}{2}$ 确定 φ 的值，抓住给定区间上的单调性挖掘出隐含条件，即半个周期要大于或等于该单调区间长度，进而约束 ω 的范围，确定其最大值；最后将所求得的最大值代回函数中验证函数在 $\left(\frac{\pi}{18},\frac{5\pi}{36}\right)$ 上单调递减.

规范解答 精准示范

B **解析：**由 $x=-\frac{\pi}{4}$ 为 $f(x)$ 的零点，有 $-\frac{\pi}{4}\omega+\varphi=k_1\pi(k_1\in\mathbf{Z})$ ①，由 $x=\frac{\pi}{4}$ 为 $f(x)$ 的对称轴，有 $\frac{\pi}{4}\omega+\varphi=k_2\pi+\frac{\pi}{2}(k_2\in\mathbf{Z})$ ②，联立①②可得 $\varphi=\frac{(k_1+k_2)\pi}{2}+\frac{\pi}{4}$，又因为 $|\varphi|\leqslant\frac{\pi}{2}$，所以 $\varphi=\pm\frac{\pi}{4}$. 由 $f(x)$ 在 $\left(\frac{\pi}{18},\frac{5\pi}{36}\right)$ 上单调，有 $\frac{5\pi}{36}-\frac{\pi}{18}\leqslant\frac{T}{2}=\frac{\pi}{\omega}$，可得 $0<\omega\leqslant12$.

当 $\varphi=\frac{\pi}{4}$ 时，代入①②可得 $\omega=4k+1(k\in\mathbf{Z})$，则 $\omega_{\max}=9$，此时 $f(x)=\sin\left(9x+\frac{\pi}{4}\right)$，在 $\left(\frac{\pi}{18},\frac{5\pi}{36}\right)$ 上单调递减，符合题意；当 $\varphi=-\frac{\pi}{4}$ 时，代入①②可得 $\omega=4k+3(k\in\mathbf{Z})$，则 $\omega_{\max}=11$，此时 $f(x)=\sin\left(11x-\frac{\pi}{4}\right)$，在 $\left(\frac{\pi}{18},\frac{5\pi}{36}\right)$ 上不单调，舍去.

综上，可知选 B.

典例 4 (2019 年全国Ⅰ卷理 11)关于函数 $f(x)=\sin|x|+|\sin x|$，有下述四个结论:① $f(x)$是偶函数;② $f(x)$在区间$\left(\frac{\pi}{2},\pi\right)$上单调递增;③ $f(x)$在$[-\pi,\pi]$上有 4 个零点;④ $f(x)$的最大值为 2.

其中所有正确结论的编号是 ( )

A. ①②④ B. ②④ C. ①④ D. ①③

关键点击 直击靶心

1. 熟悉研究陌生函数的一般方法，能抓住性质对函数进行化简.
2. 能画出函数简图，善于利用数形结合的思想解决问题.

图析路径 思维可视

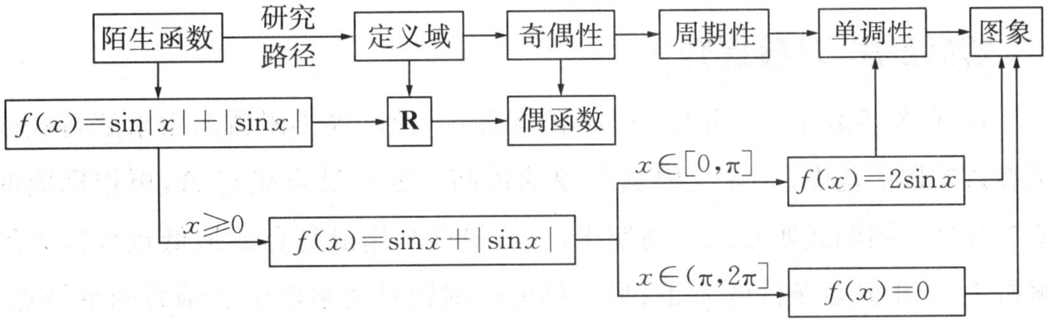

首先，明晰研究陌生函数的一般路径;其次，明确奇偶性后，可研究函数在$[0,+\infty)$上的性质.结合对正弦函数 $y=\sin x$ 的认识，实施分类讨论，去绝对值，进而既可研究出函数在给定区间上的性质，又可画出函数的简图来清晰地展示函数的性质.

规范解答 精准示范

C **解析**:因为 $f(-x)=\sin|-x|+|\sin(-x)|=\sin|x|+|\sin x|=$

$f(x)$，所以 $f(x)$ 为偶函数，故①正确；当 $\frac{\pi}{2}<x<\pi$ 时，$f(x)=2\sin x$，在 $\left(\frac{\pi}{2},\pi\right)$ 上单调递减，故②错误；当 $0\leqslant x\leqslant\pi$ 时，$f(x)=2\sin x$，它有两个零点，分别为 $0,\pi$，由 $f(x)$ 为偶函数，可知当 $-\pi\leqslant x<0$ 时，它有一个零点为 $-\pi$，故 $f(x)$ 在 $[-\pi,\pi]$ 有 3 个零点，故③错误；当 $x\in[2k\pi,2k\pi+\pi](k\in\mathbf{N}^*)$ 时，$f(x)=2\sin x$，当 $x\in[2k\pi+\pi,2k\pi+2\pi](k\in\mathbf{N}^*)$ 时，$f(x)=\sin x-\sin x=0$，又 $f(x)$ 为偶函数，所以 $f(x)$ 的最大值为 2，故④正确.综上所述，①④正确，故选 C.

亦可画出函数 $f(x)=\sin|x|+|\sin x|$ 的图象，如图 21－2，由图象可得①④正确，故选 C.

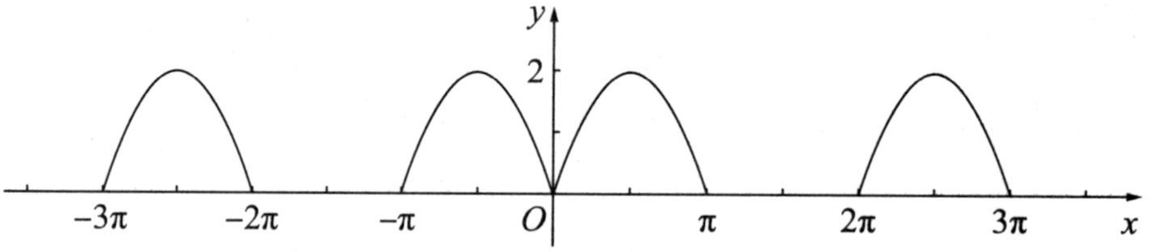

图 21－2

解后反思　迁移提升

1. 有关函数 $y=A\sin(\omega x+\varphi)$ 的问题：一种是提供函数图象求解析式或某参数的取值范围，一般先根据图象的最高点或最低点确定 A，再根据周期或二分之一周期或四分之一周期求出 ω，最后利用最高点或最低点坐标满足解析式，求出满足条件的 φ 值；另一种是根据题目文字给出的函数图象特点，如对称轴或对称中心等，构建待定的参变量方程，同时还要善于挖掘隐含条件，譬如根据单调区间的长度来约束周期大小进而约束 ω 等.

2. 研究与三角函数有关的陌生函数的性质问题，一般按照如下顺序：定义域→奇偶性→周期性→单调性→画出函数简图.

3. 研究一般的三角函数主要采取由特殊到一般的数学思想，即将研究正弦(或余弦)曲线的方法推广到研究更一般的三角函数，将正弦(或余弦)曲线的特殊性质迁移到更一般的三角函数的性质.

22. 察式观异 整体联系

三角恒等变换是高考的一个重要考点，主要涉及变角与变式.对于变角和变式，除了掌握和、差及倍角公式，还要掌握一些必要的拆角、配角技巧，抓住条件与结论当中的角度差异，利用公式化异角为同角，巧妙变角、变式，这样可以简化三角函数的运算.拆角、配角、变形的过程体现了整体与局部之间的关系，是连接题目条件与待求结论间的纽带.变角与变形是三角函数求值、化简的一种常用方法.

典例 1 若 $\sin\left(\alpha+\frac{3\pi}{4}\right)=\frac{5}{13}$，$\cos\left(\frac{\pi}{4}-\beta\right)=\frac{3}{5}$，且 $0<\alpha<\frac{\pi}{4}<\beta<\frac{3\pi}{4}$，求 $\cos(\alpha+\beta)$ 的值.

关键点击 直击靶心

1. 能观察到所求角与已知角之间的联系，灵活运用配角思想合理变形.

2. 熟练掌握两角和、差公式，倍角公式及诱导公式，正确判定角的终边位置.

图析路径 思维可视

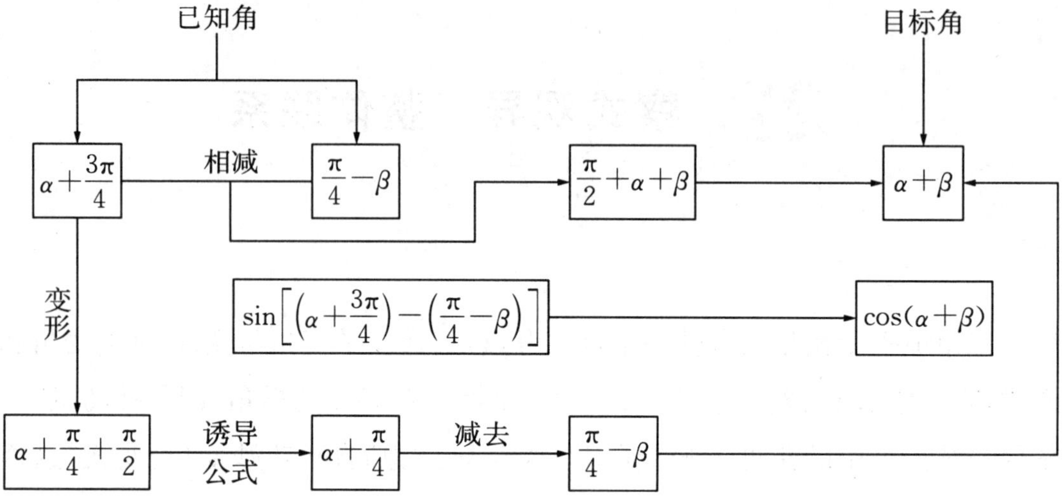

将“所求角”用条件中的两个“已知角”来表示，常规做法是直接相减，本题直接相减后得到$\frac{\pi}{2}+\alpha+\beta$，对照目标，可知求正弦值，再用诱导公式化简即得.但在三角函数化简、求值问题中，往往可先将较大的角用诱导公式化小，如将$\sin\left(\alpha+\frac{3\pi}{4}\right)$化为$\cos\left(\alpha+\frac{\pi}{4}\right)$，然后用$\alpha+\frac{\pi}{4}$与$\frac{\pi}{4}-\beta$相减，最后利用两角差的余弦公式求得$\cos(\alpha+\beta)$.

规范解答 精准示范

解：$\sin\left(\alpha+\frac{3\pi}{4}\right)=\sin\left(\alpha+\frac{\pi}{2}+\frac{\pi}{4}\right)=\cos\left(\alpha+\frac{\pi}{4}\right)=\frac{5}{13}$，由$0<\alpha<\frac{\pi}{4}$，得$\frac{\pi}{4}<\alpha+\frac{\pi}{4}<\frac{\pi}{2}$，故$\sin\left(\alpha+\frac{\pi}{4}\right)=\sqrt{1-\cos^2\left(\alpha+\frac{\pi}{4}\right)}=\frac{12}{13}$.

$\frac{\pi}{4}<\beta<\frac{3\pi}{4}$，则$-\frac{\pi}{2}<\frac{\pi}{4}-\beta<0$，故$\sin\left(\frac{\pi}{4}-\beta\right)=-\sqrt{1-\cos^2\left(\frac{\pi}{4}-\beta\right)}=-\frac{4}{5}$.

则$\cos(\alpha+\beta)=\cos\left[\left(\alpha+\frac{\pi}{4}\right)-\left(\frac{\pi}{4}-\beta\right)\right]=\cos\left(\alpha+\frac{\pi}{4}\right)\cos\left(\frac{\pi}{4}-\beta\right)+\sin\left(\alpha+\frac{\pi}{4}\right)\sin\left(\frac{\pi}{4}-\beta\right)=\frac{5}{13}\times\frac{3}{5}+\frac{12}{13}\times\left(-\frac{4}{5}\right)=-\frac{33}{65}$.

典例 2 已知 $\alpha,\beta\in\left(0,\frac{\pi}{2}\right)$，且 $\sin(\alpha+2\beta)=\frac{7}{5}\sin\alpha$.

(1) 求证：$\tan(\alpha+\beta)=6\tan\beta$；

(2) 若 $\tan\alpha=3\tan\beta$，求 α 的值.

关键点击 直击靶心

1. 充分观察已知条件与所求目标之间的联系，能将条件中的角转化为用要求角表示.

2. 善于运用消元思想将已知条件转化为仅含 α 的方程来实现问题的求解.

图析路径 思维可视

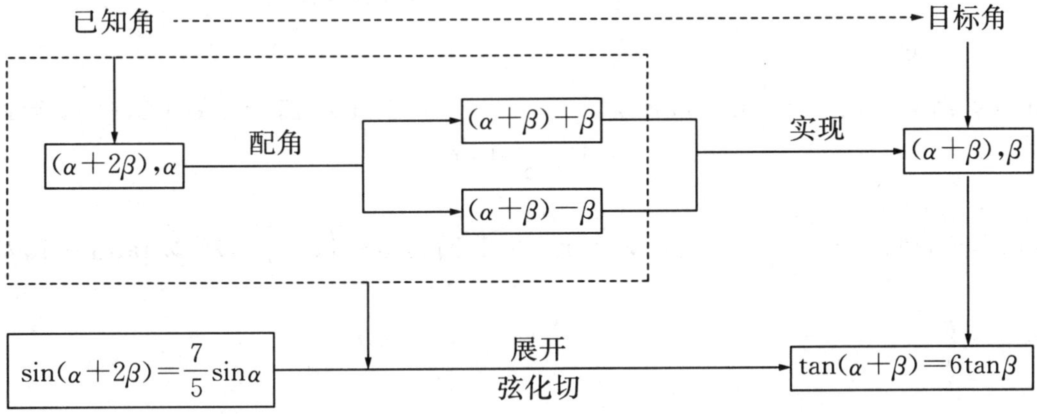

由于已知的是 $\alpha+2\beta$ 与 α 两个角的等量关系，而要探求的是 $\alpha+\beta$ 与 β 的关系，故尝试通过配角的方法将已知的角用要求的角来表示.把 $\alpha+\beta$ 看作整体，借助两角和、差公式将条件中的等式展开，可得关于 $\alpha+\beta$ 与 β 的正弦与余弦的方程，再同除 $\cos(\alpha+\beta)\cos\beta$，问题(1)即可得证.结合第(2)问条件，将第(1)问证明的等式展开并消元，即可求得 α.

规范解答　精准示范

解:(1) 证明:因为 $\sin(\alpha+2\beta)=\frac{7}{5}\sin\alpha$,所以 $\sin[(\alpha+\beta)+\beta]=\frac{7}{5}\sin[(\alpha+\beta)-\beta]$,所以 $\sin(\alpha+\beta)\cos\beta+\cos(\alpha+\beta)\sin\beta=\frac{7}{5}\sin(\alpha+\beta)\cos\beta-\frac{7}{5}\cos(\alpha+\beta)\sin\beta$,所以 $\sin(\alpha+\beta)\cos\beta=6\cos(\alpha+\beta)\sin\beta$　①.

因为 $\alpha,\beta\in\left(0,\frac{\pi}{2}\right)$,所以 $\alpha+\beta\in(0,\pi)$.若 $\cos(\alpha+\beta)=0$,因为 $\cos\beta\neq0$,则由①得 $\sin(\alpha+\beta)=0$,与 $\alpha+\beta\in(0,\pi)$ 矛盾,所以 $\cos(\alpha+\beta)\neq0$.又由 $\beta\in\left(0,\frac{\pi}{2}\right)$,得 $\cos\beta\neq0$.

将①两边同时除以 $\cos(\alpha+\beta)\cos\beta$,得 $\tan(\alpha+\beta)=6\tan\beta$.

(2) 由(1)得 $\tan(\alpha+\beta)=6\tan\beta$,即 $\frac{\tan\alpha+\tan\beta}{1-\tan\alpha\tan\beta}=6\tan\beta$.因为 $\tan\alpha=3\tan\beta$,所以 $\tan\beta=\frac{1}{3}\tan\alpha$,所以 $\frac{\frac{4}{3}\tan\alpha}{1-\frac{1}{3}\tan^2\alpha}=2\tan\alpha$.因为 $\alpha\in\left(0,\frac{\pi}{2}\right)$,所以 $\tan\alpha>0$,所以 $\frac{4}{3-\tan^2\alpha}=2$,所以 $\tan^2\alpha=1$.因为 $\alpha\in\left(0,\frac{\pi}{2}\right)$,所以 $\tan\alpha=1$,从而 $\alpha=\frac{\pi}{4}$.

典例 3　已知函数 $f(x)=2\sqrt{3}\sin^2\left(x+\frac{\pi}{4}\right)+2\sin^2x-\sqrt{3}-1$.

(1) 若 $x\in\left[\frac{\pi}{12},\frac{5\pi}{12}\right]$,且 $g(x)=2mf(x)+\sin\left(4x+\frac{\pi}{6}\right)$ 的最大值为 $\frac{3}{2}$,求 m 的值;

(2) 若方程 $f(x)=\frac{3}{2}$ 在区间 $\left[0,\frac{\pi}{2}\right]$ 上的两解分别为 x_1,x_2,求 $\cos(x_1-x_2)$ 的值.

关键点击 直击靶心

1. 合理运用降幂公式、辅助角公式对已知函数解析式进行化简.
2. 明晰所求解析式中角之间的联系，善于运用换元思想.
3. 能够根据已知条件准确判断角的范围.

图析路径 思维可视

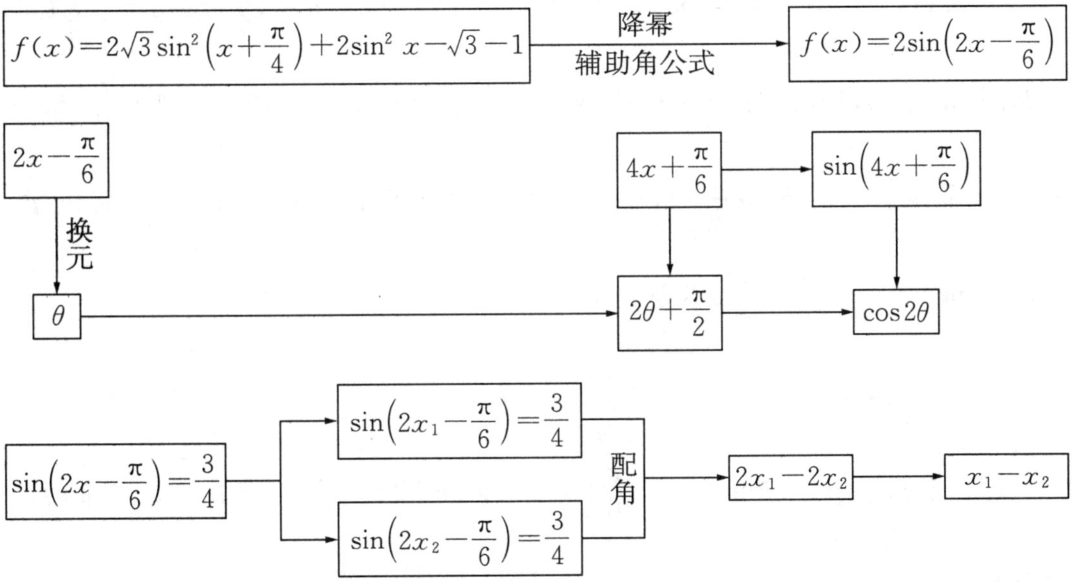

首先借助降幂公式及辅助角公式对函数解析式化简.第(1)问即研究已知角与所求解析式中角的关系，对已知角整体换元，利用倍角关系，将所求角用已知角的整体换元表示；对于第(2)问，可转化为已知两个角的正弦，结合配角思想，可得到 $2x_1-2x_2$，发现是所求角的两倍，进而求得 $\cos(x_1-x_2)$.

规范解答 精准示范

解: $f(x)=2\sqrt{3}\sin^2\left(x+\frac{\pi}{4}\right)+2\sin^2 x-\sqrt{3}-1=\sqrt{3}\left[1-\cos\left(2x+\frac{\pi}{2}\right)\right]-\cos 2x-\sqrt{3}=\sqrt{3}\sin 2x-\cos 2x=2\left(\frac{\sqrt{3}}{2}\sin 2x-\frac{1}{2}\cos 2x\right)=2\sin\left(2x-\frac{\pi}{6}\right)$.

(1) $g(x)=2mf(x)+\sin\left(4x+\frac{\pi}{6}\right)=4m\sin\left(2x-\frac{\pi}{6}\right)+\sin\left(4x+\frac{\pi}{6}\right)$.令 $\theta=2x-\frac{\pi}{6}$,则 $4x+\frac{\pi}{6}=2\theta+\frac{\pi}{2}$,则 $\sin\left(4x+\frac{\pi}{6}\right)=\sin\left(2\theta+\frac{\pi}{2}\right)=\cos 2\theta$,原式化为 $y=4m\sin\theta+\cos 2\theta=-2\sin^2\theta+4m\sin\theta+1$,令 $t=\sin\theta$,因为 $x\in\left[\frac{\pi}{12},\frac{5\pi}{12}\right]$,所以 $\theta=2x-\frac{\pi}{6}\in\left[0,\frac{2\pi}{3}\right]$,$t\in[0,1]$.原式又可化为 $y=-2t^2+4mt+1$,$t\in[0,1]$,对称轴 $t=m$.

当 $m\in(-\infty,0]$时,二次函数在 $t\in[0,1]$上单调递减,$y_{\max}=1\neq\frac{3}{2}$,不合题意.当 $m\in(0,1)$时,可知在对称轴处取得最大值,$y_{\max}=2m^2+1=\frac{3}{2}$,解得 $m=\frac{1}{2}$(负值舍去).当 $m\in[1,+\infty)$时,二次函数在 $t\in[0,1]$上单调递增,$y_{\max}=4m-1=\frac{3}{2}$,$m=\frac{5}{8}$,不合题意.

综上所述,$m=\frac{1}{2}$.

(2) 方程 $f(x)=2\sin\left(2x-\frac{\pi}{6}\right)=\frac{3}{2}$,即 $\sin\left(2x-\frac{\pi}{6}\right)=\frac{3}{4}$在$\left[0,\frac{\pi}{2}\right]$上的两解分别为 x_1,x_2,则 $\sin\left(2x_1-\frac{\pi}{6}\right)=\sin\left(2x_2-\frac{\pi}{6}\right)=\frac{3}{4}$,不妨设 $x_1<x_2$,则 $0<2x_1-\frac{\pi}{6}<\frac{\pi}{2}<2x_2-\frac{\pi}{6}<\frac{5\pi}{6}$.因为 $\cos\left(2x_1-\frac{\pi}{6}\right)=\sqrt{1-\sin^2\left(2x_1-\frac{\pi}{6}\right)}=\frac{\sqrt{7}}{4}$,同理 $\cos\left(2x_2-\frac{\pi}{6}\right)=-\frac{\sqrt{7}}{4}$,所以 $\cos(2x_1-2x_2)=\cos\left[\left(2x_1-\frac{\pi}{6}\right)-\left(2x_2-\frac{\pi}{6}\right)\right]=\cos\left(2x_1-\frac{\pi}{6}\right)\cos\left(2x_2-\frac{\pi}{6}\right)+\sin\left(2x_1-\frac{\pi}{6}\right)\sin\left(2x_2-\frac{\pi}{6}\right)=\frac{1}{8}$,又因为 $x_1,x_2\in\left[0,\frac{\pi}{2}\right]$,$x_1<x_2$,$x_1-x_2\in\left[-\frac{\pi}{2},0\right)$,所以 $\cos(x_1-x_2)=\sqrt{\frac{1+\cos(2x_1-2x_2)}{2}}=\frac{3}{4}$.

解后反思 迁移提升

1. 三角函数的变换遵循“三变”:变角、变函数名称、变结构特征.

2. 角的基本变换思路:(1) 在三角函数化简、求值中,对于相异角,可根据角与角之间的和差、倍半、互补、互余等关系,沟通条件与结论中的角;(2) 利用换元思想,将条件中的角或所要求的角设为 t,将另一角用 t 表示,这样比较容易找到两个角之间的关系.

3. 在三角函数求值过程中,角的取值范围被忽略或不能发现隐含的角的大小关系,会导致出现的增根无法排除.应合理选择三角函数形式进行求解,根据已知条件及计算结果,与特殊角三角函数值比较,不断缩小角的取值范围.

23. 结构识别　边角互化

解三角形一般被认为是较容易的一类问题，然而面对较复杂的解三角形的综合问题，许多人无法越过众多数学思维障碍，导致求解失败．成败的关键是在已知三大定理与一大公式（内角和定理、正弦定理、余弦定理和三角形面积公式）的基础之上，如何识别数学情境中隐藏的代数和三角结构．只有在数学思想的引领下，熟练掌握三角恒等变换，将三大定理与一大公式有机串联起来，融会贯通，相关数学能力才能形成．

典例 1　在$\triangle ABC$中，a,b,c分别为内角A,B,C的对边，$2a\sin A=(2b-c)\sin B+(2c-b)\sin C$，$\sin B+\sin C=\sqrt{3}$，试判断$\triangle ABC$的形状．

关键点击　直击靶心

1．根据正弦定理、余弦定理，由已知条件$2a\sin A=(2b-c)\sin B+(2c-b)\sin C$求得$A$．

2．将$\sin B+\sin C=\sqrt{3}$转化为关于角B的方程，求得B．

图析路径　思维可视

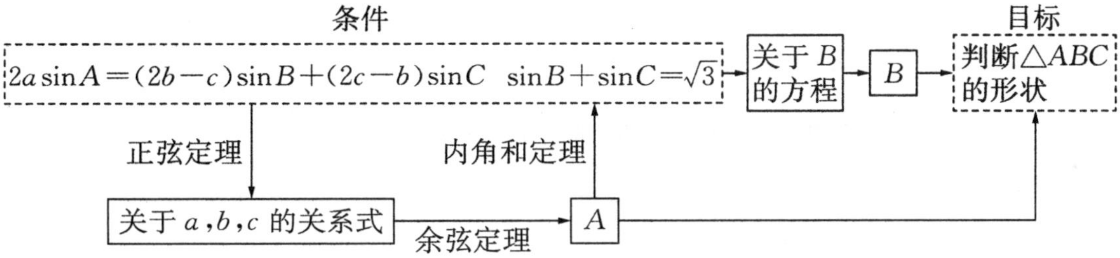

首先将已知条件中所给的边角混合关系式 $2a\sin A=(2b-c)\sin B+(2c-b)\sin C$，通过正弦定理统一为边的关系式，根据该关系式为边的二次形式，故考虑运用余弦定理求得 A 的余弦值，进而确定 A. 在此基础上，由内角和定理明确 $B+C$ 的值，即可将 $\sin B+\sin C=\sqrt{3}$ 转化为关于 B 的方程并求出 B. 结合 A 和 B 即可判断 $\triangle ABC$ 的形状.

规范解答　精准示范

解： 因为 $2a\sin A=(2b-c)\sin B+(2c-b)\sin C$，所以结合正弦定理得 $2a^2=(2b-c)b+(2c-b)c$，即 $bc=b^2+c^2-a^2$，所以 $\cos A=\dfrac{b^2+c^2-a^2}{2bc}=\dfrac{1}{2}$. 因为 $0°<A<180°$，所以 $A=60°$.

因为 $A+B+C=180°$，所以 $B+C=180°-60°=120°$. 由 $\sin B+\sin C=\sqrt{3}$，得 $\sin B+\sin(120°-B)=\sqrt{3}$，即 $\sin B+\sin120°\cos B-\cos120°\sin B=\sqrt{3}$，整理得 $\dfrac{3}{2}\sin B+\dfrac{\sqrt{3}}{2}\cos B=\sqrt{3}$，故 $\sin(B+30°)=1$. 又因为 $0°<B<120°$，所以 $30°<B+30°<150°$，所以 $B+30°=90°$，即 $B=60°$，所以 $A=B=C=60°$，所以 $\triangle ABC$ 为正三角形.

典例 2　已知 G 是 $\triangle ABC$ 的重心，且 $GA\perp GC$. 若 $\dfrac{1}{\tan A}+\dfrac{1}{\tan C}=1$，则 $\tan B$ 的值为________.

关键点击 直击靶心

1. 由已知条件“$GA\perp GC$”推得三角形内角 A,B,C 的关系式.
2. 整理得到关于 B 的方程,从而求得 $\tan B$.

图析路径 思维可视

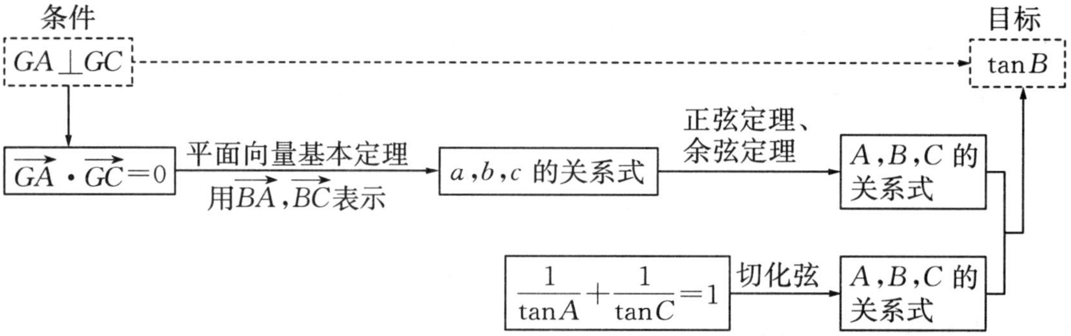

一方面,考虑将“$GA\perp GC$”以“$\overrightarrow{GA}\cdot\overrightarrow{GC}=0$”表示,再利用平面向量基本定理,结合 G 为重心将该式转化为用$\triangle ABC$ 各边所在的向量表示,并根据向量运算性质获得关于 a,b,c 的关系式.由于本题研究的是角 B 的正切值,进而考虑根据正弦定理、余弦定理由边的关系转化为关于角正、余弦的关系式.另一方面利用切化弦,将“$\frac{1}{\tan A}+\frac{1}{\tan C}=1$”表示为关于角的正、余弦的关系式.将上述两式联立,消去 A 和 C,得到关于 B 的方程,求得 $\tan B$.

规范解答 精准示范

$\frac{1}{2}$ **解析:**设$\triangle ABC$ 中 A,B,C 所对的边分别为 a,b,c.由已知 $GA\perp GC$,得$\overrightarrow{GA}\cdot\overrightarrow{GC}=0$,故$(\overrightarrow{BA}-\overrightarrow{BG})\cdot(\overrightarrow{BC}-\overrightarrow{BG})=0$,又因为$\overrightarrow{BG}=\frac{1}{3}(\overrightarrow{BA}+\overrightarrow{BC})$,代入,可得 $5b^2=a^2+c^2$.又由余弦定理,有 $a^2+c^2=b^2+2ac\cos B$,则 $4b^2=2ac\cos B$.根据正弦定理,即得 $2\sin^2 B=\sin A\sin C\cos B$ ①.

由已知 $\frac{1}{\tan A}+\frac{1}{\tan C}=1$，即 $\frac{\cos A}{\sin A}+\frac{\cos C}{\sin C}=\frac{\sin A\cos C+\cos A\sin C}{\sin A\sin C}=\frac{\sin B}{\sin A\sin C}=1$，则 $\sin B=\sin A\sin C$　②.

由①②得 $2\sin^2 B=\sin B\cos B$，因为 $\sin B\neq 0$，所以 $\tan B=\frac{1}{2}$.

典例 3　在$\triangle ABC$中，已知 $\tan B=\frac{\sqrt{2}}{4}$，点 D 在边 BC 上，$BD=3CD$. 若 AD 平分$\angle BAC$，求 $\sin\angle BAD$.

关键点击 直击靶心

明确$\triangle ABC$内角 B 与 C 的关系，并由此确定$\angle BAC$，从而求得 $\sin\angle BAD$.

图析路径 思维可视

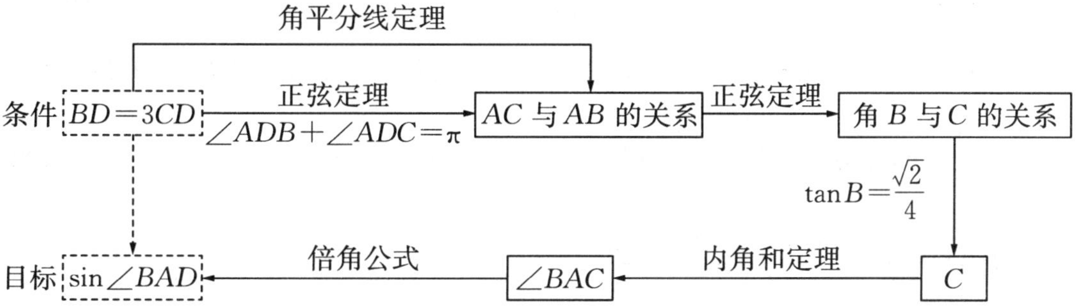

解决本题的关键是明确$\triangle ABC$内角 B 与 C 的关系，同时关注到 B 与 C 也分别是$\triangle ABD$和$\triangle ACD$的内角，故考虑利用正弦定理并利用$\angle ADB$与$\angle ADC$的互补关系得出 AB 与 AC 的关系，进而在$\triangle ABC$中由正弦定理获得内角 B 与 C 的关系. 利用 B 为已知角，不难确定 C，根据内角和定理可求得$\angle BAC$，而所求的$\angle BAC$与$\angle BAD$是倍角关系，从而问题得到解决.

规范解答 精准示范

解：在$\triangle ABD$中，由正弦定理得$\frac{AB}{\sin\angle ADB}=\frac{BD}{\sin\angle BAD}$，得$AB=\frac{BD\sin\angle ADB}{\sin\angle BAD}$.在$\triangle ACD$中，由正弦定理$\frac{AC}{\sin\angle ADC}=\frac{CD}{\sin\angle CAD}$，得$AC=\frac{CD\sin\angle ADC}{\sin\angle CAD}$.

因为AD平分$\angle BAC$，所以$\sin\angle BAD=\sin\angle CAD$.因为$\angle ADB+\angle ADC=\pi$，所以$\sin\angle ADB=\sin(\pi-\angle ADC)=\sin\angle ADC$.所以$\frac{AB}{AC}=\frac{BD}{CD}=3$.

在$\triangle ABC$中，由正弦定理得$\frac{AB}{\sin C}=\frac{AC}{\sin B}$，得$\frac{AB}{AC}=\frac{\sin C}{\sin B}=3$.因为$\tan B=\frac{\sqrt{2}}{4}$，所以$\sin B=\frac{1}{3}$，所以$\sin C=3\sin B=1$，所以$C=\frac{\pi}{2}$.

因为$\cos\angle BAC=\cos\left(\frac{\pi}{2}-\angle CBA\right)=\sin\angle CBA=\frac{1}{3}$，且$\cos\angle BAC=\cos 2\angle BAD=1-2\sin^2\angle BAD$，所以$\sin\angle BAD=\frac{\sqrt{3}}{3}$.

另法：在$\triangle ABD$中，$\frac{\sin B}{AD}=\frac{\sin\angle BAD}{BD}$，即$BD\cdot\sin B=AD\cdot\sin\angle BAD$，同理$CD\cdot\sin C=AD\cdot\sin\angle CAD$.又因为$\angle BAD=\angle CAD$，$BD=3CD$，所以$\sin B=\frac{1}{3}\sin C$.由$\tan B=\frac{\sqrt{2}}{4}$，得$\sin B=\frac{1}{3}$，$\sin C=1$，则$\cos\angle BAC=\frac{1}{3}$.故$\sin\angle BAD=\sqrt{\frac{1-\cos\angle BAC}{2}}=\frac{\sqrt{3}}{3}$.

解后反思 迁移提升

解决三角形中的三角函数关系问题的主要思路就是借助正弦定理、余弦定理进行边、角互化，实现边、角统一.若转化为边的关系式，常常通过因式分解、配方等方法得出边的相应关系；若将已知条件转化为内角的三角函数间的关系，可考虑通过三角恒等变换，得出内角的关系.注意化简时不要两边约去公因式，应考虑移项提取公因式，避免造成漏解.

在多个三角形中解三角形，常把所求放在某个三角形中考虑，分析缺少条件，进而从其他三角形中去突破.常见的模型有“中线(定比分点)模型”和“角平分线模型”，突破口往往是条件相对较多的那个三角形.同时要关注利用公共角或边，建立起三角形相互转化的通道.

24. 多维分析　恰当选择

新高考中以三角形为载体的结构不良问题层出不穷.这些试题的引入增强了试题的开放性,引导我们的思维从知识的习得与记忆更多地转向问题的解决和策略的选择,使得数学应用在思维层面发生.这些问题能深入地考察对问题的观察、分析、比较、判断和把控能力,有效地考察思维的灵活性和建构数学问题、分析问题、解决问题的能力.随着高考命题改革的进一步推进,结构不良试题的命题形式在变化、发展着.从试题结构形式上看,不仅有"条件开放"型问题,还出现了"条件和结论均开放"型问题.不少人求解时,往往也很纠结:"选哪一个,有没有窍门呢?""怎样选更有利于解答?""已知条件是先化简再选取还是选取后再化简?""这类问题的求解策略是什么?"等等.

典例 1　(2020 年北京卷 17)在$\triangle ABC$中,$a+b=11$,再从条件①、条件②中选择一个作为已知条件,求:

(1) a 的值;

(2) $\sin C$ 和$\triangle ABC$的面积.

条件①:$c=7$,$\cos A=-\frac{1}{7}$;条件②:$\cos A=\frac{1}{8}$,$\cos B=\frac{9}{16}$.

(注:如果选择多个条件分别解答,按第一个解答计分.)

关键点击 直击靶心

1. 熟练掌握正弦定理、余弦定理及同角三角函数关系式、两角和差公式.
2. 对每个选项进行分析,找到自己擅长的、熟悉的进行求解.

图析路径 思维可视

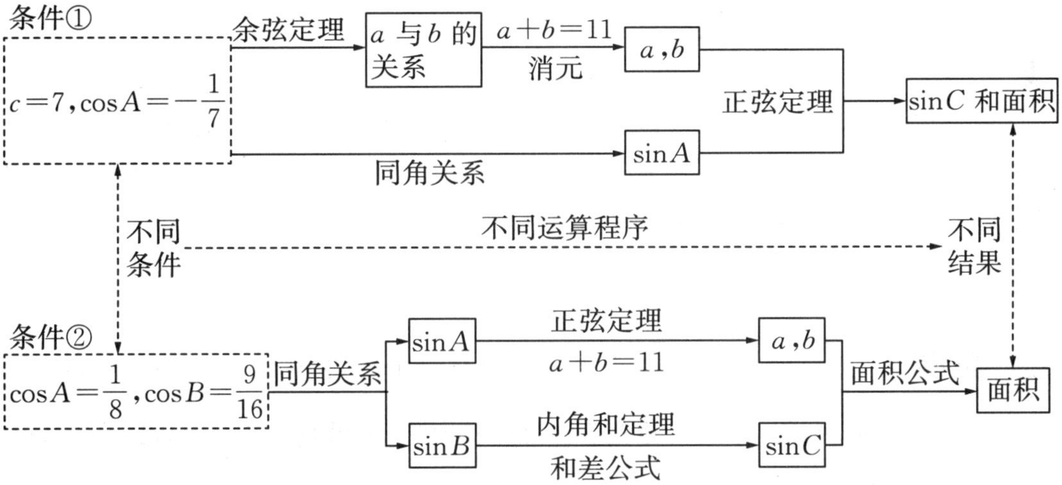

本题需要先对给出的条件进行选择,因此可先对两个条件进行“模拟导航”.对于条件①,给出一边及一角,已知条件是余下两边的关系,故运用余弦定理构造等式,解二次方程,求出边,又由同角关系结合正弦定理得到 $\sin C$,进而求得面积;对于条件②,则需先用同角关系求得 $\sin A$,$\sin B$,再结合正弦定理、内角和定理及两角和差公式得边及 $\sin C$,从而求得面积.

规范解答 精准示范

解:选择条件①:(1) 因为 $c=7,\cos A=-\frac{1}{7}$,$a+b=11$,又根据余弦定理 $a^2=b^2+c^2-2bc\cos A$,所以有 $a^2=(11-a)^2+7^2-2(11-a)\cdot 7\cdot\left(-\frac{1}{7}\right)$,解得 $a=8$.

（2）由 $\cos A=-\frac{1}{7}$，$A\in(0,\pi)$，则 $\sin A=\sqrt{1-\cos^2A}=\frac{4\sqrt{3}}{7}$.由正弦定理得 $\frac{a}{\sin A}=\frac{c}{\sin C}$，有 $\sin C=\frac{\sqrt{3}}{2}$.则 $S=\frac{1}{2}ba\sin C=\frac{1}{2}(11-8)\times 8\times\frac{\sqrt{3}}{2}=6\sqrt{3}$.

选择条件②：（1）因为 $\cos A=\frac{1}{8}$，$\cos B=\frac{9}{16}$，$A,B\in(0,\pi)$，所以 $\sin A=\sqrt{1-\cos^2A}=\frac{3\sqrt{7}}{8}$，$\sin B=\sqrt{1-\cos^2B}=\frac{5\sqrt{7}}{16}$，由正弦定理得 $\frac{a}{\sin A}=\frac{b}{\sin B}$，即 $5a=6b$，又因为 $a+b=11$，所以 $a=6$.

（2）$\sin C=\sin(A+B)=\sin A\cos B+\sin B\cos A=\frac{3\sqrt{7}}{8}\times\frac{9}{16}+\frac{5\sqrt{7}}{16}\times\frac{1}{8}=\frac{\sqrt{7}}{4}$，$S=\frac{1}{2}ba\sin C=\frac{1}{2}(11-6)\times 6\times\frac{\sqrt{7}}{4}=\frac{15\sqrt{7}}{4}$.

典例 2　（2020 年新高考Ⅰ卷 17）现有三个条件：① $ac=\sqrt{3}$；② $c\sin A=3$；③ $c=\sqrt{3}b$.从中任选一个，补充在下面问题中，若问题中的三角形存在，求 c 的值；若问题中的三角形不存在，说明理由.

问题：是不是存在△ABC，它的内角 A,B,C 的对边分别为 a,b,c，且 $\sin A=\sqrt{3}\sin B$，$C=\frac{\pi}{6}$，________？（注：如果选择多个条件分别解答，按第一个解答计分.）

关键点击　直击靶心

1. 抓住三角形中隐含的等量关系，运用等量关系进行消元、化简.
2. 充分分析已知条件，形成明确的结论，再对选项进行比较.

图析路径 思维可视

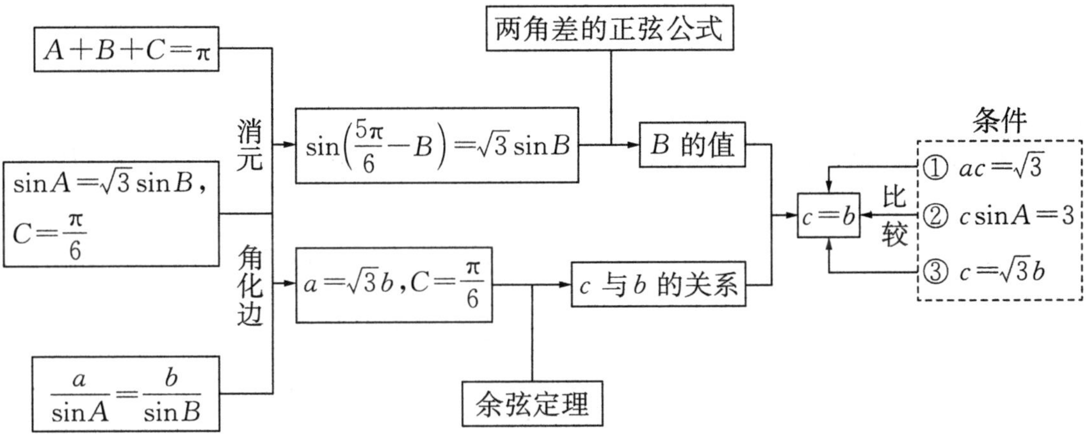

首先抓住题干中的已知条件，再结合三角形中隐含的等量关系(内角和定理、正弦定理)对已知条件进行分析.有两种研究途径：一是消元后只剩下角 B，利用两角差的正弦公式展开，可求出角 B；二是用正弦定理化角为边，再用余弦定理变形，找到 b 与 c 的关系.殊途同归，得到 $b=c$，再在给出的 3 个待选条件中任选一个，问题便迎刃而解.对三个条件进行比较，可发现选条件③更为方便得到结论.

规范解答 精准示范

解：方法 1：在 $\triangle ABC$ 中，$A+B+C=\pi$，$C=\frac{\pi}{6}$，则 $A=\frac{5\pi}{6}-B$，由 $\sin A=\sqrt{3}\sin B$，有 $\sin\left(\frac{5\pi}{6}-B\right)=\sqrt{3}\sin B$，展开得 $\frac{1}{2}\cos B+\frac{\sqrt{3}}{2}\sin B=\sqrt{3}\sin B$，即 $\frac{1}{2}\cos B=\frac{\sqrt{3}}{2}\sin B>0$，则 $\tan B=\frac{\sqrt{3}}{3}$.因为 $0<B<\pi$，所以 $B=\frac{\pi}{6}$.又因为 $C=\frac{\pi}{6}$，所以 $B=C$，$b=c$.

若选①：对于 $\sin A=\sqrt{3}\sin B$，由正弦定理 $\frac{a}{\sin A}=\frac{b}{\sin B}$，有 $a=\sqrt{3}b$.联立

$\begin{cases}b=c,\\ a=\sqrt{3}b,\\ ac=\sqrt{3},\end{cases}$解得$\begin{cases}b=1,\\ a=\sqrt{3},\\ c=1.\end{cases}$故存在这样的三角形，且 $c=1$.

若选②：可知 $A=\frac{2\pi}{3}$，$\sin A=\frac{\sqrt{3}}{2}$，则 $b=c=2\sqrt{3}$.对于 $\sin A=\sqrt{3}\sin B$，由正弦定理$\frac{a}{\sin A}=\frac{b}{\sin B}$，有 $a=\sqrt{3}b$，$a=6$.故存在这样的三角形，且 $c=2\sqrt{3}$.

若选③：与 $b=c$ 矛盾，故不存在这样的三角形.

方法 2：对于 $\sin A=\sqrt{3}\sin B$，由正弦定理$\frac{a}{\sin A}=\frac{b}{\sin B}$，有 $a=\sqrt{3}b$，又因为 $C=\frac{\pi}{6}$，由余弦定理 $c^2=a^2+b^2-2ab\cos C$，所以 $c^2=(\sqrt{3}b)^2+b^2-2\sqrt{3}b^2\times\frac{\sqrt{3}}{2}$，即 $c=b$.

余下同方法 1.

典例 3 在△ABC 中，内角 A，B，C 所对的边分别为 a，b，c，$\frac{\sqrt{3}}{2}b+a\cos B=c$.从条件①②中找出能使得△$ABC$ 唯一确定的条件，并求边 BC 上的高 h.

条件①：$a=2$，$\sin C=\frac{\sqrt{2}}{2}$；条件②：$a=\sqrt{7}$，$b=\sqrt{3}$.

关键点击 直击靶心

1. 熟练运用正弦定理、余弦定理实现边角互化，准确判断角的范围，对角进行取舍.

2. 分析①②两个条件，获得明确结论，形成明确认识.

图析路径 思维可视

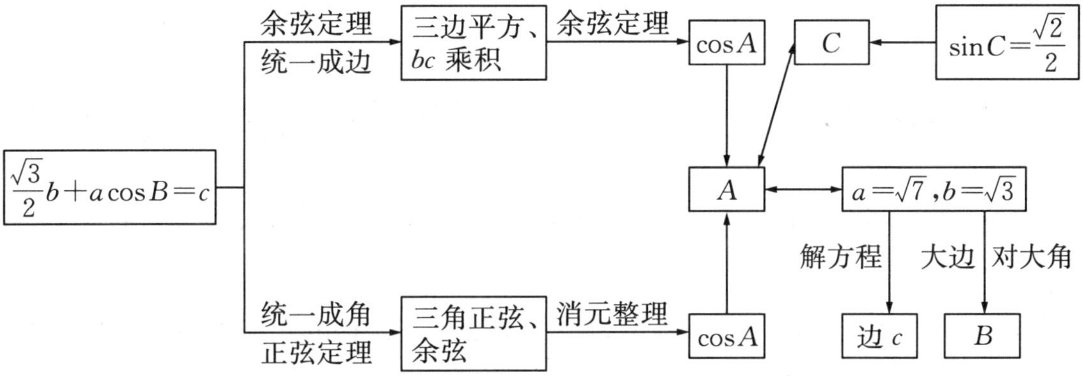

本题题干中给出边角混合式，一般有两种途径化简：一是统一成角，二是统一成边.两种处理殊途同归，均能得到角 A.再对①②分别进行分析，对于条件①，由于是特殊角的三角函数值，易得角 C，结合内角和定理可进行判断；对于条件②，给出两边，既可以选择余弦定理构造关于 c 的方程求解判断，又可以选择正弦定理解得 $\sin B$，根据大边对大角的原则进行判断.

规范解答 精准示范

解：方法 1：在$\triangle ABC$ 中，由余弦定理，得 $\cos B=\dfrac{a^2+c^2-b^2}{2ac}$.又因为 $a\cos B+\dfrac{\sqrt{3}}{2}b=c$，所以 $a\cdot\dfrac{a^2+c^2-b^2}{2ac}+\dfrac{\sqrt{3}}{2}b=c$，化简得 $a^2-b^2-c^2+\sqrt{3}bc=0$.

由余弦定理，得 $\cos A=\dfrac{b^2+c^2-a^2}{2bc}=\dfrac{\sqrt{3}}{2}$.又因为 $0<A<\pi$，所以 $A=\dfrac{\pi}{6}$.

对于条件①：因为 $0<C=\pi-\dfrac{\pi}{6}-B<\dfrac{5\pi}{6}$，$\sin C=\dfrac{\sqrt{2}}{2}$，所以 $C=\dfrac{\pi}{4}$或 $C=\dfrac{3\pi}{4}$，所以$\triangle ABC$ 不能唯一确定，不合题意.

对于条件②：将 $a=\sqrt{7}$，$b=\sqrt{3}$ 代入 $a^2-b^2-c^2+\sqrt{3}bc=0$，得 $c^2-3c-4=0$，解得 $c=4$（$c=-1$ 舍去），$\triangle ABC$ 唯一确定.因为$\triangle ABC$ 的面积为 $S=$

$\frac{1}{2}bc\sin A=\frac{1}{2}ah$，所以 $h=\frac{bc\sin A}{a}=\frac{4\sqrt{3}\sin\frac{\pi}{6}}{\sqrt{7}}=\frac{2\sqrt{21}}{7}$.

方法 2：因为$\frac{\sqrt{3}}{2}b+a\cos B=c$，由正弦定理$\frac{a}{\sin A}=\frac{b}{\sin B}=\frac{c}{\sin C}$，及 $C=\pi-(A+B)$，得 $\sin A\cos B+\frac{\sqrt{3}}{2}\sin B=\sin C=\sin(A+B)$，即 $\sin A\cos B+\frac{\sqrt{3}}{2}\sin B=\sin A\cos B+\cos A\sin B$，即$\frac{\sqrt{3}}{2}\sin B=\cos A\sin B$. 因为在$\triangle ABC$ 中，$\sin B>0$，所以 $\cos A=\frac{\sqrt{3}}{2}$，又因为 $0<A<\pi$，所以 $A=\frac{\pi}{6}$.

对于条件①：因为 $0<C=\pi-\frac{\pi}{6}-B<\frac{5\pi}{6}$，$\sin C=\frac{\sqrt{2}}{2}$，所以 $C=\frac{\pi}{4}$或 $C=\frac{3\pi}{4}$，所以$\triangle ABC$ 不唯一确定，不合题意.

对于条件②：因为 $a=\sqrt{7}$，$b=\sqrt{3}$，由正弦定理，得$\frac{\sqrt{7}}{\sin\frac{\pi}{6}}=\frac{\sqrt{3}}{\sin B}$，所以 $\sin B=\frac{\sqrt{3}}{2\sqrt{7}}$. 又因为 $a>b$，所以 $0<B<A<\frac{\pi}{6}$，所以 B 唯一确定，$\triangle ABC$ 能唯一确定. 此时 $\cos B=\frac{5}{2\sqrt{7}}$，$\sin C=\sin\left(\pi-\frac{\pi}{6}-B\right)=\sin\left(\frac{\pi}{6}+B\right)=\frac{1}{2}\times\frac{5}{2\sqrt{7}}+\frac{\sqrt{3}}{2}\times\frac{\sqrt{3}}{2\sqrt{7}}=\frac{2}{\sqrt{7}}$，$h=b\sin C=\sqrt{3}\times\frac{2}{\sqrt{7}}=\frac{2\sqrt{21}}{7}$.

解后反思 迁移提升

以三角形为载体的结构不良问题的求解策略：(1) 弄清已知条件是什么；(2) 对已知条件进行转化、变形并化简；(3) 根据转化后的条件，看看还需要什么条件；(4) 分析待选条件，进行初步判断，一看待选条件中有没有和已知条件相矛盾的，二看哪一个待选条件与已知条件联立较简洁（字母较少，容易运算），三看哪个待选条件较简洁.

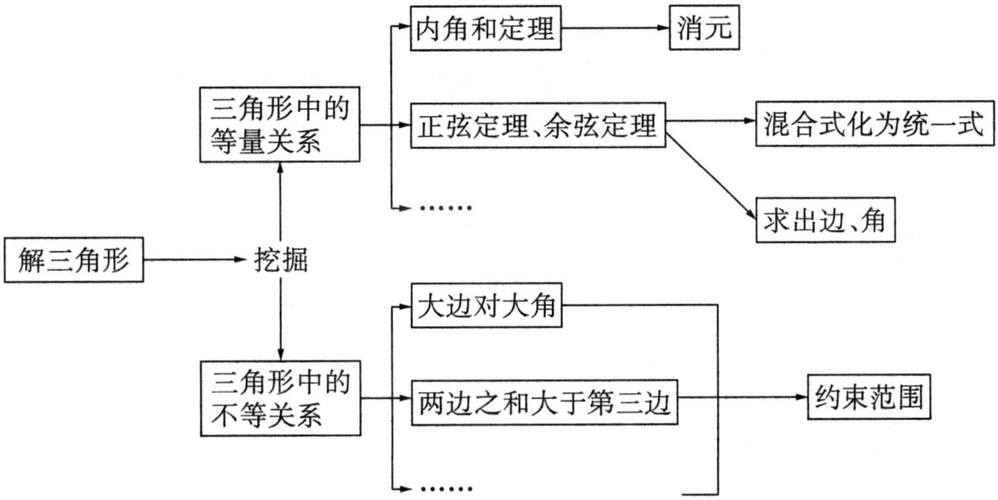

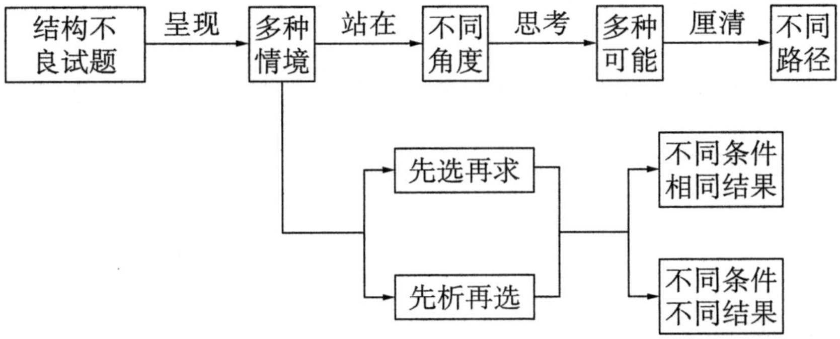

25. 巧设变量　求解值域

三角函数的本质是函数.解决与解三角形有关的最值问题时,要紧扣本质,依托三角恒等变换,将问题转化为求关于角或边的函数的最值,依托角或边的取值范围,求出相关的取值范围或最值.

典例 1　(2019 年全国Ⅲ卷理 18 节选)$\triangle ABC$ 的内角 A,B,C 的对边分别为 a,b,c,已知 $a\sin\dfrac{A+C}{2}=b\sin A$.若$\triangle ABC$ 为锐角三角形,且 $c=1$,求$\triangle ABC$ 面积的取值范围.

关键点击　直击靶心

1. 由条件入手,利用正弦定理、倍角公式等进行转化,确定$\triangle ABC$ 的内角 B,进而明确研究$\triangle ABC$ 面积的表达式.

2. 根据面积公式将面积的取值范围转化为 a 的取值范围,并由已知条件确定取值范围.

图析路径　思维可视

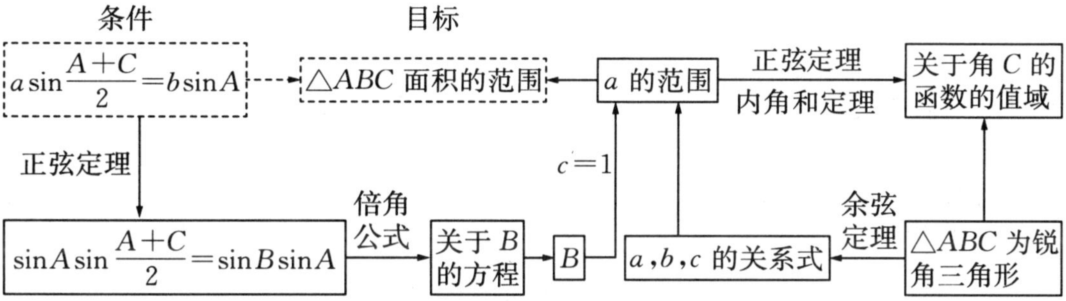

由正弦定理，将已知条件“$a\sin\dfrac{A+C}{2}=b\sin A$”转化为角的关系式，再结合倍角公式、诱导公式整理得关于角 B 的方程，求得 B，进而由三角形面积公式 $S=\dfrac{1}{2}ac\sin B$ 可知研究面积的取值范围即研究 a 的取值范围.

一方面可考虑由正弦定理 $a=\dfrac{c\sin A}{\sin C}$，将目标转化为研究内角的三角函数值，再由内角和定理将 A 用 C 表示，最终转化为关于 C 的函数，并根据△ABC 为锐角三角形确定函数值域.另一方面考虑△ABC 为锐角三角形，运用余弦定理表示出 a,b,c 的关系式，通过消元获得关于 a 的不等关系式，进而确定 a 的范围，解决问题.

规范解答　精准示范

解：根据题意 $a\sin\dfrac{A+C}{2}=b\sin A$，由正弦定理得 $\sin A\sin\dfrac{A+C}{2}=\sin B\sin A$.因为 $0<A<\pi$，所以 $\sin A>0$，则 $\sin\dfrac{A+C}{2}=\sin B$.而 $A+B+C=\pi$，故 $\sin\dfrac{\pi-B}{2}=\sin B$，由诱导公式及倍角公式可得 $\cos\dfrac{B}{2}=2\sin\dfrac{B}{2}\cos\dfrac{B}{2}$，因为 $0<B<\pi$，即 $0<\dfrac{B}{2}<\dfrac{\pi}{2}$，所以 $\cos\dfrac{B}{2}\neq0$，所以 $\sin\dfrac{B}{2}=\dfrac{1}{2}$，所以 $\dfrac{B}{2}=\dfrac{\pi}{6}$，即 $B=\dfrac{\pi}{3}$.因为 $c=1$，所以由三角形面积公式有 $S_{\triangle ABC}=\dfrac{1}{2}ac\sin B=\dfrac{\sqrt{3}}{4}a$.

方法 1：由 $A+B+C=\pi$ 可得 $A=\frac{2\pi}{3}-C$，又由正弦定理 $\frac{a}{\sin A}=\frac{c}{\sin C}$，则

$S_{\triangle ABC}=\frac{\sqrt{3}}{4}\cdot\frac{c\sin A}{\sin C}=\frac{\sqrt{3}}{4}\cdot\frac{\sin\left(\frac{2\pi}{3}-C\right)}{\sin C}=\frac{\sqrt{3}}{4}\cdot\frac{\sin\frac{2\pi}{3}\cos C-\cos\frac{2\pi}{3}\sin C}{\sin C}=$

$\frac{\sqrt{3}}{4}\left(\sin\frac{2\pi}{3}\frac{1}{\tan C}-\cos\frac{2\pi}{3}\right)=\frac{3}{8\tan C}+\frac{\sqrt{3}}{8}$.

因为 $\triangle ABC$ 是锐角三角形，所以 $\begin{cases}0<C<\frac{\pi}{2},\\0<\frac{2\pi}{3}-C<\frac{\pi}{2},\end{cases}$ 解得 $\frac{\pi}{6}<C<\frac{\pi}{2}$，所以

$\tan C>\frac{\sqrt{3}}{3}$，所以 $\frac{\sqrt{3}}{8}<\frac{3}{8\tan C}+\frac{\sqrt{3}}{8}<\frac{\sqrt{3}}{2}$，所以 $\frac{\sqrt{3}}{8}<S_{\triangle ABC}<\frac{\sqrt{3}}{2}$，所以 $S_{\triangle ABC}$ 的

取值范围是 $\left(\frac{\sqrt{3}}{8},\frac{\sqrt{3}}{2}\right)$.

方法 2：由余弦定理可得 $b^2=a^2+c^2-2ac\cos B$，即 $b^2=a^2-a+1$，因为

$\triangle ABC$ 是锐角三角形，所以 $\begin{cases}b^2+c^2>a^2,\\a^2+b^2>c^2,\end{cases}$ 即 $\begin{cases}a^2-a+1+1>a^2,\\a^2+a^2-a+1>1,\end{cases}$ 解得 $\frac{1}{2}<a<$

2，所以 $\frac{\sqrt{3}}{8}<\frac{\sqrt{3}}{4}a<\frac{\sqrt{3}}{2}$，所以 $S_{\triangle ABC}$ 的取值范围是 $\left(\frac{\sqrt{3}}{8},\frac{\sqrt{3}}{2}\right)$.

典例 2 （2022 年全国甲卷理 16）已知在 $\triangle ABC$ 中，点 D 在边 BC 上，$\angle ADB=120°$，$AD=2$，$CD=2BD$. 当 $\frac{AC}{AB}$ 取得最小值时，$BD=$________.

关键点击 直击靶心

将 $\frac{AC}{AB}$ 转化为关于 BD 的函数.

图析路径　思维可视

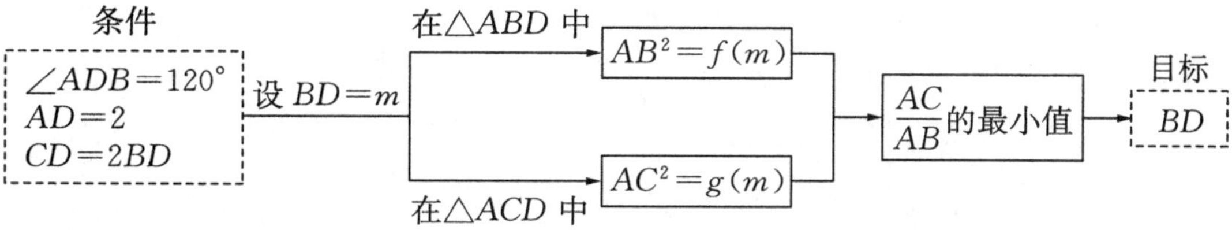

由已知条件，考虑设 $BD=m$，则在 $\triangle ABD$ 中，可由余弦定理用 BD 表示 AB^2，即 $AB^2=f(m)$；在 $\triangle ACD$ 中，由 $\angle ADC=60^\circ$，利用余弦定理用 BD 表示 AC^2，即 $AC^2=g(m)$. 进而将 $\dfrac{AC}{AB}$ 表示为关于 m 的函数 $h(m)$，通过研究 $h(m)$ 的最小值从而解决问题.

规范解答　精准示范

$\sqrt{3}-1$　**解析：** 设 $BD=m$，则 $CD=2m$，在 $\triangle ABD$ 中，由余弦定理得 $AB^2=BD^2+AD^2-2BD\cdot AD\cos\angle ADB=m^2+4+2m$.

在 $\triangle ACD$ 中，易知 $\angle ADC=180^\circ-\angle ADB=60^\circ$，再由余弦定理得 $AC^2=CD^2+AD^2-2CD\cdot AD\cos\angle ADC=4m^2+4-4m$.

因此 $\dfrac{AC^2}{AB^2}=\dfrac{4m^2+4-4m}{m^2+4+2m}=\dfrac{4(m^2+4+2m)-12(m+1)}{m^2+4+2m}=4-\dfrac{12}{\dfrac{m^2+4+2m}{m+1}}=4-\dfrac{12}{\dfrac{(m+1)^2+3}{m+1}}=4-\dfrac{12}{m+1+\dfrac{3}{m+1}}\geqslant 4-\dfrac{12}{2\sqrt{(m+1)\cdot\dfrac{3}{m+1}}}=4-2\sqrt{3}$. 当且仅当 $m+1=\dfrac{3}{m+1}$，即 $m=\sqrt{3}-1$ 时，等号成立. 故当 $\dfrac{AC}{AB}$ 取最小值时，$BD=\sqrt{3}-1$.

典例 3　(2022 年新高考Ⅰ卷 18 节选) 记 $\triangle ABC$ 的内角 A,B,C 的对边分别为 a,b,c，已知 $\dfrac{\cos A}{1+\sin A}=\dfrac{\sin 2B}{1+\cos 2B}$. 求 $\dfrac{a^2+b^2}{c^2}$ 的最小值.

关键点击 直击靶心

1. 通过已知条件推得三角形内角 A,B,C 的关系.

2. 将$\frac{a^2+b^2}{c^2}$转化为关于角 B 的函数.

图析路径 思维可视

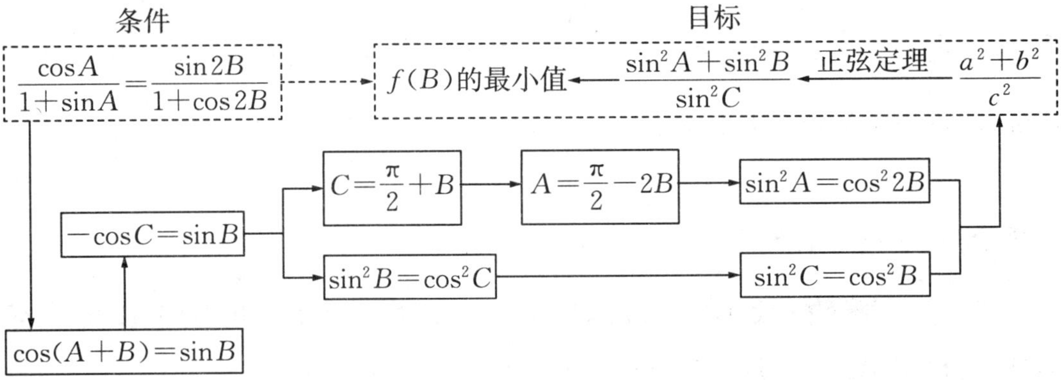

利用倍角公式,可将已知条件转化为 $\cos(A+B)=\sin B$,进而根据内角和定理得到$-\cos C=\sin B$,由此考虑利用正弦定理将目标$\frac{a^2+b^2}{c^2}$转化为关于角的表达式$\frac{\sin^2A+\sin^2B}{\sin^2C}$.

由$-\cos C=\sin B$,一方面可得 $\sin^2C=\cos^2B$,另一方面可知 $C=\frac{\pi}{2}+B$,从而 $\sin^2A=\cos^2 2B$,进而可将关于角的表达式$\frac{\sin^2A+\sin^2B}{\sin^2C}$统一用 $\cos B$ 表示,并结合 B 的取值范围求解最小值.

规范解答 精准示范

解:由 $1+\cos 2B\neq 0$,易知 $B\neq\frac{\pi}{2}$.因为$\frac{\cos A}{1+\sin A}=\frac{\sin 2B}{1+\cos 2B}=\frac{2\sin B\cos B}{2\cos^2B}=\frac{\sin B}{\cos B}$,所以 $\sin B=\cos A\cos B-\sin A\sin B=\cos(A+B)=-\cos C$,可得 $\sin^2B=$

$\cos^2 C$，即 $1-\cos^2 B=1-\sin^2 C$，故 $\cos^2 B=\sin^2 C$.

因为 $\sin B=-\cos C>0$，所以 $\frac{\pi}{2}<C<\pi$，$0<B<\frac{\pi}{2}$. 而由诱导公式可得 $\sin B=-\cos C=\sin\left(C-\frac{\pi}{2}\right)$，则 $C=\frac{\pi}{2}+B$，即有 $A=\frac{\pi}{2}-2B$，故 $\sin A=\sin\left(\frac{\pi}{2}-2B\right)=\cos 2B=2\cos^2 B-1$.

由正弦定理可得 $\frac{a^2+b^2}{c^2}=\frac{\sin^2 A+\sin^2 B}{\sin^2 C}=\frac{(2\cos^2 B-1)^2+1-\cos^2 B}{\cos^2 B}=4\cos^2 B+\frac{2}{\cos^2 B}-5\geqslant 2\sqrt{8}-5=4\sqrt{2}-5$，当且仅当 $\cos^2 B=\frac{\sqrt{2}}{2}$ 时取等号. 经检验，该值可以取到. 因此 $\frac{a^2+b^2}{c^2}$ 的最小值为 $4\sqrt{2}-5$.

典例 4 （2011 年全国Ⅰ卷理 16）在 $\triangle ABC$ 中，$B=60°$，$AC=\sqrt{3}$，则 $AB+2BC$ 的最大值为________.

关键点击 直击靶心

明确点 B 的运动轨迹，并由此确定 $AB+2BC$ 的几何意义.

图析路径 思维可视

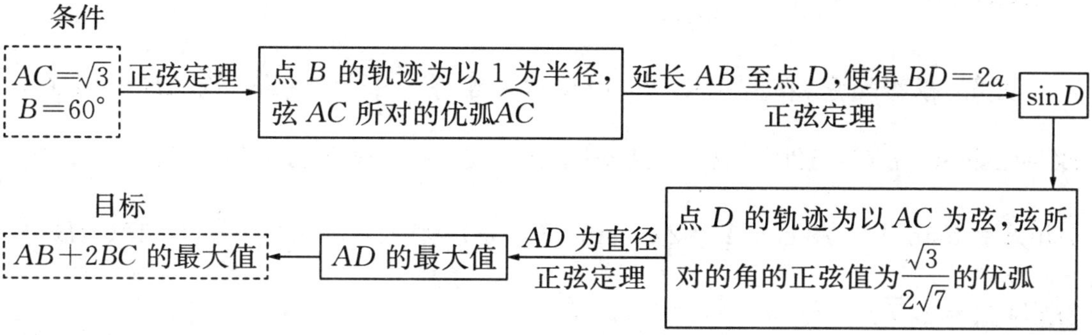

已知条件中给出了$\triangle ABC$中$B=60^\circ$以及其所对的边$AC=\sqrt{3}$，从而由正弦定理可以明确$\triangle ABC$的外接圆半径，即可知点B的轨迹是以1为半径，弦AC所对的优弧$\overset{\frown}{AC}$(不包括点A,C).再延长AB至点D，使得$BD=2a$，进而将研究$AB+2BC$的最大值转化为研究AD的最大值.而在$\triangle BDC$中，由正弦定理可求得D，从而在$\triangle ADC$中就明确了D以及其所对的边$AC=\sqrt{3}$，故可判断点D的轨迹是以AC为弦，弦所对角的正弦值为$\frac{\sqrt{3}}{2\sqrt{7}}$的优弧，因此当$AD$为直径时，$AD$取得最大值，即$AB+2BC$取得最大值.

规范解答　精准示范

$2\sqrt{7}$　**解析：**根据题意，在$\triangle ABC$中，由正弦定理得$\frac{b}{\sin B}=2=2R$(R为$\triangle ABC$外接圆半径)，则点B的轨迹是以1为半径，弦$AC=\sqrt{3}$所对的优弧$\overset{\frown}{AC}$(图25－1)，

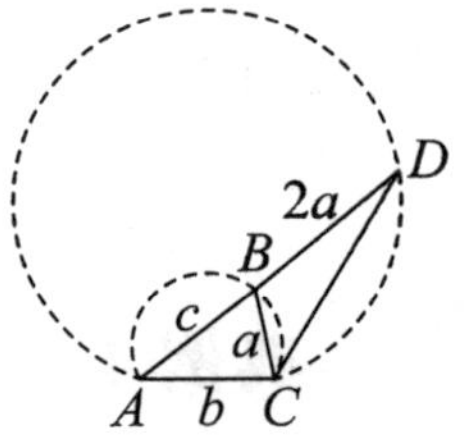

图 25－1

延长AB至点D，使得$BD=2a$，则在$\triangle BDC$中，由正弦定理，得$\frac{2a}{\sin\angle BCD}=\frac{a}{\sin D}$，故$2\sin D=\sin\angle BCD=\sin(60^\circ-D)$，即$5\sin D=\sqrt{3}\cos D$，再由$\sin^2 D+\cos^2 D=1$，解得$\sin D=\frac{\sqrt{3}}{2\sqrt{7}}$，故点$D$的轨迹是以$AC$为弦，弦所对的角的正弦值为$\frac{\sqrt{3}}{2\sqrt{7}}$的优弧.

当AD为此优弧所在圆的直径时，AD取得最大值，即$AB+2BC$取得最大值，则$(AB+2BC)_{\max}=\frac{b}{\sin D}=2\sqrt{7}$.

另解：根据题意，在$\triangle ABC$中，由正弦定理得$\frac{b}{\sin B}=2=2R$，则$AB=2\sin C$，$BC=2\sin A$，而$C=120^\circ-A$，故$AB+2BC=2\sin C+4\sin A=2\sin(120^\circ-A)+4\sin A=5\sin A+\sqrt{3}\cos A=2\sqrt{7}\sin(A+\varphi)$，则当$A+\varphi=\frac{\pi}{2}$时，有$(AB+2BC)_{\max}=2\sqrt{7}$.

解后反思 迁移提升

求解三角形中的最值(或取值范围)问题可着眼于边长之间的关系,也可立足于角,由角的范围利用三角函数的单调性和有界性求解最值(或取值范围).具体求解最值时可利用基本不等式或将其转化为函数值域问题.对于一次同角的表达式常借助辅助角公式转化为研究 $y=A\sin(\omega x+\varphi)$的值域.

解三角形问题的本质是几何问题,而其中的最值问题归根结底是动态问题.利用数形结合和几何性质,抓住动点的运动轨迹,从而寻找取得最值时的状态,也是解答此类问题的一种思路.

26. 分析情景　识模解题

在高考中，以三角形为背景的数学建模问题，通常以生活实践情境类问题的形式出现，如河宽、建筑物高度等测量问题或航空、航海等实际问题.解题的关键是在实际情境中从数学的视角发现问题、提出问题、分析问题、建立数学模型，并通过计算求解，最终解决实际问题.

典例 1　(2014 年四川卷文 8)如图 26 - 1，从气球 A 上测得正前方的河流的两岸 B,C 的俯角分别为75°，30°，此时气球的高是 60 m，则河流的宽度 BC 等于　　(　　)

A. $240(\sqrt{3}-1)$m

B. $180(\sqrt{2}-1)$m

C. $120(\sqrt{3}-1)$m

D. $30(\sqrt{3}+1)$m

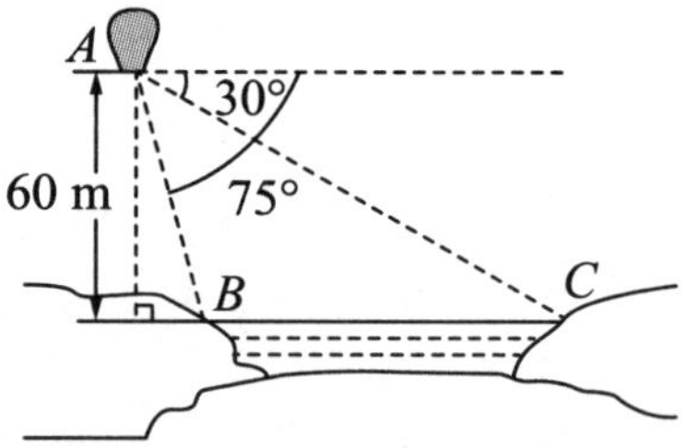

图 26 - 1

关键点击　直击靶心

根据题意，将实际问题中的数据信息对应到平面图形中，进而转化为关于解三角形的数学问题.

图析路径 思维可视

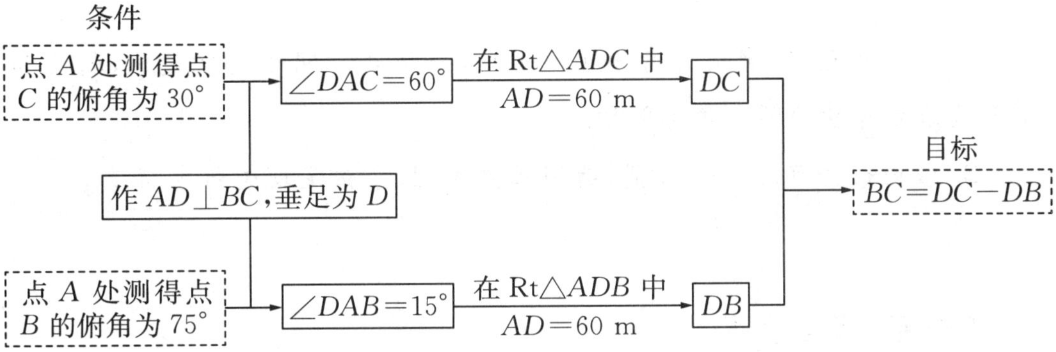

作 $AD\perp BC$ 于点 D，由题意，可知 $\angle DAC=60^\circ$，$AD=60\ \text{m}$，故在 Rt$\triangle ADC$ 中易求得 DC；由题意，可知 $\angle DAB=15^\circ$，$AD=60\ \text{m}$，故在 Rt$\triangle ADB$ 中可求得 DB.而由 $BC=DC-DB$，即可解决问题.

规范解答 精准示范

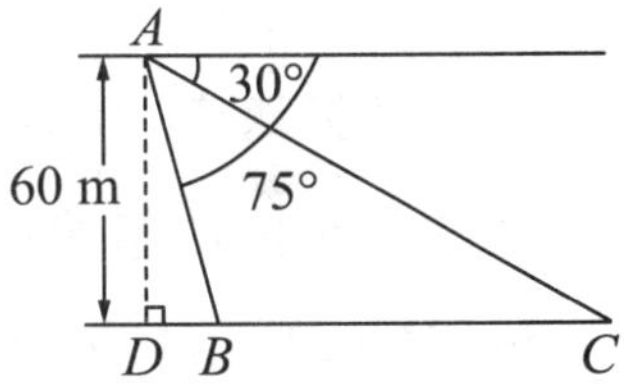

图 26－2

C **解析：**如图 26－2，作 $AD\perp BC$，垂足为 D.

由题意，得 $\angle DAC=60^\circ$，又 $DA=60\ \text{m}$，故在 Rt$\triangle ADC$ 中，$DC=DA\times\tan 60^\circ=60\sqrt{3}\ \text{m}$.

在 Rt$\triangle ADB$ 中，由题意可知 $\angle DAB=15^\circ$，而 $\tan\angle DAB=\tan 15^\circ=\tan(60^\circ-45^\circ)=\dfrac{\sqrt{3}-1}{1+\sqrt{3}}=2-\sqrt{3}$，故 $DB=DA\times\tan 15^\circ=(120-60\sqrt{3})\ \text{m}$，则 $BC=DC-DB=120(\sqrt{3}-1)\ \text{m}$，即河流的宽度 BC 等于 $120(\sqrt{3}-1)\ \text{m}$，故选 C.

典例 2 （2015 年湖北卷理 13 改编题）如图 26－3，一辆汽车在一条水平的公路上向正西行驶，在 A 处测得公路北侧一山顶 D 在北偏西 60° 的方向上，行驶 600 m 后到达 B 处，测得此山顶在北偏西 15° 的方向上，仰角为 30°，则此山的高度 $CD=$________ m.

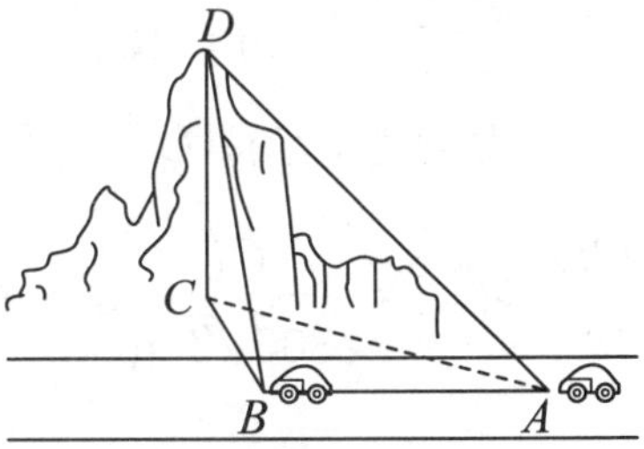

图 26－3

关键点击　直击靶心

1. 根据题意，准确把握有关测量术语，并把实际问题去情境化，转化为以三棱锥为背景的解三角形问题.

2. 根据条件确定解题模型，选用正弦定理、余弦定理进行求解.

图析路径　思维可视

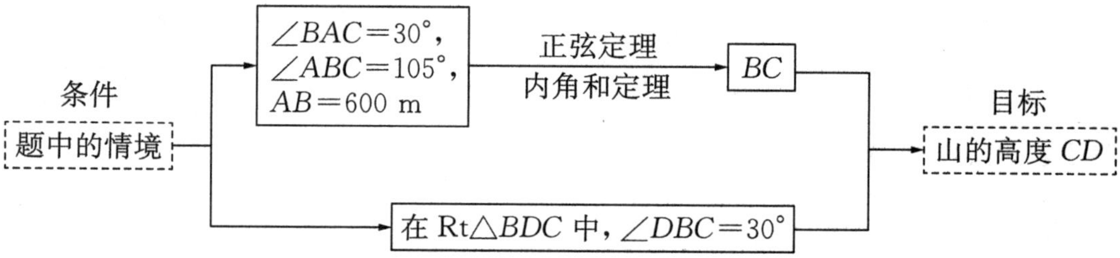

根据题意，可知在$\triangle ABC$中有$\angle BAC=30^\circ$，$\angle ABC=105^\circ$，$AB=600$ m，故由内角和定理不难得到$\angle ACB=45^\circ$，再结合正弦定理可求得BC；由题意可知$\angle DBC=30^\circ$，$CD\perp BC$，故在$\mathrm{Rt}\triangle CDB$中，结合BC可求得DC，即山的高度.

规范解答　精准示范

$100\sqrt{6}$　**解析：** 根据题意，可得$\angle BAC=30^\circ$，$\angle ABC=105^\circ$，则在$\triangle ABC$中，由内角和定理可知$\angle ACB=45^\circ$，又因为$AB=600$ m，所以在$\triangle ABC$中，由正弦定理有$\dfrac{AB}{\sin\angle ACB}=\dfrac{BC}{\sin\angle BAC}$，即$\dfrac{600\ \mathrm{m}}{\sin 45^\circ}=\dfrac{BC}{\sin 30^\circ}$，故解得$BC=300\sqrt{2}$ m.

由题意，可得$CD\perp BC$，$\angle DBC=30^\circ$，故在$\mathrm{Rt}\triangle CBD$中，$\tan\angle DBC=\dfrac{CD}{BC}$，即$\dfrac{\sqrt{3}}{3}=\dfrac{CD}{300\sqrt{2}\ \mathrm{m}}$，则$CD=100\sqrt{6}$ m，即山的高度CD等于$100\sqrt{6}$ m.

典例 3 (2021 年全国甲卷理 8)2020 年 12 月 8 日,中国和尼泊尔联合公布珠穆朗玛峰最新高程为 8 848.86 m.三角高程测量法是珠穆朗玛峰高程测量方法之一.如图 26－4 是三角高程测量法的一个示意图,现有 A,B,C 三点,且 A,B,C 在同一水平面上的投影 A',B',C' 满足 $\angle A'C'B'=45^\circ$,$\angle A'B'C'=60^\circ$.由点 C 测得点 B 的仰角为 15°,BB' 与 CC' 的差为 100;由点 B 测得点 A 的仰角为 45°,则 A,C 两点到水平面 $A'B'C'$ 的高度差 $AA'-CC'$ 约为($\sqrt{3}\approx1.732$)

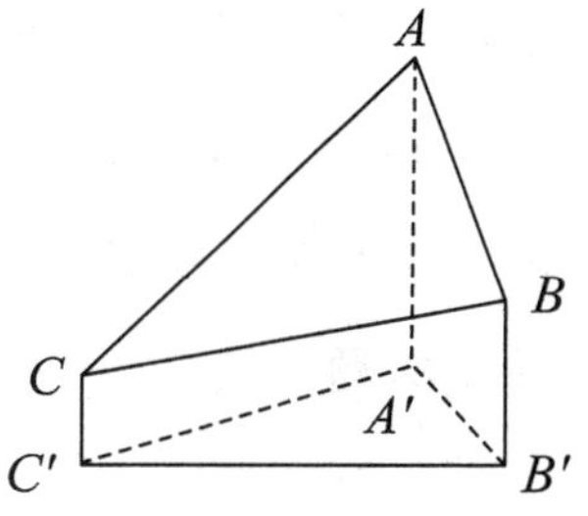

图 26－4

( )

A. 346　　B. 373　　C. 446　　D. 473

关键点击 直击靶心

将 $AA'-CC'$ 的长度转化为题中易求线段的长度.

图析路径 思维可视

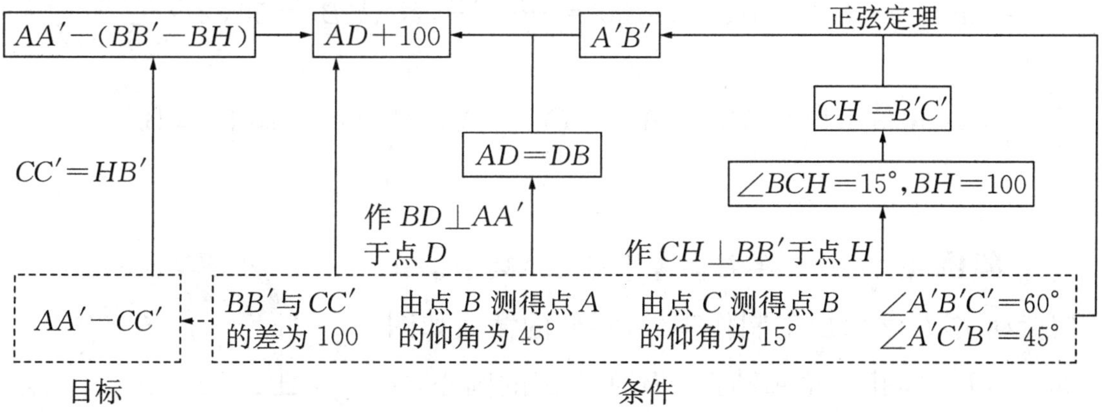

作 $CH\perp BB'$ 于点 H,$BD\perp AA'$ 于点 D.由题意可知 $CC'=HB'=BB'-BH$,则 $AA'-CC'=AA'-(BB'-BH)=AA'-BB'+BH=AD+BH$.再由 BB' 与 CC' 的差为 100,可知 $BH=100$,故 $AA'-CC'=AD+100$.根据题

意$\angle ABD=45^{\circ}$，易得$AD=DB$，而$DB=A'B'$.在$Rt\triangle HBC$中，由题意有$\angle BCH=15^{\circ}$，$BH=100$，可求得CH，即可确定$C'B'$，再根据条件可知$\angle A'C'B'$和$\angle A'B'C'$，故在$\triangle A'B'C'$中，由正弦定理不难得到$A'B'$，即可得AD，即可解决本题.

规范解答 精准示范

B **解析**：过点C作$CH\perp BB'$于点H，过点B作$BD\perp AA'$于点D，因为BB'与CC'的差为100，所以$BH=100$.则$AA'-CC'=AA'-(BB'-BH)=AA'-BB'+100=AD+100$.

由题意$\angle ABD=45^{\circ}$，故$\triangle ADB$为等腰直角三角形，则$AD=DB$，$AA'-CC'=DB+100=A'B'+100$.

由题意$\angle BCH=15^{\circ}$，则$CH=C'B'=\frac{100}{\tan 15^{\circ}}$.而在$\triangle A'B'C'$中，$\angle A'C'B'=45^{\circ}$，$\angle A'B'C'=60^{\circ}$，故$\angle C'A'B'=75^{\circ}$，由正弦定理得$\frac{A'B'}{\sin 45^{\circ}}=\frac{C'B'}{\sin 75^{\circ}}$，故$A'B'=\frac{100}{\tan 15^{\circ}\cdot\sin 75^{\circ}}\cdot\frac{\sqrt{2}}{2}=\frac{50\sqrt{2}}{\tan 15^{\circ}\cdot\cos 15^{\circ}}=\frac{50\sqrt{2}}{\sin 15^{\circ}}$，而$\sin 15^{\circ}=\sin(45^{\circ}-30^{\circ})=\sin 45^{\circ}\cos 30^{\circ}-\cos 45^{\circ}\sin 30^{\circ}=\frac{\sqrt{6}-\sqrt{2}}{4}$，故$A'B'=50\sqrt{2}\cdot\frac{4}{\sqrt{6}-\sqrt{2}}=\frac{200}{\sqrt{3}-1}=100(\sqrt{3}+1)\approx 273$，则$AA'-CC'=A'B'+100\approx 373$.故选B.

典例4 (2020年新高考Ⅰ卷15)某中学开展劳动实习，学生加工制作零件，零件的截面如图26-5.O为圆孔及轮廓圆弧AB所在圆的圆心，A是圆弧AB与直线AG的切点，B是圆弧AB与直线BC的切点，四边形$DEFG$为矩形，$BC\perp DG$，

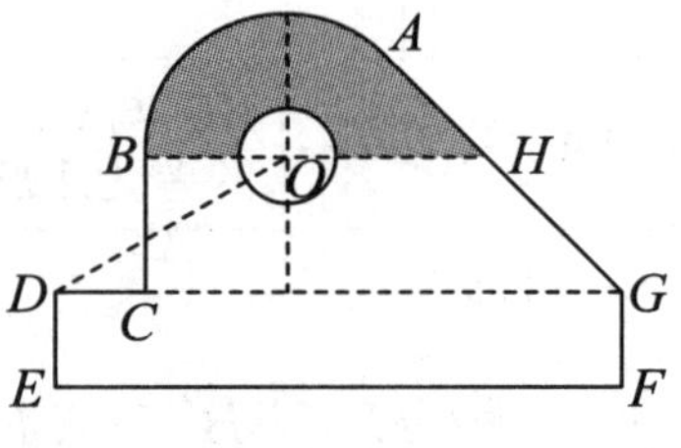

图26-5

垂足为 C，$\tan\angle ODC=\frac{3}{5}$，$BH\parallel DG$，$EF=12$ cm，$DE=2$ cm，点 A 到直线 DE 和 EF 的距离均为 7 cm，圆孔半径为 1 cm，则图中阴影部分的面积为________ cm^2.

关键点击 直击靶心

根据图形的几何特征确定 $\triangle OAH$ 的面积及扇形 OAB 的半径.

图析路径 思维可视

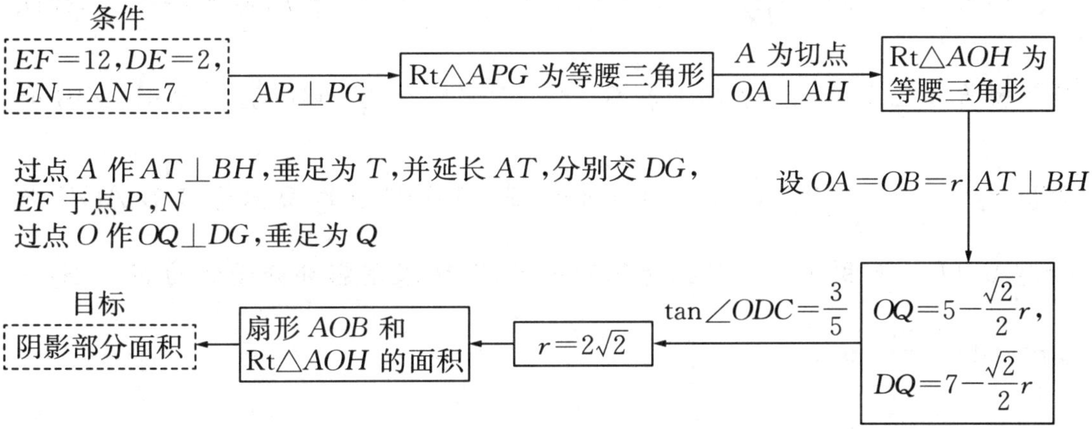

过点 A 作 $AT\perp BH$，垂足为 T，并延长 AT，分别交 DG，EF 于点 P，N，过点 O 作 $OQ\perp DG$，垂足为 Q.根据已知条件，不难求得 $AP=PG=5$，进而可知$\triangle APG$ 为等腰直角三角形.再结合 A 为切点，$OA\perp AH$，从而可判断$\triangle AOH$ 也为等腰直角三角形，故 $AT=OT=\frac{\sqrt{2}}{2}r$（其中 r 为扇形 OAB 的半径）.在 $\mathrm{Rt}\triangle ODQ$ 中，将 OQ 和 DQ 分别用 r 表示后，再由 $\tan\angle ODC=\frac{3}{5}$ 求得 r，并进一步求出扇形 AOB 与 $\mathrm{Rt}\triangle AOH$ 的面积和，在此基础上减去圆孔面积的一半即为所求阴影部分面积.

规范解答 精准示范

$4+\frac{5\pi}{2}$ **解析**：过点 A 作 $AT\perp BH$，垂足为 T，并延长 AT，分别交 DG，EF 于点 P，N，过点 O 作 $OQ\perp DG$，垂足为 Q.

由题意 $EN=AN=7$，$EF=12$，$DE=2$，故 $AP=5$，$NF=5$，$PG=NF=5$，则$\angle AGP=45^{\circ}$.因为 $BH /\!/ DG$，所以$\angle AHO=45^{\circ}$，而 AG 与圆弧$\overset{\frown}{AB}$相切于点 A，所以 $OA\perp AG$，即$\triangle OAH$ 为等腰直角三角形.

设 $OB=OA=r$，则 $OT=AT=\frac{\sqrt{2}}{2}r$.

在 $\mathrm{Rt}\triangle OQD$ 中，$OQ=5-\frac{\sqrt{2}}{2}r$，$DQ=7-\frac{\sqrt{2}}{2}r$.

因为 $\tan\angle ODC=\frac{OQ}{DQ}=\frac{3}{5}$，所以 $21-\frac{3\sqrt{2}}{2}r=25-\frac{5\sqrt{2}}{2}r$，解得 $r=2\sqrt{2}$(cm).故等腰直角三角形 OAH 的面积 $S_1=\frac{1}{2}\times2\sqrt{2}\times2\sqrt{2}=4(\mathrm{cm}^2)$，扇形 AOB 的面积 $S_2=\frac{1}{2}\times\frac{3\pi}{4}\times(2\sqrt{2})^2=3\pi(\mathrm{cm}^2)$.而阴影部分的面积为扇形 AOB 与 $\mathrm{Rt}\triangle AOH$ 的面积和减去圆孔面积的一半，即所求阴影部分面积为 $S_1+S_2-\frac{1}{2}\pi=\left(4+\frac{5\pi}{2}\right)\ \mathrm{cm}^2$.

解后反思 迁移提升

对于以三角形为载体的情境问题，不仅仅要关注三角形中的边角关系，还要挖掘其他的几何特征，如相似、全等、比例、相切等，在一些问题中，几何特征往往是解题的关键.

立体几何与解三角形的结合常常关联数学情境来进行知识迁移，解题的基本思路是利用不同面中的共边或共角关系，将立体几何平面化处理，综合考虑多个三角形或转化到某个三角形中，并通过解三角形确定关系，从而解决问题.

第三章
数列

27. 紧扣概念　判断证明

数学是"玩"概念的.重新审视概念并应用概念解决问题,是一种朴素而又重要的策略和思想.等差数列、等比数列的概念、通项公式及前 n 项和公式属于高中数学课程标准对数列学习的基本要求.解数列问题时,常需回归定义,借助通项 a_n 与 a_{n+1}(或 a_{n+2})之间的递推关系,进一步研究通项 a_n 与前 n 项和 S_n 之间的关系.回归定义巧解题,既能提升解题能力,又能培养理性思维能力和创造能力.

典例 1　(2014 年新课标Ⅰ卷理 17)已知数列$\{a_n\}$的前 n 项和为 S_n,$a_1=1$,$a_n\neq0$,$a_na_{n+1}=\lambda S_n-1$,其中 λ 为常数.

(1) 求证:$a_{n+2}-a_n=\lambda$.

(2) 是不是存在 λ,使得$\{a_n\}$为等差数列?给出结论并说明理由.

关键点击　直击靶心

1. 将等式 $a_na_{n+1}=\lambda S_n-1$ 中的 S_n 消去即可证明(1).
2. 由 $a_{n+2}-a_n=\lambda$ 可知$\{a_n\}$的奇数项和偶数项分别为等差数列.
3. 先用特殊值求解 λ,然后证明一般性.

图析路径　思维可视

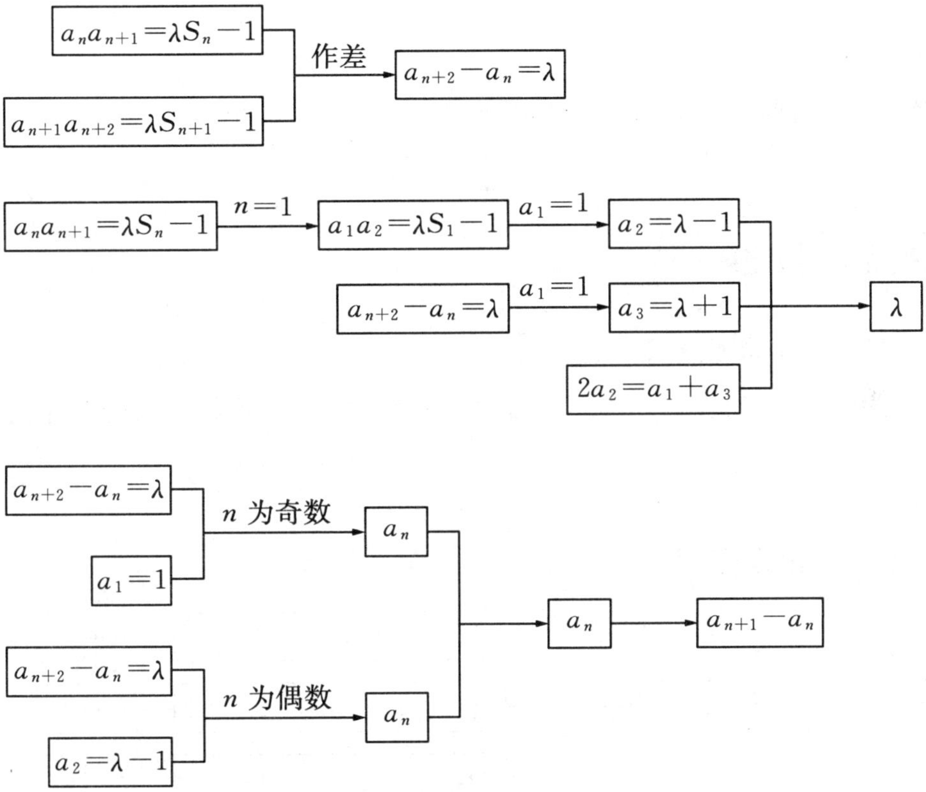

规范解答　精准示范

解：(1) 证明：因为 $a_na_{n+1}=\lambda S_n-1$，所以 $a_{n+1}a_{n+2}=\lambda S_{n+1}-1$，所以 $a_{n+1}(a_{n+2}-a_n)=\lambda a_{n+1}$. 因为 $a_{n+1}\neq 0$，所以 $a_{n+2}-a_n=\lambda$.

(2) 假设存在 λ，使得 $\{a_n\}$ 为等差数列，设公差为 d. 因为 $a_{n+2}-a_n=\lambda$，所以 $a_3-a_1=\lambda$，又因为 $a_1=1$，所以 $a_3=\lambda+1$. 因为 $a_na_{n+1}=\lambda S_n-1$，所以 $a_1a_2=\lambda S_1-1$，又因为 $a_1=1$，所以 $a_2=\lambda-1$. 因为 $2a_2=a_1+a_3$，所以 $2\lambda-2=\lambda+2$，所以 $\lambda=4$.

当 $\lambda=4$ 时，$a_{n+2}-a_n=4$，$a_2=3$. 因为 $a_1=1$，所以当 n 为奇数时，$a_n=2n-1$. 同理，由 $a_2=3$ 可得当 n 为偶数时，$a_n=2n-1$. 故当 $n\in\mathbf{N}^*$ 时，$a_n=2n-1$，则对任意 $n\geqslant 2$，$n\in\mathbf{N}^*$，$a_n-a_{n-1}=2$，因此 $\{a_n\}$ 为等差数列.

典例 2 (2016 年全国Ⅲ卷文 17)已知各项都为正数的数列$\{a_n\}$满足$a_1=1, a_n^2-(2a_{n+1}-1)a_n-2a_{n+1}=0$.求:

(1) a_2, a_3;

(2) $\{a_n\}$的通项公式.

关键点击 直击靶心

1. 用赋值法求解特定项.

2. 根据$a_n^2-(2a_{n+1}-1)a_n-2a_{n+1}=0$得到$\{a_n\}$的相邻项的关系.

图析路径 思维可视

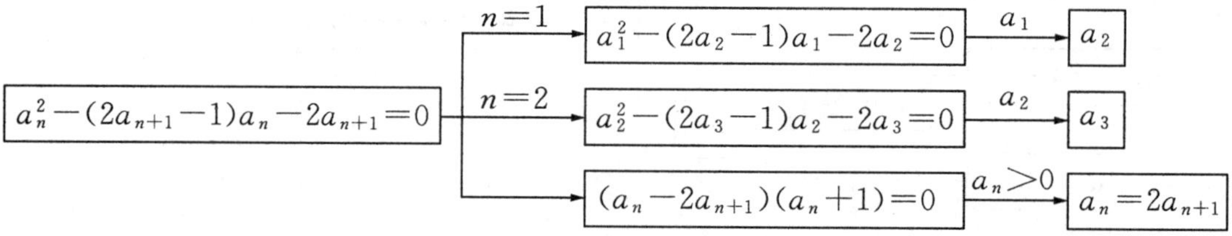

1. 根据题意,由数列的递推公式,令$n=1$可得$a_1^2-(2a_2-1)a_1-2a_2=0$,将$a_1=1$代入可得a_2的值,进而令$n=2$可得a_3的值.

2. 根据题意,将$a_n^2-(2a_{n+1}-1)a_n-2a_{n+1}=0$变形可得$(a_n-2a_{n+1})\cdot(a_n+1)=0$,解得$a_n=2a_{n+1}$或$a_n=-1$,结合数列各项为正可得$a_n=2a_{n+1}$,结合等比数列的定义可得$\{a_n\}$是首项为 1、公比为$\dfrac{1}{2}$的等比数列.

规范解答 精准示范

解:(1) 根据题意,$a_n^2-(2a_{n+1}-1)a_n-2a_{n+1}=0$.

当$n=1$时,$a_1^2-(2a_2-1)a_1-2a_2=0$.因为$a_1=1$,所以$1-(2a_2-1)-2a_2=0$,解得$a_2=\dfrac{1}{2}$.

当 $n=2$ 时，$a_2^2-(2a_3-1)a_2-2a_3=0$. 因为 $a_2=\frac{1}{2}$，所以 $a_3=\frac{1}{4}$.

(2) 因为 $a_n^2-(2a_{n+1}-1)a_n-2a_{n+1}=0$，所以 $(a_n-2a_{n+1})(a_n+1)=0$，所以 $a_n=2a_{n+1}$ 或 $a_n=-1$. 又因为数列 $\{a_n\}$ 各项都为正数，所以 $a_n=2a_{n+1}$，所以数列 $\{a_n\}$ 是首项为 1、公比为 $\frac{1}{2}$ 的等比数列，所以 $a_n=1\times\left(\frac{1}{2}\right)^{n-1}=\left(\frac{1}{2}\right)^{n-1}$.

解后反思 迁移提升

1. 等差数列、等比数列的证明常用定义法或中项法.

2. 题设条件通常不会直接给出，而是以二次齐次式、分式、项和混合式等形式呈现，把已知条件因式分解、递推作差、合理转化是解题关键.

28. 二阶递推　构造化归

等差数列、等比数列刻画的是相邻两项的递推关系，在数列问题的研究中，还经常出现含有连续的三项的递推关系，形如 $a_{n+2}=ka_{n+1}+la_n$.解决此类问题的关键是构造数列$\{a_{n+1}+pa_n\}$，然后利用待定系数法得出方程，进而解决后续问题.斐波那契数列就是这类数列的一个典型代表.由于这类题目条件复杂，我们需要深刻理解数列的递推关系及构造数列的本质，将其转化为等差数列、等比数列等基本模型.

典例 1　已知各项都为正数的数列$\{a_n\}$满足 $a_{n+2}=2a_{n+1}+3a_n$.

(1) 求证：数列$\{a_n+a_{n+1}\}$为等比数列；

(2) 若 $a_1=\dfrac{1}{2}$，$a_2=\dfrac{3}{2}$，求数列$\{a_n\}$的通项公式.

关键点击　直击靶心

1. 整体构造数列证明(1).
2. 把条件转化为基本的等比数列模型以求$\{a_n\}$的通项公式.

图析路径 思维可视

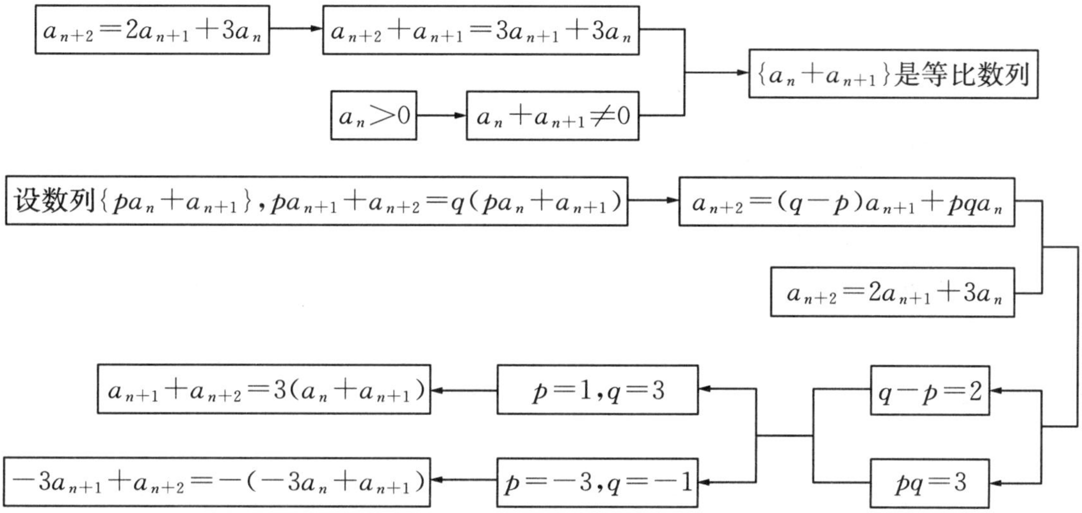

1. 由数列$\{a_n\}$的递推关系变形即可求得数列$\{a_n+a_{n+1}\}$为等比数列.

2. 通过待定系数法分别构造数列$\{a_n+a_{n+1}\}$和$\{-3a_n+a_{n+1}\}$.

规范解答 精准示范

解：(1) 证明：由题设$a_{n+2}=2a_{n+1}+3a_n$，得$a_{n+2}+a_{n+1}=3a_{n+1}+3a_n=3(a_{n+1}+a_n)$，且$a_{n+1}+a_n\neq0(n\in\mathbf{N}^*)$，因此数列$\{a_n+a_{n+1}\}$是首项为$a_1+a_2$、公比为3的等比数列.

(2) 方法1：因为$a_{n+2}=2a_{n+1}+3a_n$，所以$a_{n+2}-3a_{n+1}=-(a_{n+1}-3a_n)$. 因为$a_1=\dfrac{1}{2}$，$a_2=\dfrac{3}{2}$，所以$a_2-3a_1=0$，所以$a_{n+1}-3a_n=0$，即$a_{n+1}=3a_n$，所以数列$\{a_n\}$是首项为$\dfrac{1}{2}$、公比为3的等比数列，所以数列$\{a_n\}$的通项公式为$a_n=\dfrac{3^{n-1}}{2}$.

方法2：由(1)得$a_{n+1}+a_n=2\cdot3^{n-1}$，两边同时除以$3^n$，得$\dfrac{a_{n+1}}{3^n}+\dfrac{1}{3}\cdot\dfrac{a_n}{3^{n-1}}=\dfrac{2}{3}$. 令$b_n=\dfrac{a_n}{3^{n-1}}$，得$b_{n+1}+\dfrac{1}{3}b_n=\dfrac{2}{3}$，从而$b_{n+1}-\dfrac{1}{2}=-\dfrac{1}{3}\left(b_n-\dfrac{1}{2}\right)$，又$b_1-\dfrac{1}{2}=0$，故$b_n=\dfrac{1}{2}$，故$a_n=\dfrac{3^{n-1}}{2}$.

典例 2 已知数列$\{a_n\}$满足$a_1=1,a_2=1,a_{n+2}=a_{n+1}+a_n$，求数列$\{a_n\}$的通项公式.

关键点击 直击靶心

1. 用待定系数法构造数列.
2. 根据两个数列的通项公式列方程组求解数列$\{a_n\}$的通项公式.

图析路径 思维可视

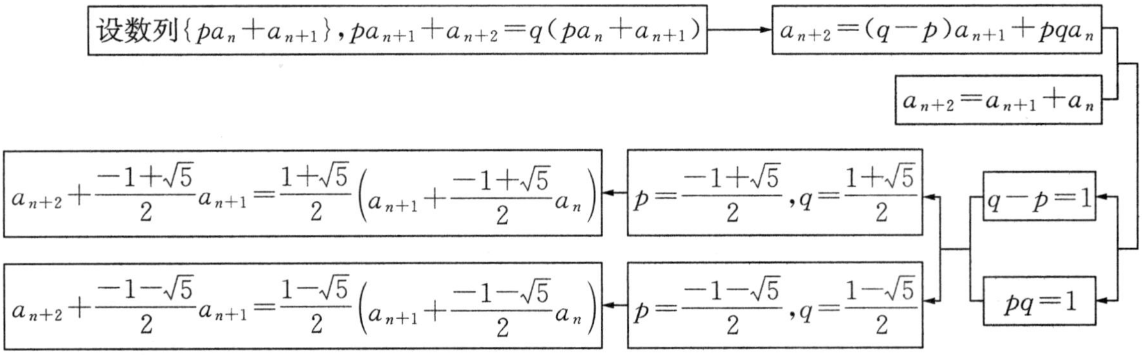

1. 通过待定系数法分别构造数列$\left\{a_{n+1}+\frac{-1+\sqrt{5}}{2}a_n\right\}$和$\left\{a_{n+1}+\frac{-1-\sqrt{5}}{2}a_n\right\}$.

2. 由$a_{n+1}+\frac{-1+\sqrt{5}}{2}a_n=\left(\frac{1+\sqrt{5}}{2}\right)^{n-1}\left(1+\frac{-1+\sqrt{5}}{2}\right)=\left(\frac{1+\sqrt{5}}{2}\right)^n$和$a_{n+1}+\frac{-1-\sqrt{5}}{2}a_n=\left(\frac{1-\sqrt{5}}{2}\right)^{n-1}\left(1+\frac{-1-\sqrt{5}}{2}\right)=\left(\frac{1-\sqrt{5}}{2}\right)^n$求解$a_n$.

规范解答 精准示范

解：设数列$\{a_{n+1}+pa_n\}$是公比为q的等比数列，则$a_{n+2}+pa_{n+1}=q(a_{n+1}+pa_n)$，即$a_{n+2}=(q-p)a_{n+1}+pqa_n$.又因为$a_{n+2}=a_{n+1}+a_n$，所以

$\begin{cases} q-p=1, \\ qp=1, \end{cases}$ 解得 $\begin{cases} p=\dfrac{-1+\sqrt{5}}{2}, \\ q=\dfrac{1+\sqrt{5}}{2}, \end{cases}$ 或 $\begin{cases} p=\dfrac{-1-\sqrt{5}}{2}, \\ q=\dfrac{1-\sqrt{5}}{2}. \end{cases}$

若 $p=\dfrac{-1+\sqrt{5}}{2}$，$q=\dfrac{1+\sqrt{5}}{2}$，则 $a_{n+2}+\dfrac{-1+\sqrt{5}}{2}a_{n+1}=\dfrac{1+\sqrt{5}}{2}\left(a_{n+1}+\dfrac{-1+\sqrt{5}}{2}a_n\right)$. 因为 $a_2+\dfrac{-1+\sqrt{5}}{2}a_1=\dfrac{1+\sqrt{5}}{2}\neq 0$，所以 $a_{n+1}+\dfrac{-1+\sqrt{5}}{2}a_n=\left(\dfrac{1+\sqrt{5}}{2}\right)^n$.

若 $p=\dfrac{-1-\sqrt{5}}{2}$，$q=\dfrac{1-\sqrt{5}}{2}$，则 $a_{n+2}+\dfrac{-1-\sqrt{5}}{2}a_{n+1}=\dfrac{1-\sqrt{5}}{2}\left(a_{n+1}+\dfrac{-1-\sqrt{5}}{2}a_n\right)$. 因为 $a_2+\dfrac{-1-\sqrt{5}}{2}a_1=\dfrac{1-\sqrt{5}}{2}\neq 0$，所以 $a_{n+1}+\dfrac{-1-\sqrt{5}}{2}a_n=\left(\dfrac{1-\sqrt{5}}{2}\right)^n$.

因为 $\left(a_{n+1}+\dfrac{-1+\sqrt{5}}{2}a_n\right)-\left(a_{n+1}+\dfrac{-1-\sqrt{5}}{2}a_n\right)=\left(\dfrac{1+\sqrt{5}}{2}\right)^n-\left(\dfrac{1-\sqrt{5}}{2}\right)^n$，所以 $a_n=\dfrac{\left(\dfrac{1+\sqrt{5}}{2}\right)^n-\left(\dfrac{1-\sqrt{5}}{2}\right)^n}{\sqrt{5}}$.

解后反思　迁移提升

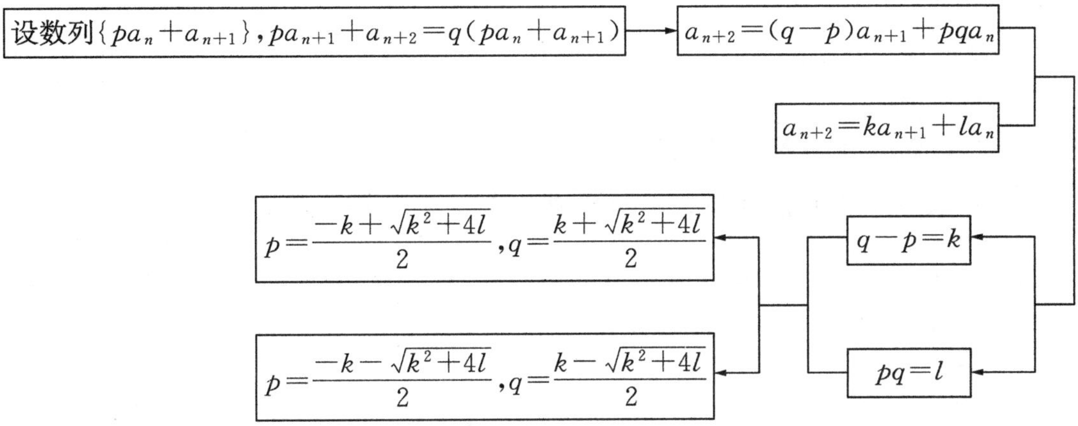

29. 奇偶交织 “邻”“隔”互化

数列问题中经常出现以分段函数的形式呈现的递推关系，以项数的奇、偶为分界点.解决此类问题需要通过不完全归纳法探索发现数列的规律，运用演绎法求解数列的通项公式，进而解决后续问题.由于此类题目条件呈现形式的创新，我们需要深刻理解数列的递推关系及函数本质，对项数进行分类，将其转化为等差数列、等比数列等基本模型.

典例 1 （2021 年新高考Ⅰ卷 17）已知数列$\{a_n\}$满足 $a_1=1$，$a_{n+1}=\begin{cases}a_n+1, n\text{ 为奇数},\\ a_n+2, n\text{ 为偶数}.\end{cases}$

（1）记 $b_n=a_{2n}$，写出 b_1，b_2，并求数列$\{b_n\}$的通项公式；

（2）求$\{a_n\}$的前 20 项和.

关键点击 直击靶心

1. 用赋值法求解特定项.

2. 根据递推关系得到奇数项和偶数项分别为等差数列.

图析路径　思维可视

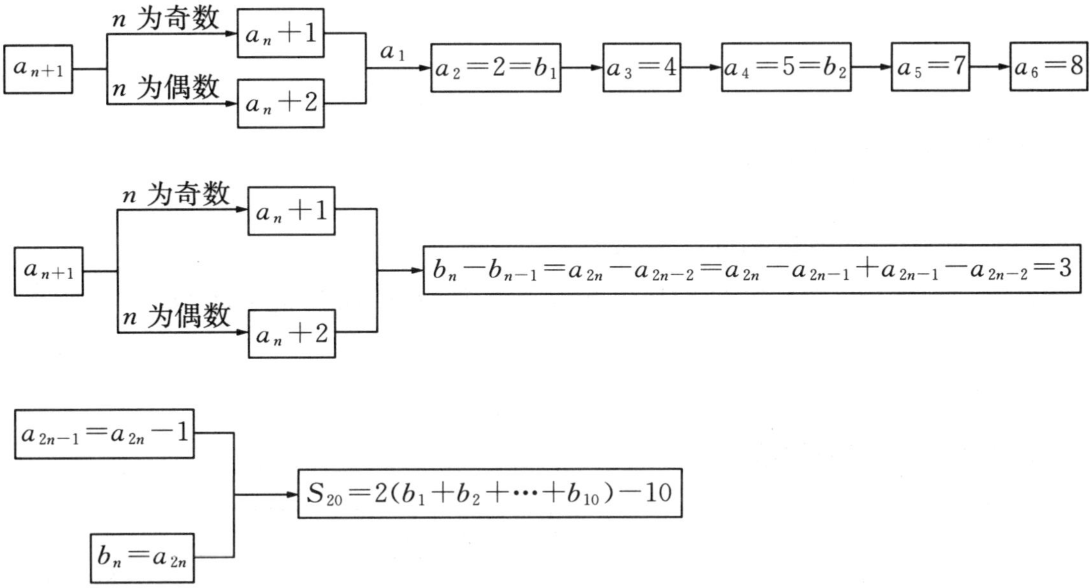

1. 由数列$\{a_n\}$的递推关系可求得a_2,a_4，即b_1,b_2，由$b_n-b_{n-1}=3$可得数列$\{b_n\}$是等差数列，从而可求得数列$\{b_n\}$的通项公式.

2. 将奇数项、偶数项分别用b_n表示，再利用数列$\{b_n\}$的前n项和公式，即可求得$\{a_n\}$的前20项和.

规范解答　精准示范

解：(1) 因为$a_1=1,a_{n+1}=\begin{cases}a_n+1,n\text{ 为奇数},\\ a_n+2,n\text{ 为偶数},\end{cases}$所以$a_2=a_1+1=2,a_3=a_2+2=4,a_4=a_3+1=5$，所以$b_1=a_2=2,b_2=a_4=5.b_n-b_{n-1}=a_{2n}-a_{2n-2}=a_{2n}-a_{2n-1}+a_{2n-1}-a_{2n-2}=1+2=3$，所以数列$\{b_n\}$是以$b_1=2$为首项、以3为公差的等差数列，所以$b_n=2+3(n-1)=3n-1$.

(2) 记$\{a_n\}$的前20项和为S_{20}，因为$a_{2n-1}=a_{2n}-1$，且$b_n=a_{2n}$，所以$S_{20}=(a_1+a_3+\cdots+a_{19})+(a_2+a_4+\cdots+a_{20})=2(b_1+b_2+\cdots+b_{10})-10=2\times\dfrac{2+29}{2}\times10-10=300$.

典例 2 （2012 年全国Ⅰ卷文 12 改编题）已知数列$\{a_n\}$满足$a_{n+1}+(-1)^n a_n=2n-1$，则$\{a_n\}$的前 60 项和$S_{60}=$________.

关键点击 直击靶心

1. 用赋值法求出相邻项的关系.
2. 根据递推关系得到相邻的奇数项之和、相邻的偶数项之和.

图析路径 思维可视

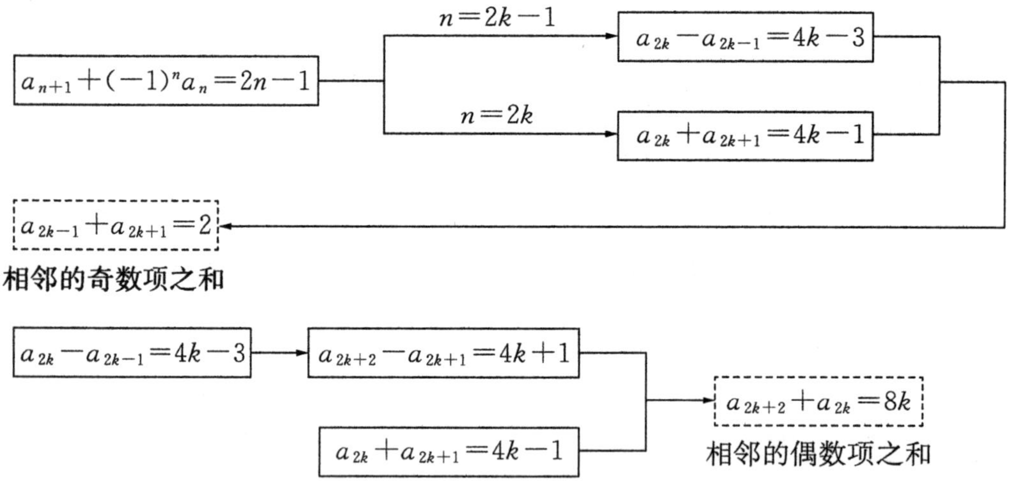

规范解答 精准示范

1 830 **解析：**因为$a_{n+1}+(-1)^n a_n=2n-1$，所以分别令$n=2k-1$和$n=2k$，可得$a_{2k}-a_{2k-1}=4k-3$，$a_{2k+1}+a_{2k}=4k-1$，所以$a_{2k-1}+a_{2k+1}=2$.

因为$a_{2k}-a_{2k-1}=4k-3$，所以$a_{2k+2}-a_{2k+1}=4k+1$，所以$a_{2k+2}+a_{2k}=8k$.

设$b_n=a_{4n-2}+a_{4n}=16n-8(n\in\mathbf{N}^*)$，则$\sum\limits_{k=1}^{2m}a_{2k}=\sum\limits_{i=1}^{m}b_i=8m+8m(m-1)=8m^2$.则$S_{60}=(a_1+a_3+\cdots+a_{57}+a_{59})+(a_2+a_4+\cdots+a_{58}+a_{60})=15\times 2+8\times 15^2=1\ 830$.

解后反思 迁移提升

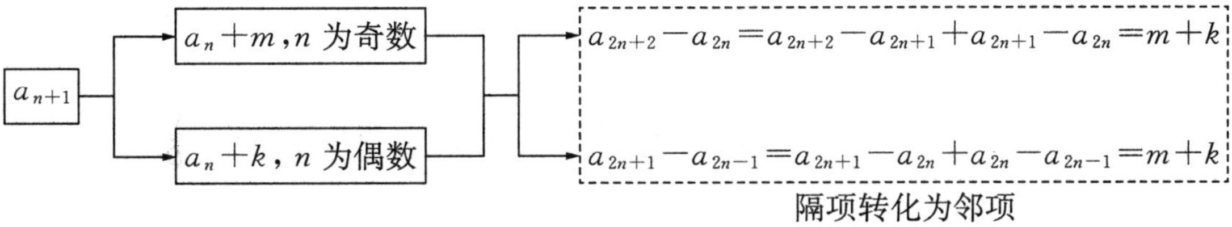
a_{n+1}
a_n+m，n 为奇数
a_n+k，n 为偶数
$a_{2n+2}-a_{2n}=a_{2n+2}-a_{2n+1}+a_{2n+1}-a_{2n}=m+k$
$a_{2n+1}-a_{2n-1}=a_{2n+1}-a_{2n}+a_{2n}-a_{2n-1}=m+k$
隔项转化为邻项

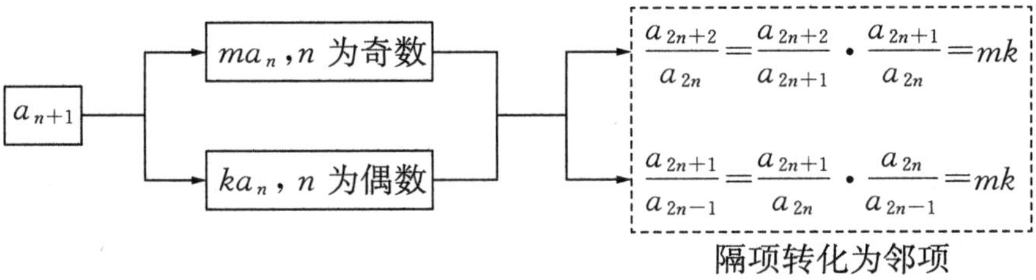
a_{n+1}
ma_n，n 为奇数
ka_n，n 为偶数
$\frac{a_{2n+2}}{a_{2n}}=\frac{a_{2n+2}}{a_{2n+1}}\cdot\frac{a_{2n+1}}{a_{2n}}=mk$
$\frac{a_{2n+1}}{a_{2n-1}}=\frac{a_{2n+1}}{a_{2n}}\cdot\frac{a_{2n}}{a_{2n-1}}=mk$
隔项转化为邻项

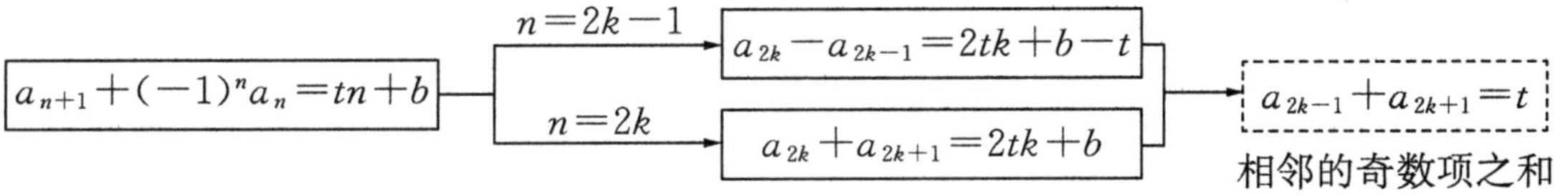
$a_{n+1}+(-1)^n a_n=tn+b$
$n=2k-1$
$n=2k$
$a_{2k}-a_{2k-1}=2tk+b-t$
$a_{2k}+a_{2k+1}=2tk+b$
$a_{2k-1}+a_{2k+1}=t$
相邻的奇数项之和

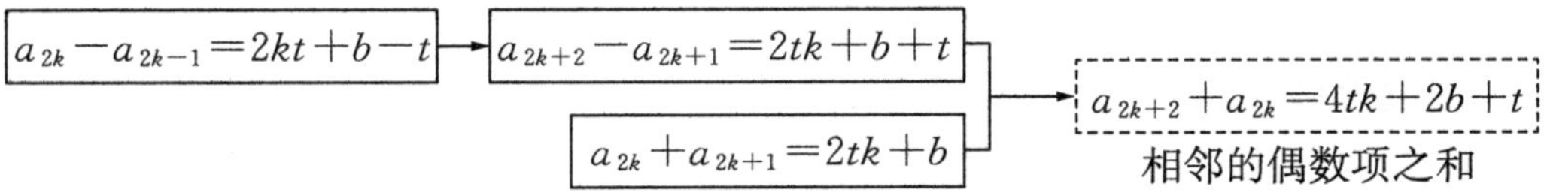
$a_{2k}-a_{2k-1}=2kt+b-t$
$a_{2k+2}-a_{2k+1}=2tk+b+t$
$a_{2k}+a_{2k+1}=2tk+b$
$a_{2k+2}+a_{2k}=4tk+2b+t$
相邻的偶数项之和

30. 观察结构　精准施策

在数列$\{a_n\}$的通项公式已明确的情况下，求数列$\{a_n\}$的前n项和S_n，这是常见的数列问题.数列求和的方法很多，但不同的方法往往有特定的使用背景.在解决数列求和问题时，首先要观察通项公式的结构特征，然后确定合适的方法.这类问题属于常规问题，考查对数列基础知识的掌握程度和应用能力.

典例1　(2015年新课标Ⅰ卷理17)设S_n为数列$\{a_n\}$的前n项和，已知$a_n>0$，$a_n^2+2a_n=4S_n+3$.

(1) 求数列$\{a_n\}$的通项公式；

(2) 设$b_n=\dfrac{1}{a_na_{n+1}}$，求数列$\{b_n\}$的前$n$项和.

关键点击　直击靶心

1. 将条件$a_n^2+2a_n=4S_n+3$中的S_n消去，得到a_n的递推关系.

2. 将$b_n=\dfrac{1}{a_na_{n+1}}$裂项，然后求和.

图析路径 思维可视

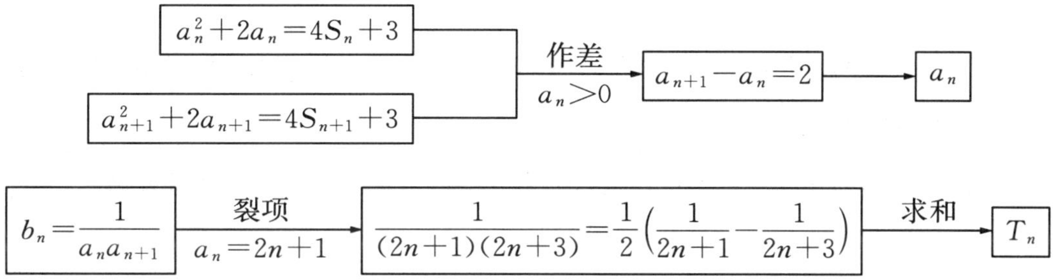

1. 根据数列的递推关系,作差即可求数列$\{a_n\}$的通项公式.

2. 利用裂项法即可求数列$\{b_n\}$的前n项和.

规范解答 精准示范

解:(1) 因为$a_n^2+2a_n=4S_n+3$,所以$a_{n+1}^2+2a_{n+1}=4S_{n+1}+3$,两式相减得$a_{n+1}^2-a_n^2+2(a_{n+1}-a_n)=4a_{n+1}$,即$2(a_{n+1}+a_n)=a_{n+1}^2-a_n^2=(a_{n+1}+a_n)(a_{n+1}-a_n)$.因为$a_n>0$,所以$a_{n+1}-a_n=2$.因为当$n=1$时,$a_1^2+2a_1=4a_1+3$,所以$a_1=-1$(舍去)或$a_1=3$,所以$\{a_n\}$是首项为3、公差$d=2$的等差数列,所以$\{a_n\}$的通项公式为$a_n=3+2(n-1)=2n+1$.

(2) 记数列$\{b_n\}$的前n项和为T_n.因为$a_n=2n+1$,所以$b_n=\frac{1}{a_na_{n+1}}=\frac{1}{(2n+1)(2n+3)}=\frac{1}{2}\left(\frac{1}{2n+1}-\frac{1}{2n+3}\right)$,所以$T_n=\frac{1}{2}\left(\frac{1}{3}-\frac{1}{5}+\frac{1}{5}-\frac{1}{7}+\cdots+\frac{1}{2n+1}-\frac{1}{2n+3}\right)=\frac{1}{2}\left(\frac{1}{3}-\frac{1}{2n+3}\right)=\frac{n}{3(2n+3)}$.

典例 2 (2023 年四省联考 19)记数列$\{a_n\}$的前n项和为T_n,且$a_1=1$,$a_n=T_{n-1}(n\geqslant 2)$.

(1) 求数列$\{a_n\}$的通项公式;

(2) 设m为整数,且对任意$n\in\mathbf{N}^*$,$m\geqslant\frac{1}{a_1}+\frac{2}{a_2}+\cdots+\frac{n}{a_n}$,求$m$的最小值.

关键点击 直击靶心

1. 结合目标，根据项与和的关系，消去 T_n 或 a_n 得到递推关系，进而求解 $\{a_n\}$ 的通项公式.

2. 利用错位相减法对(2)中式子求和，然后转化为最值问题处理.

图析路径 思维可视

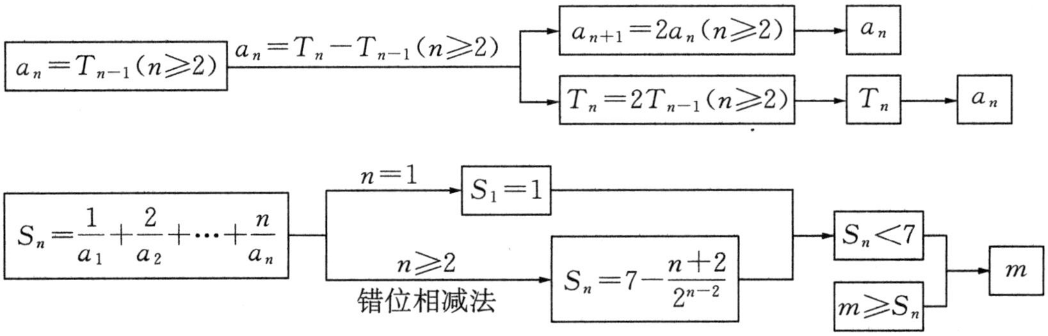

1. 利用 T_n 与 a_n 的关系，可得数列 $\{a_n\}$ 部分项成等比数列，进而得到数列 $\{a_n\}$ 的通项公式；也可得数列 $\{T_n\}$ 是以 2 为公比、1 为首项的等比数列，求出数列 $\{T_n\}$ 的通项，进而可得数列 $\{a_n\}$ 的通项公式.

2. 结合错位相减法化简 $\frac{1}{a_1}+\frac{2}{a_2}+\cdots+\frac{n}{a_n}$，进而分析其临界整数值，由此可得答案.

规范解答 精准示范

解：(1) 方法 1：当 $n=2$ 时，$a_2=T_1=a_1=1$；当 $n\geqslant2$ 时，$a_n=T_n-T_{n-1}=a_{n+1}-a_n$，故 $a_{n+1}=2a_n$，所以 $a_n=2^{n-2}$. 故 $a_n=\begin{cases}1, & n=1,\\ 2^{n-2}, & n\geqslant2.\end{cases}$

方法 2：因为当 $n\geqslant2$ 时，$a_n=T_n-T_{n-1}=T_{n-1}$，所以 $T_n=2T_{n-1}$，所以数列 $\{T_n\}$ 是以 2 为公比、1 为首项的等比数列，所以 $T_n=2^{n-1}$. 当 $n\geqslant2$ 时，$a_n=$

$T_n - T_{n-1} = 2^{n-1} - 2^{n-2} = 2^{n-2}$.又因为 $a_1 = 1$,不满足 $a_n = 2^{n-2}$,所以 $a_n = \begin{cases} 1, & n=1, \\ 2^{n-2}, & n \geqslant 2. \end{cases}$

(2) 设 $S_n = \frac{1}{a_1} + \frac{2}{a_2} + \cdots + \frac{n}{a_n}$,则当 $n=1$ 时,$S_1 = \frac{1}{a_1} = 1$.

当 $n \geqslant 2$ 时,$S_n = 1 + 2 \times \frac{1}{2^0} + 3 \times \frac{1}{2^1} + \cdots + n \times \frac{1}{2^{n-2}}$,则 $\frac{1}{2} S_n = \frac{1}{2} + 2 \times \frac{1}{2^1} + 3 \times \frac{1}{2^2} + \cdots + n \times \frac{1}{2^{n-1}}$,两式相减,得 $\frac{1}{2} S_n = \frac{5}{2} + \left(\frac{1}{2^1} + \frac{1}{2^2} + \cdots + \frac{1}{2^{n-2}} \right) - n \times \frac{1}{2^{n-1}} = \frac{5}{2} + \frac{1}{2} \times \frac{1 - \left(\frac{1}{2}\right)^{n-2}}{1 - \frac{1}{2}} - n \times \frac{1}{2^{n-1}}$,所以 $S_n = 7 - \frac{n+2}{2^{n-2}}$.

因为 $S_n < 7$,$S_5 = \frac{49}{8} > 6$,所以 m 的最小值为 7.

解后反思 迁移提升

常见数列的通项公式及其求和方法如表 30 - 1.

表 30 - 1

通项公式	求和方法
$a_n = kn + b$,$a_n = kq^n$	公式法
$a_n = (kn + b) q^n$	错位相减法
$a_n = (kn + b) + k' q^n$	分组求和法
$a_n = \frac{1}{n(n+m)}$,$a_n = \frac{1}{\sqrt{n} + \sqrt{n+m}}$,…	裂项相消法
$a_n = (-1)^n (an^2 + bn + c)$,…	并项求和法

31. 项和同笼　两式归一

高考试题常从我们熟悉的等差数列和等比数列入手，表现形式常为题设条件中同时含有 S_n 与 a_n，即 $S_n=f(a_n)$ 或者 $a_n=f(S_n)$.这类问题不是常规地考查数列求和，而是要求先创新地运用公式 $a_n=\begin{cases}S_1, & n=1,\\ S_n-S_{n-1}, & n\geqslant 2\end{cases}$ 将条件中 S_n 与 a_n 合二为一，然后利用定义求解.解决此类问题需要综合运用分析递推、归纳求解、裂项求和等数学技巧，同时要求具有理性思维、数学应用等数学学科素养.

典例 1　(2021 年全国乙卷理 19)记 S_n 为数列$\{a_n\}$的前 n 项和，b_n 为数列$\{S_n\}$的前 n 项积，已知 $\dfrac{2}{S_n}+\dfrac{1}{b_n}=2$.

(1) 求证：数列$\{b_n\}$是等差数列；

(2) 求$\{a_n\}$的通项公式.

关键点击　直击靶心

1. 消去条件中的 S_n，得到 b_n 的递推关系，从而证明数列$\{b_n\}$是等差数列.

2. 利用 S_n 与 a_n 的关系，消去 S_n，得到$\{a_n\}$的通项公式.

图析路径　思维可视

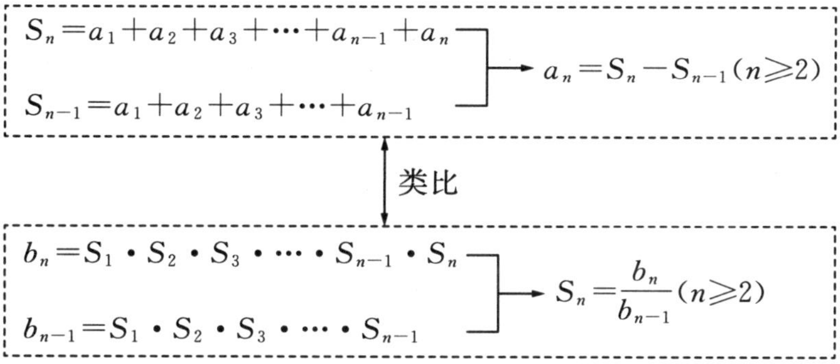

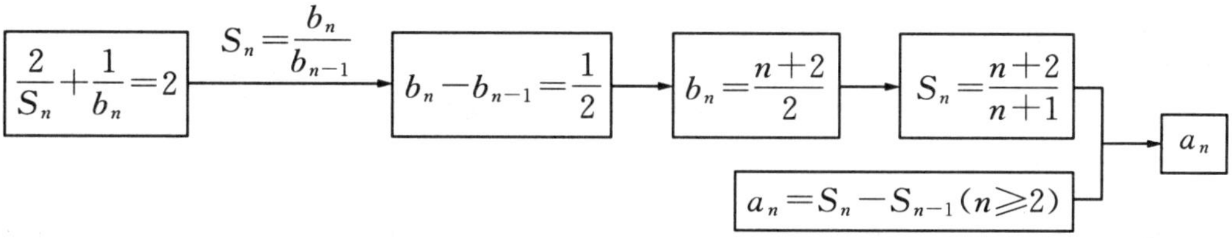

1. 由题意，当 $n=1$ 时，$b_1=S_1$，代入已知等式可得 b_1 的值；当 $n\geqslant2$ 时，将 $\frac{b_n}{b_{n-1}}=S_n$ 代入 $\frac{2}{S_n}+\frac{1}{b_n}=2$，可得 $b_n-b_{n-1}=\frac{1}{2}$，进一步得到数列 $\{b_n\}$ 是等差数列.

2. 由 $a_1=S_1=b_1=\frac{3}{2}$，可得 $b_n=\frac{n+2}{2}$，代入已知等式可得 $S_n=\frac{n+2}{n+1}$，当 $n\geqslant2$ 时，$a_n=S_n-S_{n-1}=-\frac{1}{n(n+1)}$，进一步得到数列 $\{a_n\}$ 的通项公式.

规范解答　精准示范

解：(1) 证明：由已知 $\frac{2}{S_n}+\frac{1}{b_n}=2$ 得 $S_n=\frac{2b_n}{2b_n-1}$，且 $b_n\neq0$，$b_n\neq\frac{1}{2}$. 取 $n=1$，由 $S_1=b_1$ 得 $b_1=\frac{3}{2}$.

因为 b_n 为数列 $\{S_n\}$ 的前 n 项积，且 $b_n\neq0$，所以 $S_n=\frac{b_n}{b_{n-1}}(n\geqslant2)$，所以 $\frac{2b_n}{2b_n-1}=\frac{b_n}{b_{n-1}}$. 因为 $b_n\neq0$，所以 $\frac{2}{2b_n-1}=\frac{1}{b_{n-1}}$，即 $b_n-b_{n-1}=\frac{1}{2}(n\geqslant2)$，所以

数列$\{b_n\}$是以$b_1=\dfrac{3}{2}$为首项、以$d=\dfrac{1}{2}$为公差的等差数列.

(2) 由(1)可得数列$\{b_n\}$是以$b_1=\dfrac{3}{2}$为首项、以$d=\dfrac{1}{2}$为公差的等差数列，因此$b_n=\dfrac{3}{2}+(n-1)\times\dfrac{1}{2}=1+\dfrac{n}{2}$，$S_n=\dfrac{2b_n}{2b_n-1}=\dfrac{2+n}{n+1}$.

当$n=1$时，$a_1=S_1=\dfrac{3}{2}$；当$n\geqslant 2$时，$a_n=S_n-S_{n-1}=\dfrac{2+n}{1+n}-\dfrac{1+n}{n}=-\dfrac{1}{n(n+1)}$，显然对于$n=1$不成立.故$a_n=\begin{cases}\dfrac{3}{2}, & n=1,\\ -\dfrac{1}{n(n+1)}, & n\geqslant 2.\end{cases}$

典例 2 (2017 年全国Ⅲ卷文 17)设数列$\{a_n\}$满足$a_1+3a_2+\cdots+(2n-1)a_n=2n$.求：

(1) $\{a_n\}$的通项公式；

(2) 数列$\left\{\dfrac{a_n}{2n+1}\right\}$的前$n$项和.

关键点击 直击靶心

1. $a_1+3a_2+\cdots+(2n-1)a_n$是数列$\{(2n-1)a_n\}$的前$n$项和.

2. 根据数列的通项公式进行裂项并求和.

图析路径 思维可视

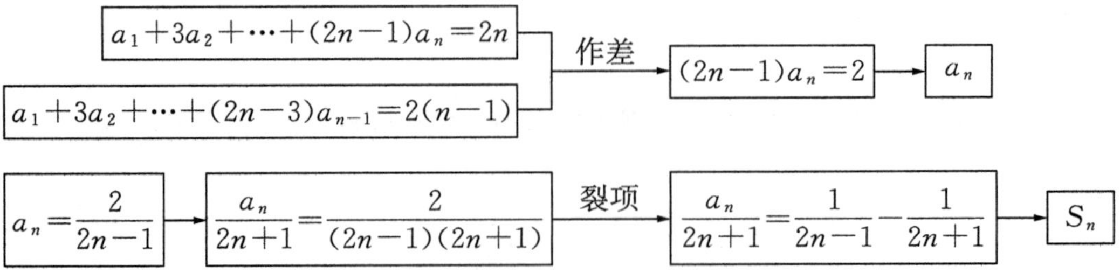

1. 利用数列递推关系作差得到$(2n-1)a_n=2$.

2. 根据$\frac{a_n}{2n+1}=\frac{2}{(2n-1)(2n+1)}=\frac{1}{2n-1}-\frac{1}{2n+1}$,利用裂项相消法即可求解$\left\{\frac{a_n}{2n+1}\right\}$的前 n 项和.

规范解答 精准示范

解:(1) 因为$a_1+3a_2+\cdots+(2n-1)a_n=2n$,所以当 $n\geqslant2$ 时,$a_1+3a_2+\cdots+(2n-3)a_{n-1}=2(n-1)$,所以$(2n-1)a_n=2(n\geqslant2)$,所以 $a_n=\frac{2}{2n-1}(n\geqslant2)$.当 $n=1$ 时,$a_1=2$,上式也成立.因此 $a_n=\frac{2}{2n-1}$.

(2) 记数列$\left\{\frac{a_n}{2n+1}\right\}$的前 n 项和为 S_n,因为$\frac{a_n}{2n+1}=\frac{2}{(2n-1)(2n+1)}=\frac{1}{2n-1}-\frac{1}{2n+1}$,所以 $S_n=\left(1-\frac{1}{3}\right)+\left(\frac{1}{3}-\frac{1}{5}\right)+\cdots+\left(\frac{1}{2n-1}-\frac{1}{2n+1}\right)=1-\frac{1}{2n+1}=\frac{2n}{2n+1}$.

解后反思 迁移提升

1. 有显性关系的问题的处理策略.

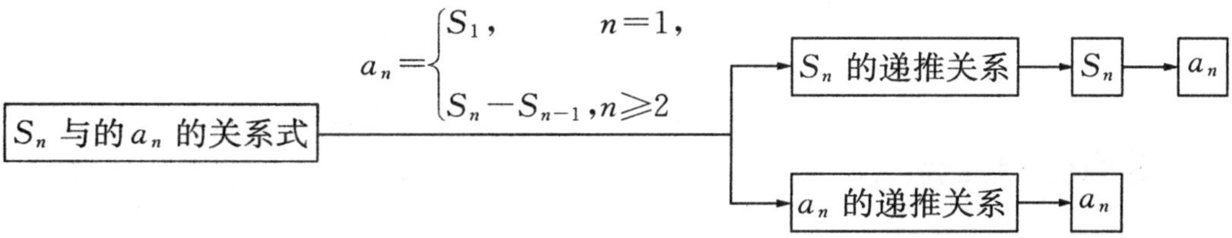

2. 有隐性关系的问题的处理策略.

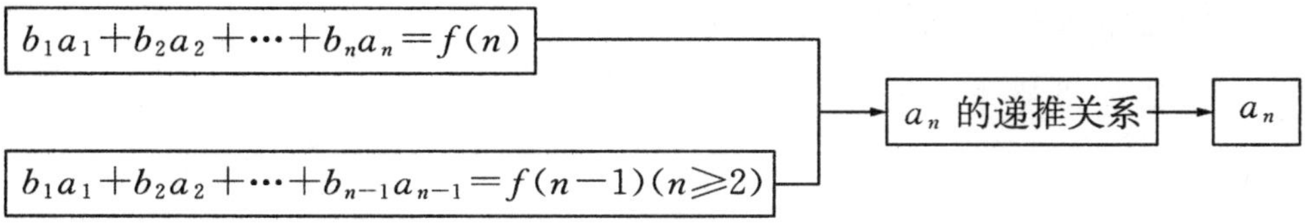

32. 无法直达　构造迂回

若数列$\{a_n\}$本身不是常规的等差数列或者等比数列，但是通过对该数列的每一项施以相同的运算后构成一个新的数列$\{b_n\}$，而$\{b_n\}$是等差数列或者等比数列，则可以先求解$\{b_n\}$的通项公式，再求解$\{a_n\}$的通项公式.例如观察数列：9，99，999，9 999，…，写出它的一个通项公式.我们把该数列每一项都加上1之后得到新数列：10，100，1 000，10 000，…，这个数列的一个通项公式是$a_n=10^n$，则原数列的通项公式是$b_n=10^n-1$.常用的构造数列有$\{a_n+k\}$，$\left\{\frac{1}{a_n}\right\}$，$\{a_n^{\alpha}\}$，$\left\{\frac{a_n}{n}\right\}$，等等，不一而足.

典例 1　(2020 年全国Ⅲ卷理 17)设数列$\{a_n\}$满足$a_1=3$，$a_{n+1}=3a_n-4n$.

(1) 计算a_2，a_3，猜想$\{a_n\}$的通项公式并加以证明；

(2) 求数列$\{2^na_n\}$的前n项和S_n.

关键点击　直击靶心

1. 用赋值法求解a_2，a_3，归纳猜想$\{a_n\}$的通项公式.
2. 构造常数列证明所猜想的通项公式.
3. 错位相减法求S_n.

图析路径　思维可视

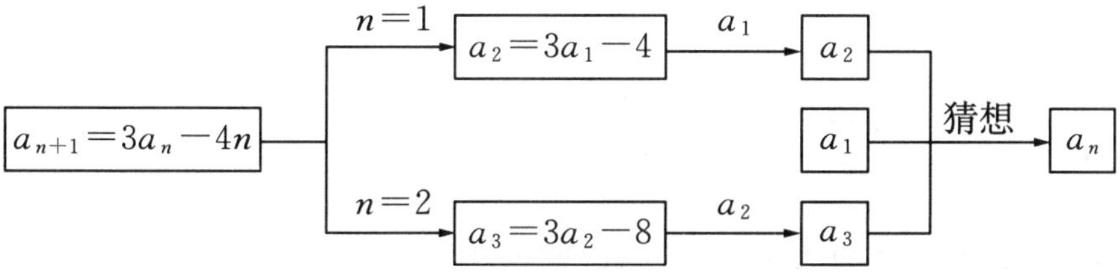

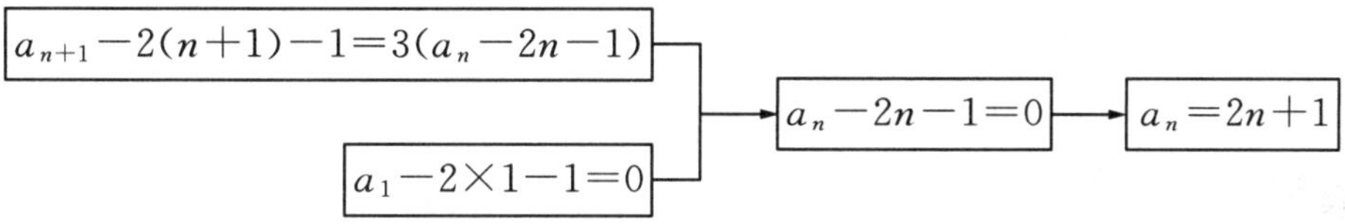

利用赋值法结合数列的递推关系式求出 a_2，a_3，猜想$\{a_n\}$的通项公式，构造常数列证明.

规范解答　精准示范

解：(1) 因为 $a_1=3$，$a_{n+1}=3a_n-4n$，所以 $a_2=3a_1-4=5$，$a_3=3a_2-4\times2=7$. 猜想$\{a_n\}$的通项公式为 $a_n=2n+1$.

证明：因为 $a_{n+1}=3a_n-4n$，所以 $a_{n+1}-2(n+1)-1=3(a_n-2n-1)$，又因为 $a_1-2\times1-1=0$，所以 $a_n-2n-1=0$，所以 $a_n=2n+1$.

(2) 令 $b_n=2^na_n=(2n+1)2^n$，则数列$\{2^na_n\}$的前 n 项和 $S_n=3\times2^1+5\times2^2+\cdots+(2n+1)2^n$　①，则 $2S_n=3\times2^2+5\times2^3+\cdots+(2n+1)2^{n+1}$　②，①－②，得 $-S_n=3\times2+2\times2^2+\cdots+2\times2^n-(2n+1)2^{n+1}=6+\dfrac{8(1-2^{n-1})}{1-2}-(2n+1)2^{n+1}$，则 $S_n=(2n-1)2^{n+1}+2$.

典例 2　已知 T_n 为正项数列$\{a_n\}$的前 n 项的乘积，且 $a_1=3$，$T_n^2=a_n^{n+1}$.

(1) 求$\{a_n\}$的通项公式；

(2) 若 $b_n=\dfrac{(a_n+3)4^n}{(a_{n+1}+1)(a_n+1)}$，求证：$b_1+b_2+\cdots+b_n<\left(\dfrac{4}{3}\right)^{n+1}$.

关键点击 直击靶心

1. 用$\dfrac{T_{n+1}^2}{T_n^2}=a_{n+1}^2$求出数列$\{a_n\}$相邻项的关系.

2. 根据次数与下标的关系，构造数列$\left\{\dfrac{\lg a_n}{n}\right\}$.

图析路径 思维可视

$T_n^2=a_n^{n+1}$ → $T_{n+1}^2=a_{n+1}^{n+2}$；$\dfrac{T_{n+1}^2}{T_n^2}=a_{n+1}^2$ → $a_{n+1}^n=a_n^{n+1}$

$a_{n+1}^n=a_n^{n+1}$ → $(a_{n+1}^n)^{\frac{1}{n(n+1)}}=(a_n^{n+1})^{\frac{1}{n(n+1)}}$ → $a_{n+1}^{\frac{1}{n+1}}=a_n^{\frac{1}{n}}$

$a_{n+1}^n=a_n^{n+1}$ → $n\lg a_{n+1}=(n+1)\lg a_n$ → $\dfrac{\lg a_{n+1}}{n+1}=\dfrac{\lg a_n}{n}$

$b_n=\dfrac{(a_n+3)4^n}{(a_{n+1}+1)(a_n+1)}$；$a_n=3^n$ → $b_n=\dfrac{(3^n+3)4^n}{(3^{n+1}+1)(3^n+1)}=\dfrac{4^{n+1}}{3^{n+1}+1}-\dfrac{4^n}{3^n+1}$ → $\sum\limits_{i=1}^{n}b_i=\dfrac{4^{n+1}}{3^{n+1}+1}-1$

1. 数列$\{a_n\}$的递推关系$a_{n+1}^n=a_n^{n+1}$中，下标与指数可以用指数运算处理，也可以用对数运算处理.

2. 由b_n的结构特征容易想到裂项求和，对所分解的目标式要心中有数.

规范解答 精准示范

解：(1) 因为$T_{n+1}^2=a_{n+1}^{n+2}$，$T_n^2=a_n^{n+1}$，且$\dfrac{T_{n+1}}{T_n}=a_{n+1}$，所以$\dfrac{T_{n+1}^2}{T_n^2}=a_{n+1}^2=\dfrac{a_{n+1}^{n+2}}{a_n^{n+1}}$，所以$a_{n+1}^n=a_n^{n+1}$，所以$\lg a_{n+1}^n=\lg a_n^{n+1}$，即$n\lg a_{n+1}=(n+1)\lg a_n$，所以$\dfrac{\lg a_{n+1}}{n+1}=\dfrac{\lg a_n}{n}$，所以数列$\left\{\dfrac{\lg a_n}{n}\right\}$是常数列，所以$\dfrac{\lg a_n}{n}=\dfrac{\lg a_1}{1}=\lg 3$，所以$\lg a_n=n\lg 3=\lg 3^n$，所以$a_n=3^n$.

（2）因为 $b_n=\frac{(a_n+3)4^n}{(a_{n+1}+1)(a_n+1)}=\frac{(3^n+3)4^n}{(3^{n+1}+1)(3^n+1)}=\frac{4^{n+1}}{3^{n+1}+1}-\frac{4^n}{3^n+1}$，所以 $b_1+b_2+\cdots+b_n=\frac{4^2}{3^2+1}-\frac{4}{3+1}+\frac{4^3}{3^3+1}-\frac{4^2}{3^2+1}+\cdots+\frac{4^{n+1}}{3^{n+1}+1}-\frac{4^n}{3^n+1}=\frac{4^{n+1}}{3^{n+1}+1}-\frac{4}{3+1}=\frac{4^{n+1}}{3^{n+1}+1}-1<\frac{4^{n+1}}{3^{n+1}+1}<\frac{4^{n+1}}{3^{n+1}}=\left(\frac{4}{3}\right)^{n+1}$.

解后反思 迁移提升

1. 若 $a_{n+1}=qa_n+d(q\neq1,d\neq0)$，则 $\left\{a_n+\frac{d}{q-1}\right\}$ 为等比数列.

2. 若 $a_{n+1}-a_n=f(n)$ 且 $f(n)=g(n+1)-g(n)$，则 $\{a_n-g(n)\}$ 为常数列.

3. 若 $\frac{a_{n+1}}{a_n}=f(n)$ 且 $f(n)=\frac{g(n+1)}{g(n)}$，则 $\left\{\frac{a_n}{g(n)}\right\}$ 为常数列.

33. 数列背景　函数本质

根据数列的定义可知，对于每一个下标 n，都有唯一的项 a_n 与之对应，因此，从本质上看，数列是一类特殊的函数，它的定义域是正整数集或正整数集的有限子集，它的图象是一系列的散点.解决数列问题时，我们要善于从函数的视角去认识问题，寻找突破口.例如，等差数列 $\{a_n\}$ 的通项公式是 $a_n=a_1+(n-1)d(d\neq 0)$，故 a_n 是关于 n 的一次函数；当 $q\neq 1$ 时，等比数列 $\{b_n\}$ 的通项公式是 $b_n=b_1q^{n-1}(b_1\neq 0,q\neq 0$ 且 $q\neq 1)$，故 b_n 是关于 n 的指数型函数.基于此，我们可以快速地判断一个数列是不是等差数列、等比数列.等差数列 $\{a_n\}$ 的前 n 项和的公式是 $S_n=na_1+\dfrac{n(n-1)d}{2}$，当 $d\neq 0$ 时，它是关于 n 的二次函数(常数项为 0).当 $q\neq 1$ 时，等比数列 $\{b_n\}$ 的前 n 项和的公式是 $T_n=b_1\cdot\dfrac{1-q^n}{1-q}$，也可写为 $T_n=b_1\cdot\dfrac{1-q^n}{1-q}=-\dfrac{b_1}{1-q}q^n+\dfrac{b_1}{1-q}$，它是关于 n 的指数型函数，若记 $B=\dfrac{b_1}{q-1}$，则 $T_n=Bq^n-B$.

典例 1　(2022 年上海卷 10)已知等差数列 $\{a_n\}$ 的公差不为零，S_n 为其前 n 项和.若 $S_5=0$，则 $S_i(i=1,2,\cdots,100)$ 中不同的数值有________个.

关键点击 直击靶心

1. 由 $S_5=0$ 得到数列 $\{a_n\}$ 的首项与公差的关系.

2. 根据 S_n 的函数特征,结合其对称轴解决问题.

图析路径 思维可视

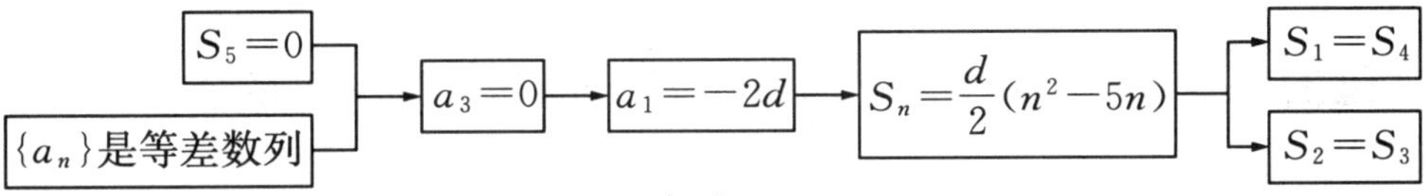

方法 1

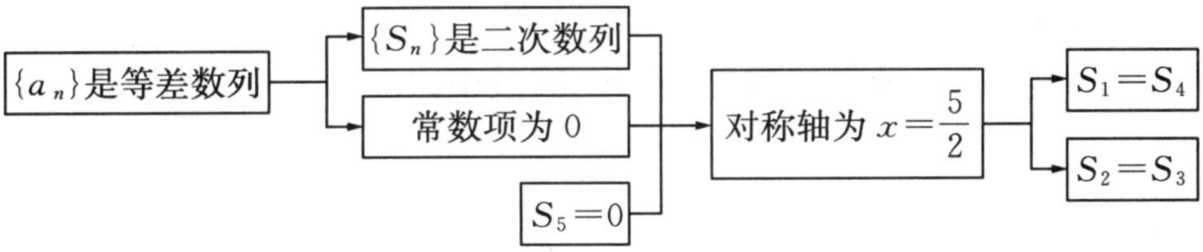

方法 2

1. 由等差数列的性质求出 $a_1=-2d$.

2. 因为 $S_n=\frac{d}{2}(n^2-5n)$ 是关于 n 的二次函数,故 $S_1=S_4$,$S_2=S_3$,其余均不相等.

规范解答 精准示范

98 **解析:** 方法 1:因为等差数列 $\{a_n\}$ 的公差不为零,S_n 为其前 n 项和,$S_5=0$,所以 $S_5=5a_3=0$,解得 $a_1=-2d$,所以 $S_n=\frac{d}{2}(n^2-5n)$.

因为 $d\neq0$,所以 $S_n=\frac{d}{2}(n^2-5n)$ 是关于 n 的二次函数.

因为关于 x 的二次函数 $y=\frac{d}{2}(x^2-5x)$ 的对称轴为 $x=\frac{5}{2}$,所以 $S_1=$

S_4，$S_2=S_3$，其余各项均不相等，所以 S_i（$i=1,2,\cdots,100$）中不同的数值有 $100-2=98$（个）.

方法 2：因为等差数列$\{a_n\}$的公差不为零，S_n 为其前 n 项和，所以 S_n 是关于 n 的二次函数且常数项为 0，设 $S_n=f(n)$，$n\in\mathbf{N}^*$.

又因为 $S_5=0$，所以 $y=f(x)$ 的对称轴方程为 $x=\dfrac{5}{2}$，所以 $S_1=S_4$，$S_2=S_3$，其余各项均不相等，所以 S_i（$i=1,2,\cdots,100$）中不同的数值有 $100-2=98$（个）.

典例 2 （2022 年全国甲卷理 17）记 S_n 为数列$\{a_n\}$的前 n 项和.已知 $\dfrac{2S_n}{n}+n=2a_n+1$.

（1）求证：$\{a_n\}$是等差数列；

（2）若 a_4，a_7，a_9 成等比数列，求 S_n 的最小值.

关键点击 直击靶心

1. 将条件 $\dfrac{2S_n}{n}+n=2a_n+1$ 中的 S_n 消去，得到数列$\{a_n\}$的递推关系，即可证明$\{a_n\}$是等差数列.

2. 根据条件列出方程求出首项 a_1，利用等差数列性质或者求和公式求解 S_n 的最小值.

图析路径 思维可视

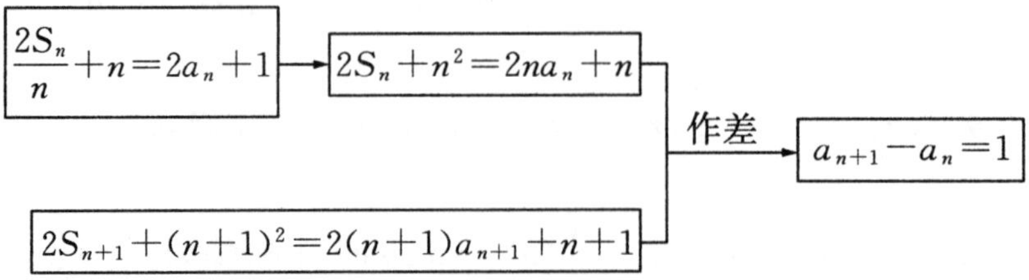

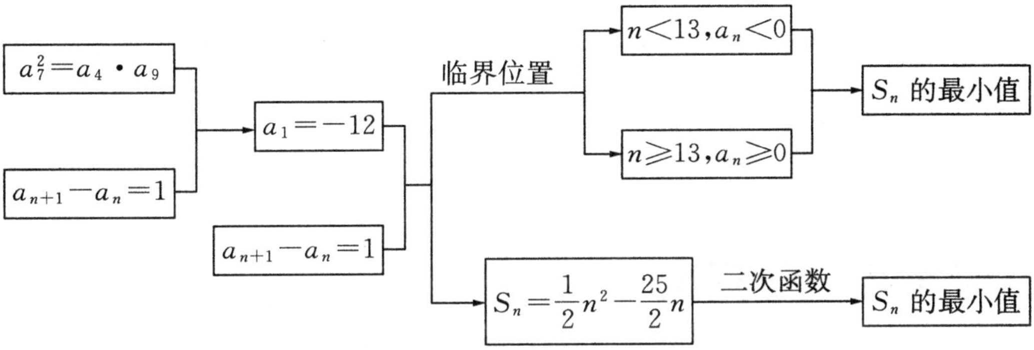

1. 把已知条件中 n 换为 $n+1$，然后作差可得递推关系，从而证明$\{a_n\}$是等差数列.

2. 由 a_4,a_7,a_9 成等比数列，求出首项，利用等差数列通项公式找出 a_n 正、负分界点，或者用二次函数的最值求解 S_n 的最小值.

规范解答　精准示范

解：(1) 因为$\frac{2S_n}{n}+n=2a_n+1$，所以 $2S_n+n^2=2na_n+n$　①，所以 $2S_{n+1}+(n+1)^2=2(n+1)a_{n+1}+n+1$　②，由②－①可得 $2a_{n+1}=2(n+1)a_{n+1}-2na_n-2n$，化简得 $a_{n+1}-a_n=1$.因此，$\{a_n\}$为等差数列.

(2) 方法 1：因为 $a_{n+1}-a_n=1$，所以等差数列$\{a_n\}$的公差为 1，所以 $a_7=a_1+6,a_4=a_1+3,a_9=a_1+8$.因为 $a_7^2=a_4\cdot a_9$，所以$(a_1+6)^2=(a_1+3)(a_1+8)$，解得 $a_1=-12$，所以 $a_n=-12+(n-1)\times1=n-13$.

令 $a_n<0$，可得 $n<13$，则 $a_1<a_2<a_3<\cdots<a_{12}<0$.令 $a_n\geqslant0$，可得 $n\geqslant13$，则当 $n\geqslant13$ 时，$a_n\geqslant0$.故 S_n 在 $n=12$ 或者 $n=13$ 时取得最小值，且 $S_{12}=S_{13}=\frac{(-12+0)\times13}{2}=-78$，故 S_n 的最小值为-78.

方法 2：因为 $a_{n+1}=a_n+1$，所以等差数列$\{a_n\}$的公差为 1，所以 $a_7=a_1+6$，$a_4=a_1+3,a_9=a_1+8$.因为 $a_7^2=a_4\cdot a_9$，所以$(a_1+6)^2=(a_1+3)(a_1+8)$，解得 $a_1=-12$，所以 $S_n=-12n+\frac{n(n-1)}{2}\times1=\frac{1}{2}n^2-\frac{25}{2}n=\frac{1}{2}\left(n-\frac{25}{2}\right)^2-$

$\frac{625}{8}$.又因为 $n\in\mathbf{N}^*$,所以当 $n=12$ 或者 $n=13$ 时,S_n 取得最小值,且 $S_{12}=S_{13}=\frac{1}{8}-\frac{625}{8}=-78$,故 S_n 的最小值为 -78.

解后反思 迁移提升

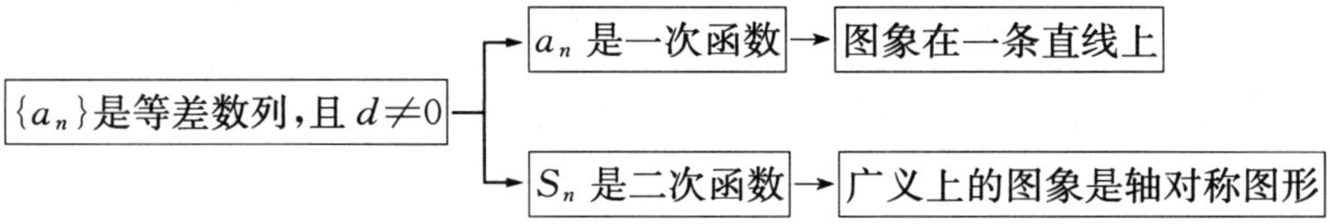

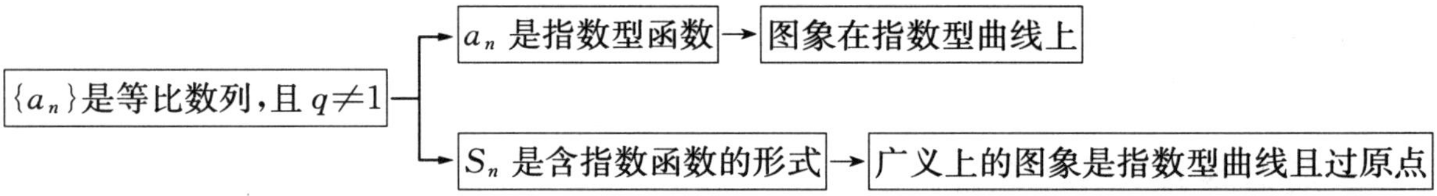

34. 数列不等　通法为要

数列与不等式结合，通常是该数列的通项公式或前 n 项和 S_n 已知（或已求得），然后在此基础上进行比较，证明不等式成立（或不成立）. 以数列为载体的不等式的证明，只是变量的取值范围发生改变，还是要回归到基本的方法：作差法（一般方法）、作商法（两式同号）、构造函数法（含超越不等式）.

典例 1　（多选）已知各项都是正数的数列 $\{a_n\}$ 的前 n 项和为 S_n，且 $S_n=\dfrac{a_n}{2}+\dfrac{1}{2a_n}$，则　　（　　）

A. $\{S_n^2\}$ 是等差数列　　B. $S_n+S_{n+2}<2S_{n+1}$

C. $a_{n+1}>a_n$　　D. $S_n-\dfrac{1}{S_n}\geqslant \ln n$

关键点击　直击靶心

1. 结合目标，利用 $a_n=S_n-S_{n-1}$ 将条件 $S_n=\dfrac{a_n}{2}+\dfrac{1}{2a_n}$ 中的 a_n 消去，得到 S_n 的递推关系.

2. 求出 S_n 与 a_n，利用不等式和构造函数法证明相关结论.

图析路径　思维可视

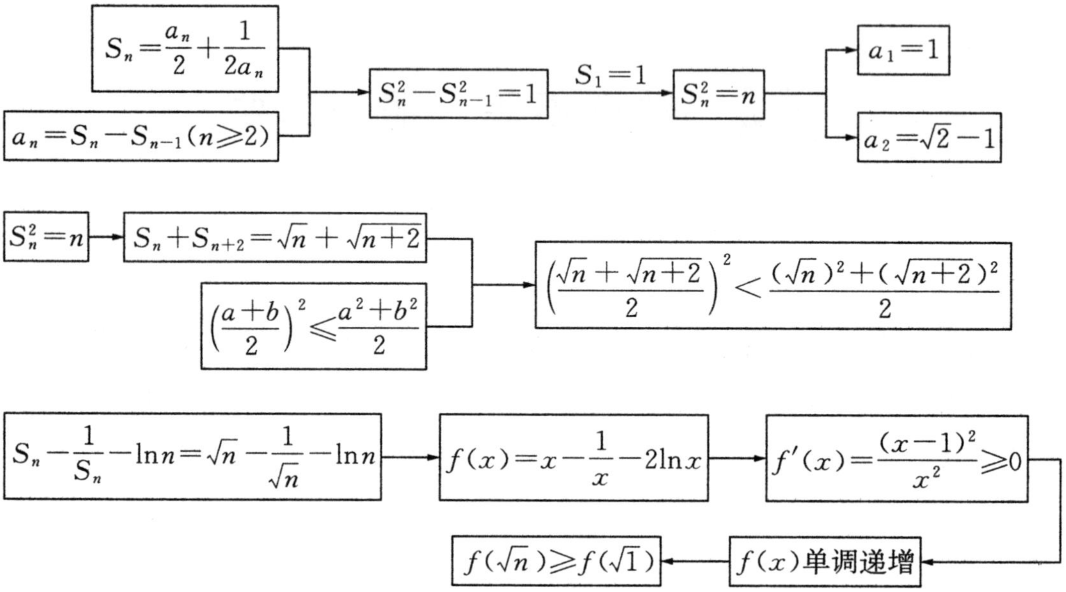

对于A，将 a_n 转化为 S_n，即可判断正误；对于B，利用A的结论求出 S_n，再利用常用不等式，即可判断正误；对于C，求出 $a_2<a_1$，即可判断正误；对于D，构造函数 $f(x)=x-\frac{1}{x}-2\ln x$，即可判断正误.

规范解答　精准示范

ABD　**解析：**当 $n=1$ 时，$a_1=S_1=\frac{a_1}{2}+\frac{1}{2a_1}$，因为 $a_1>0$，所以 $a_1=S_1=1$. 当 $n\geqslant 2$ 时，$S_n=\frac{S_n-S_{n-1}}{2}+\frac{1}{2(S_n-S_{n-1})}$，化简得 $S_n^2-S_{n-1}^2=1$，故 $\{S_n^2\}$ 是等差数列，故A正确.

因为 $S_n^2=S_1^2+(n-1)=n$，所以 $S_n=\sqrt{n}$. 因为 $\left(\frac{S_n+S_{n+2}}{2}\right)^2=\left(\frac{\sqrt{n}+\sqrt{n+2}}{2}\right)^2<\frac{n+n+2}{2}=n+1=S_{n+1}^2$，所以B正确.

因为 $a_2=S_2-S_1=\sqrt{2}-1<a_1$，所以C错误.

令 $f(x)=x-\frac{1}{x}-2\ln x(x\geqslant 1)$，则 $f'(x)=\frac{(x-1)^2}{x^2}\geqslant 0$，则 $f(x)$ 在$[1,+\infty)$上单调递增，故 $f(x)\geqslant f(1)=0$，则 $f(\sqrt{n})=\sqrt{n}-\frac{1}{\sqrt{n}}-\ln n\geqslant 0$，即 $S_n-\frac{1}{S_n}\geqslant \ln n$，故 D 正确.

典例 2 （2021 年全国乙卷文 19）设$\{a_n\}$是首项为 1 的等比数列，数列$\{b_n\}$满足 $b_n=\frac{na_n}{3}$，已知 $a_1,3a_2,9a_3$ 成等差数列.

（1）求$\{a_n\}$和$\{b_n\}$的通项公式.

（2）记 S_n 和 T_n 分别为$\{a_n\}$和$\{b_n\}$的前 n 项和.求证：$T_n<\frac{S_n}{2}$.

关键点击 直击靶心

1. 根据等比数列的定义及题目条件列出方程求出公比.
2. 分别利用公式法和错位相减法求和，然后作差证明不等式.

图析路径 思维可视

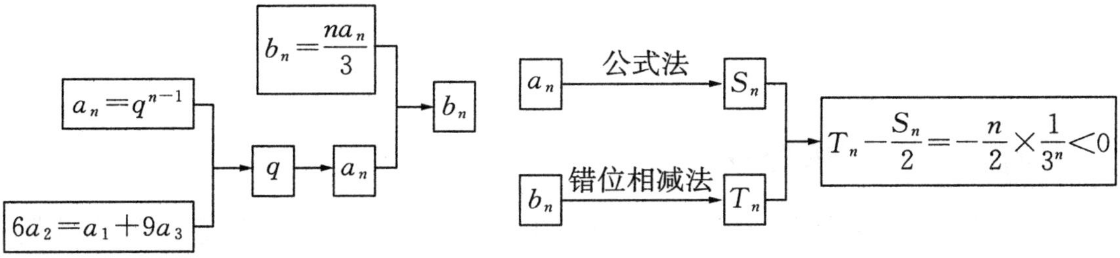

1. 根据 $a_1,3a_2,9a_3$ 成等差数列，$\{a_n\}$是首项为 1 的等比数列，求出公比 q，进一步求出$\{a_n\}$和$\{b_n\}$的通项公式.

2. 利用等比数列的前 n 项和公式求出 S_n，利用错位相减法求出 T_n，再利用作差法证明 $T_n<\frac{S_n}{2}$，作差时要注意指数式的化简.

规范解答 精准示范

解：(1) 因为 $a_1, 3a_2, 9a_3$ 成等差数列，所以 $6a_2=a_1+9a_3$. 因为 $\{a_n\}$ 是首项为 1 的等比数列，设其公比为 q，所以 $6q=1+9q^2$，解得 $q=\frac{1}{3}$，所以 $a_n=a_1q^{n-1}=\left(\frac{1}{3}\right)^{n-1}$，$b_n=\frac{na_n}{3}=n\cdot\left(\frac{1}{3}\right)^n$.

(2) 证明：因为 $a_n=\left(\frac{1}{3}\right)^{n-1}$，所以 $S_n=\frac{1\times\left[1-\left(\frac{1}{3}\right)^n\right]}{1-\frac{1}{3}}=\frac{3}{2}-\frac{3}{2}\times\left(\frac{1}{3}\right)^n$.

因为 $b_n=n\cdot\left(\frac{1}{3}\right)^n$，所以 $T_n=1\times\left(\frac{1}{3}\right)^1+2\times\left(\frac{1}{3}\right)^2+\cdots+n\times\left(\frac{1}{3}\right)^n$ ①，所以 $\frac{1}{3}T_n=1\times\left(\frac{1}{3}\right)^2+2\times\left(\frac{1}{3}\right)^3+\cdots+n\times\left(\frac{1}{3}\right)^{n+1}$ ②，由①－②，得 $\frac{2}{3}T_n=\frac{1}{3}+\frac{1}{3^2}+\cdots+\frac{1}{3^n}-n\times\left(\frac{1}{3}\right)^{n+1}=\frac{1}{2}\left[1-\left(\frac{1}{3}\right)^n\right]-n\times\left(\frac{1}{3}\right)^{n+1}$，所以 $T_n=\frac{3}{4}-\frac{1}{4}\times\left(\frac{1}{3}\right)^{n-1}-\frac{n}{2}\times\left(\frac{1}{3}\right)^n=\frac{3}{4}-\frac{2n+3}{4}\times\left(\frac{1}{3}\right)^n$，所以 $T_n-\frac{S_n}{2}=-\frac{n}{2}\times\left(\frac{1}{3}\right)^n<0$，所以 $T_n<\frac{S_n}{2}$.

解后反思 迁移提升

1. 以数列为载体的不等式证明问题通常考查等差数列与等比数列的概念，等比数列的前 n 项和和通项公式，考查逻辑推理能力、运算求解能力.

2. 对于含有指数式的运算问题，我们需要厘清底数和指数，熟练运用指数运算法则计算，学会利用一些常见的超越不等式进行证明.

35. 图形生长　归纳猜想

在数列的问题中，有时会出现一类“图形生长”问题.此类问题主要以图形的生成、数阵(或数表)形式出现.解决此类问题需要通过不完全归纳法探索发现变化规律，抽象出数学模型，总结数列的通项公式，进而解决后续问题.因为此类题目一般条件文字较多，而且含有动态的过程，所以我们需要认真审题，合理转化，恰当作图，深刻理解数列的递推关系.

典例 1　(2021 年新高考Ⅰ卷 16)某校学生在研究民间剪纸艺术时，发现剪纸时经常会沿纸的某条对称轴把纸对折.规格为 20 dm×12 dm 的长方形纸，对折 1 次共可以得到 10 dm×12 dm，20 dm×6 dm 两种规格的图形，它们的面积之和 $S_1=240\ \text{dm}^2$；对折 2 次共可以得到 5 dm×12 dm，10 dm×6 dm，20 dm×3 dm 三种规格的图形，它们的面积之和 $S_2=180\ \text{dm}^2$.以此类推，则对折 4 次共可以得到不同规格图形的种数为________；如果对折 n 次，那么 $\sum\limits_{k=1}^{n}S_k=$________$\text{dm}^2$.

关键点击　直击靶心

1. 通过折纸的过程，感知数列的形成.
2. 根据前几项归纳得到数列的通项公式，进而求和.

图析路径　思维可视

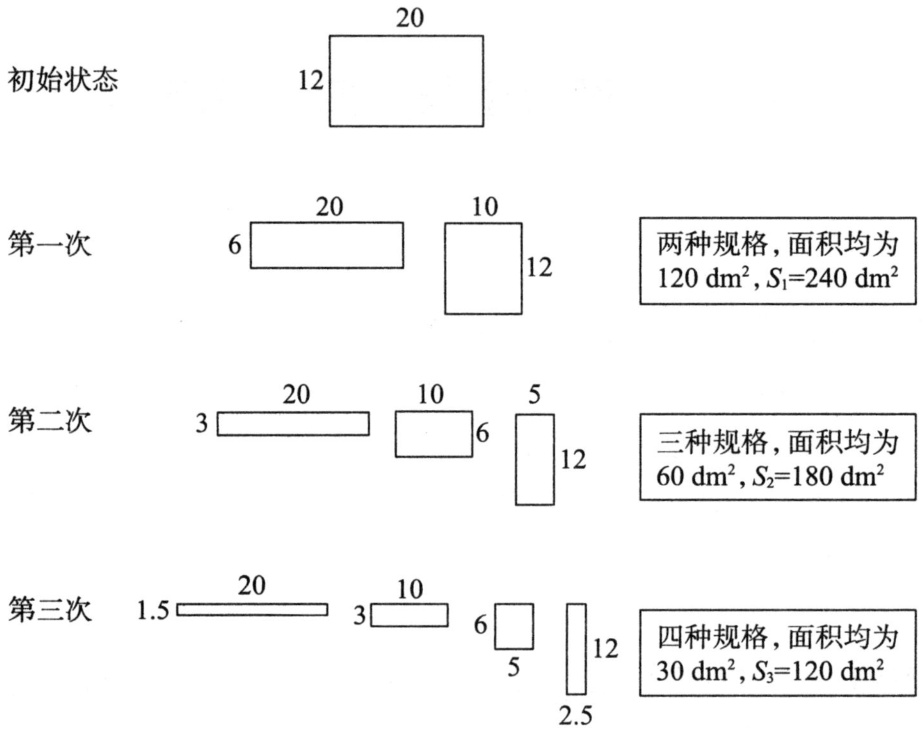

1. 第 n 次对折后，图形的规格形状种数为 $n+1$.

2. 因为每次对折后的图形的面积都减小为原来的一半，所以各次对折后的图形，不论规格如何，其面积(单位：dm^2)均是以 120 为首项、$\frac{1}{2}$为公比的等比数列，第 n 次对折后的图形面积为 $120\times\left(\frac{1}{2}\right)^{n-1}dm^2$.

规范解答　精准示范

5　$720-\frac{15(n+3)}{2^{n-4}}$　**解析：**在 n 次对折后，若沿原来的长边对折了 $i(0\leqslant i\leqslant n)$ 次，则沿原来短边对折了 $(n-i)$ 次，因为原来长边和短边不相等，所以可用沿原长边对折次数唯一确定图形规格，共有 $(n+1)$ 种.

在 n 次对折后，每一种规格图形面积都为 $\frac{240}{2^n}\text{dm}^2$，共有 $(n+1)$ 种，故 $S_n=\frac{120(n+1)}{2^{n-1}}\text{dm}^2$，设 $T_n=\sum\limits_{k=1}^{n}S_k=\frac{120\times2}{2^0}+\frac{120\times3}{2^1}+\frac{120\times4}{2^2}+\cdots+\frac{120(n+1)}{2^{n-1}}$，则 $\frac{1}{2}T_n=\frac{120\times2}{2^1}+\frac{120\times3}{2^2}+\cdots+\frac{120n}{2^{n-1}}+\frac{120(n+1)}{2^n}$，两式作差，得 $\frac{1}{2}T_n=240+120\left(\frac{1}{2}+\frac{1}{2^2}+\cdots+\frac{1}{2^{n-1}}\right)-\frac{120(n+1)}{2^n}=240+\frac{60\left(1-\frac{1}{2^{n-1}}\right)}{1-\frac{1}{2}}-\frac{120(n+1)}{2^n}=360-\frac{120}{2^{n-1}}-\frac{120(n+1)}{2^n}=360-\frac{120(n+3)}{2^n}$. 因此，$T_n=720-\frac{240(n+3)}{2^n}=720-\frac{15(n+3)}{2^{n-4}}$.

典例 2 数学家康托尔是集合论的创始人，以其名字命名的“康托尔尘埃”作法如下：如图 35 - 1，第 1 次操作，将边长为 1 的正方形分成 9 个边长为 $\frac{1}{3}$ 的小正方形后，保留靠角的 4 个，删去其余 5 个；第 2 次操作，将第 1 次剩余的每个小正方形继续 9 等分，并保留每个小正方形靠角的 4 个，其余正方形删去；……经过 n 次操作后，共删去________个小正方形；若要使保留下来的所有小正方形面积之和不超过 $\frac{1}{1\,000}$，则至少需要操作________次.($\lg2=0.301\,0$，$\lg3=0.477\,1$)

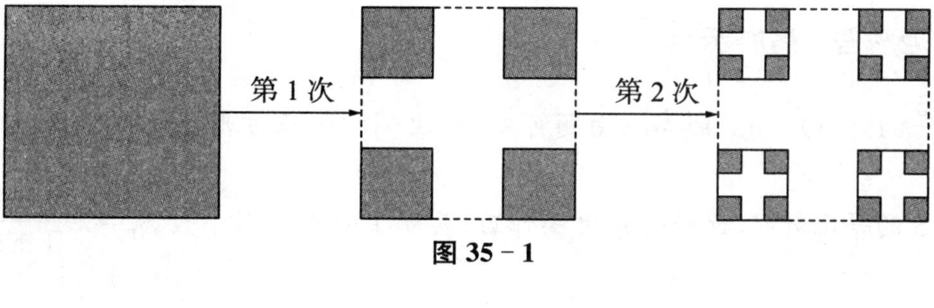

图 35 - 1

关键点击 直击靶心

1. 将问题转化为有关的数列问题.

2. 根据情景，分析条件，寻找变化规律，建立模型，列出方程、不等式进行求解.

图析路径 思维可视

第 1 次，5 个

第 2 次，20 个

……

第 n 次，$5\times4^{n-1}$ 个

→ $S_n=\dfrac{5(1-4^n)}{1-4}=\dfrac{5}{3}(4^n-1)$

第 1 次，小正方形的边长 $\dfrac{1}{3}$，个数为 4

第 2 次，小正方形的边长 $\dfrac{1}{9}$，个数为 16

……

→ 第 n 次，小正方形的边长 $\left(\dfrac{1}{3}\right)^n$，个数为 4^n

1. 通过观察可知每次删掉的正方形数和保留下来的正方形数为等比数列.

2. 根据等比数列的求和公式列出不等关系，求解不等式.

规范解答 精准示范

$\dfrac{5}{3}(4^n-1)$　9　**解析：**由题可知，每次删掉的正方形数构成公比为 4、首项为 5 的等比数列，故经过 n 次操作后，共删去的正方形个数 $S_n=\dfrac{5(1-4^n)}{1-4}=\dfrac{5}{3}(4^n-1)$.

易知，第 n 次操作后共保留 4^n 个小正方形，其边长为$\frac{1}{3^n}$，则保留下来的所有小正方形面积之和为$\left(\frac{1}{3^n}\right)^2\times 4^n=\left(\frac{4}{9}\right)^n$. 由$\left(\frac{4}{9}\right)^n\leqslant\frac{1}{1\ 000}$，解得 $n\geqslant\log_{\frac{4}{9}}\frac{1}{1\ 000}=\frac{-3}{2(\lg 2-\lg 3)}=\frac{-3}{2(0.301\ 0-0.477\ 1)}\approx 8.5$. 因此，至少需要操作 9 次才能使保留下来的所有小正方形面积之和不超过$\frac{1}{1\ 000}$.

解后反思 迁移提升

1. “图形生长”类问题主要考查数列的概念、通项公式以及前 n 项和公式，考查逻辑推理能力、运算求解能力、创新应用能力.

2. 分析题目条件，将实际问题转化为数学问题.

3. 利用函数思想解决数列与不等式问题.

36. 科技问题　数列工具

高考数学要求我们关注与国家经济社会发展、科学技术进步、生产与生活实际等紧密联系的内容.高考中常将数列知识融入信息技术、航空航天等高新科技背景中,问题情境设计新颖,彰显了数学学科的应用性,引导我们走出课本,用数学的眼光观察世界.此类试题指向明确,解题方法广泛,符合基础性、综合性、创新性和应用性的考查要求.

典例 1　(2022 年全国乙卷理 4)"嫦娥二号"卫星在完成探月任务后,继续进行深空探测,成为我国第一颗环绕太阳飞行的人造行星.为研究"嫦娥二号"绕日周期与地球绕日周期的比值,用到数列$\{b_n\}$:$b_1=1+\dfrac{1}{a_1}$,$b_2=1+\dfrac{1}{a_1+\dfrac{1}{a_2}}$,$b_3=1+\dfrac{1}{a_1+\dfrac{1}{a_2+\dfrac{1}{a_3}}}$,…,以此类推,其中$a_k\in\mathbf{N}^*$($k=1,2,\cdots$).则
　　(　　)

A. $b_1<b_5$　　B. $b_3<b_8$　　C. $b_6<b_2$　　D. $b_4<b_7$

关键点击　直击靶心

1. 用特殊值法取$a_k=1$即可求解.
2. 根据递推关系分别得到奇数项和偶数项的单调性.

图析路径 思维可视

$\boxed{a_k=1}$ → $b_1=2,b_2=\dfrac{3}{2},b_3=\dfrac{5}{3},b_4=\dfrac{8}{5},b_5=\dfrac{13}{8},b_6=\dfrac{21}{13},b_7=\dfrac{34}{21},b_8=\dfrac{55}{34}$

方法 1

$a_1<a_1+\cfrac{1}{a_2+\cfrac{1}{a_3}}$ → $b_1=1+\dfrac{1}{a_1}>b_3=1+\cfrac{1}{a_1+\cfrac{1}{a_2+\cfrac{1}{a_3}}}$

$a_3<a_3+\cfrac{1}{a_4+\cfrac{1}{a_5}}$ → $b_3=1+\cfrac{1}{a_1+\cfrac{1}{a_2+\cfrac{1}{a_3}}}>b_5=1+\cfrac{1}{a_1+\cfrac{1}{a_2+\cfrac{1}{a_3+\cfrac{1}{a_4+\cfrac{1}{a_5}}}}}$

方法 2

1. 在理解数列定义的基础上，取特殊值，化繁为简.

2. 数列 $\{b_n\}$ 的奇数项和偶数项分别具有单调性，依据定义分类讨论即可.

规范解答 精准示范

D **解析**：方法 1：取 $a_k=1$，则 $b_{n+1}=1+\dfrac{1}{b_n}$，结合 $b_1=2$，则 $b_1=2,b_2=\dfrac{3}{2},b_3=\dfrac{5}{3},b_4=\dfrac{8}{5},b_5=\dfrac{13}{8},b_6=\dfrac{21}{13},b_7=\dfrac{34}{21},b_8=\dfrac{55}{34}$，故选 D.

方法 2：结合题设条件，观察目标式中的下标，可知需要分奇偶讨论.

由已知 $b_1=1+\dfrac{1}{a_1}$，$b_3=1+\cfrac{1}{a_1+\cfrac{1}{a_2+\cfrac{1}{a_3}}}$，因为 $a_1<a_1+\cfrac{1}{a_2+\cfrac{1}{a_3}}$，故 $b_1>b_3$. 因为 $b_3=1+\cfrac{1}{a_1+\cfrac{1}{a_2+\cfrac{1}{a_3}}}$，$b_5=1+\cfrac{1}{a_1+\cfrac{1}{a_2+\cfrac{1}{a_3+\cfrac{1}{a_4+\cfrac{1}{a_5}}}}}$，又因为 $y=1+$

$\dfrac{1}{a_1+\dfrac{1}{a_2+\dfrac{1}{a_3+x}}}$单调递减，且$\dfrac{1}{a_4+\dfrac{1}{a_5}}>0$，所以 $b_3>b_5$. 同理可得 $b_5>b_7$. 故 A 错误.

因为 $b_2=1+\dfrac{1}{a_1+\dfrac{1}{a_2}}$，$b_4=1+\dfrac{1}{a_1+\dfrac{1}{a_2+\dfrac{1}{a_3+\dfrac{1}{a_4}}}}$，又因为 $y=1+\dfrac{1}{a_1+\dfrac{1}{a_2+x}}$单调递增，且$\dfrac{1}{a_3+\dfrac{1}{a_4}}>0$，所以 $b_4>b_2$. 同理可得 $b_6>b_4$. 故 C 错误.

因为 $y=1+\dfrac{1}{a_1+\dfrac{1}{a_2+\dfrac{1}{a_3+x}}}$单调递减，且当 $y=b_3$ 时，$x=0$，当 $y=b_8$ 时，$x>0$，所以 $b_3>b_8$. 故 B 错误.

由上讨论可知，每一偶数项都比它之后的项小，故 $b_4<b_7$. 故 D 正确.

典例 2 (2017 年全国Ⅰ卷理 12)几位大学生响应国家的创业号召，开发了一款应用软件. 为激发大家学习数学的兴趣，他们推出了“解数学题获取软件激活码”的活动. 这款软件的激活码为下面数学问题的答案：已知数列 1，1，2，1，2，4，1，2，4，8，1，2，4，8，16，…，其中第一项是 2^0，接下来的两项是 2^0，2^1，再接下来的三项是 2^0，2^1，2^2，以此类推. 求满足如下条件的最小整数 N：$N>100$ 且该数列的前 N 项和为 2 的整数幂. 则该款软件的激活码是（　　）

A. 440　　B. 330　　C. 220　　D. 110

关键点击 直击靶心

1. 将实际问题转化为有关的数列求和问题.

2. 数列分段给出,第 n 段是首项为 1,公比为 2 的 n 项等比数列.

3. 围绕基本概念与性质,进行数据分析与逻辑推理,发现规律,解决问题.

图析路径 思维可视

第一段→包含 1 项→总计 1 项→第一段的和为 1→总和为 1

↓

第二段→包含 2 项→总计 3 项→第二段的和为 3→总和为 4

↓

第三段→包含 3 项→总计 6 项→第三段的和为 7→总和为 11

↓

第 n 段→包含 n 项→总计 $\frac{n(n+1)}{2}$ 项→第 n 段的和为 2^n-1→总和为 $2^{n+1}-n-2$

1. 所求的 N 项中包含完整的 n 段等比数列以及第 $n+1$ 段等比数列的前 k 项.

2. 项数 $N=\frac{n(n+1)}{2}+k>100$.

3. 前 N 项和为 $2^{n+1}-n-2+2^k-1$.

规范解答 精准示范

A **解析:** 由题意,数列分段给出,第 n 段是首项为 1、公比为 2 的 n 项等比数列,因此前 n 段包含的项数是 $1+2+3+\cdots+n=\frac{n(n+1)}{2}$,这些项的和是 $2^0+(2^0+2^1)+(2^0+2^1+2^2)+\cdots+(2^0+2^1+\cdots+2^{n-1})=2^{n+1}-n-2$.

设所求的 N 项中包含完整的 n 段等比数列以及第 $n+1$ 段等比数列的前 k 项，则 $N=\dfrac{n(n+1)}{2}+k>100$，前 N 项和为 $2^{n+1}-n-2+2^k-1$.

要使得该数列的前 N 项和为 2 的整数幂，则 $-n-2+2^k-1=0$. 因此使得 $N=(2^k-3)\cdot(2^{k-1}-1)+k>100$ 成立的 k 的最小值是 5，此时 $N=(2^5-3)(2^4-1)+5=440$. 故选 A.

解后反思 迁移提升

1. 数列是离散数据的重要呈现方式，对数列概念和相关性质的认识和理解也是课程标准的基本要求. 典例 1 中问题以“嫦娥二号”卫星执行探月任务为背景，以连分数为基础定义数列，典例 2 中问题以源于生活的软件激活码为切入点，以等差数列、等比数列为素材，引导我们加深对数列的认识和对数列的概念的理解，考查了逻辑思维能力、运算求解能力和创新能力.

2. 不仅要具有扎实的数列认知和转化能力，还要有较强的分析问题、解决问题的能力和数学应用意识. 要根据情景认真分析，仔细求解，具有解决复杂问题的能力. 当然，此类问题常以选择题的形式出现，也可以从选项出发，采取逐项验证的方法解答.

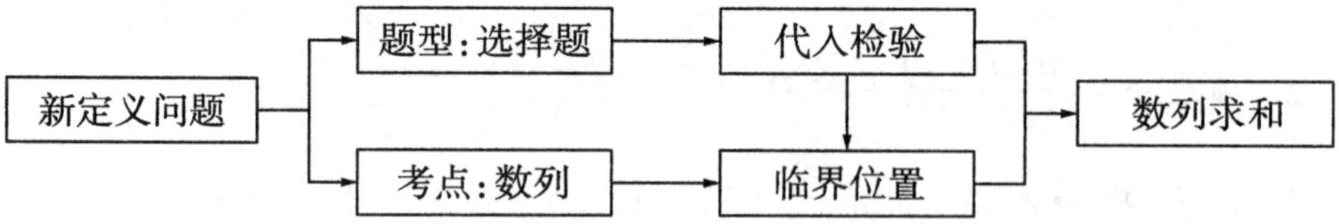

37. 古典文化　寻找规律

在数学试题中，有效挖掘中华优秀传统文化与数学问题之间的联系，可以生动地体现文化自信，激发我们对中华优秀传统文化的热爱，同时也可以引导我们看到中华文化与数学知识的紧密联系.在中华优秀传统文化中，有大量的案例与数列模型有关.将数列模型融入数学文化之中进行考查已成为高考的一种常态.

典例 1　(2022 年新高考Ⅱ卷 3)图 37－1 是中国古代建筑中的举架结构，AA'，BB'，CC'，DD'是桁，相邻桁的水平距离称为步，垂直距离称为举.图 37－2 是某古代建筑屋顶截面的示意图，其中 DD_1，CC_1，BB_1，AA_1 是举，OD_1，DC_1，CB_1，BA_1 是相等的步，相邻桁的举步之比分别为$\frac{DD_1}{OD_1}=0.5$，$\frac{CC_1}{DC_1}=k_1$，$\frac{BB_1}{CB_1}=k_2$，$\frac{AA_1}{BA_1}=k_3$.已知 k_1，k_2，k_3 成公差为 0.1 的等差数列，且直线 OA 的斜率为 0.725，则 k_3 等于　(　　)

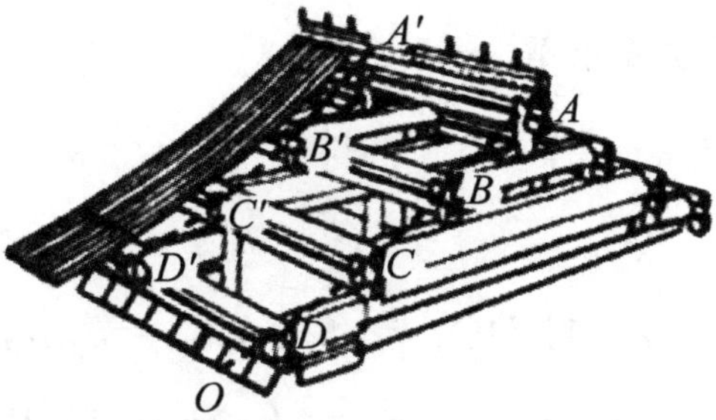

图 37－1

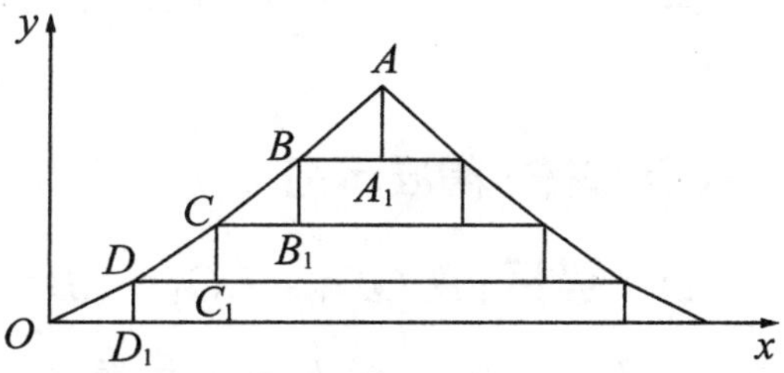

图 37－2

A. 0.75　　B. 0.8　　C. 0.85　　D. 0.9

关键点击 直击靶心

1. 认真阅读题目,准确理解题设中的条件.

2. 根据题图结合等差数列列式求解.

图析路径 思维可视

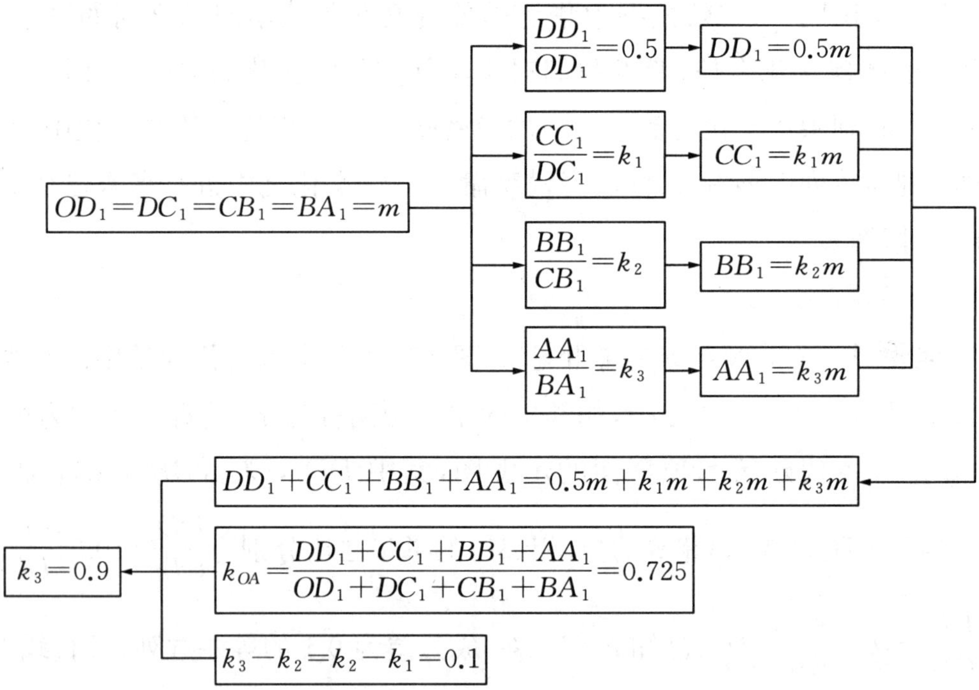

1. 立体几何平面化,把空间问题转化为平面问题解决.

2. 建立数学模型,根据题设条件,列出方程求解.

规范解答 精准示范

D **解析:** 设 $OD_1=DC_1=CB_1=BA_1=m$,则 $DD_1=0.5m$,$CC_1=k_1m$,$BB_1=k_2m$,$AA_1=k_3m$,由题意得 $k_1=k_3-0.2$,$k_2=k_3-0.1$,且 $\frac{DD_1+CC_1+BB_1+AA_1}{OD_1+DC_1+CB_1+BA_1}=0.725$,解得 $k_3=0.9$.故选 D.

典例 2 (2020 年全国Ⅱ卷理 4)北京天坛的圜丘坛为古代祭天的场所，分上、中、下三层.上层中心有一块圆形石板(称为天心石)，环绕天心石砌 9 块扇面形石板构成第一环，向外每环依次增加 9 块.下一层的第一环比上一层的最后一环多 9 块，向外每环依次也增加 9 块.已知每层环数相同，且下层比中层多 729 块扇面形石板，则三层共有扇面形石板(不含天心石) ( )

A. 3 699 块 B. 3 474 块 C. 3 402 块 D. 3 339 块

关键点击 直击靶心

1. 将实际问题抽象成从上到下、从内到外的每环的扇面形石板数构成的等差数列.

2. 根据等差数列的前 n 项和公式的性质解题.

图析路径 思维可视

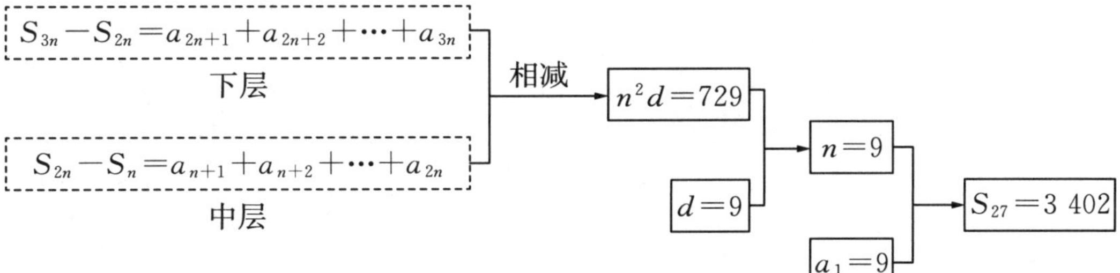

1. 设每一层有 n 环，则由题意可知，从内到外每环上扇面形石板数之间构成等差数列，首项 $a_1=9$，公差 $d=9$.

2. 由下层比中层多 729 块得到 $n^2d=729$，求出 $n=9$，再求 $S_{3n}=S_{27}$.

规范解答 精准示范

C **解析**：设每一层有 n 环，由题意可知，从内到外每环上扇面形石板数之间构成等差数列，首项 $a_1=9$，公差 $d=9$.因为$(S_{3n}-S_{2n})-(S_{2n}-S_n)=$

n^2d，所以 $n^2d=729$，解得 $n=9$，所以三层共有扇面形石板 $S_{3n}=S_{27}=27\times 9+\frac{27\times 26}{2}\times 9=3\ 402$(块).故选 C.

解后反思　迁移提升

1. 此类以数学文化为背景的试题重点考查数学建模等关键能力.如在典例 1 中,“举”“步”概念既是我们熟悉的日常名词,同时在试题中又有专门的定义,这就要求在试题情境中抽象出“举”是垂直距离,“步”是水平距离,进而选择合理的数学知识和数学工具,建立合适的数学模型,把“举”和“步”用数学的方式表达出来,从而建立方程,解决问题.

2. 数学的学科发展有两大方向:对数学内部的理性追求;对数学外部的应用或问题解决.数学内在的追求是数学发展的基本要求,而自然科学、社会科学及人文科学的问题提出和解决,对近现代数学学科的发展起到了非常重要的作用.因此,应用数列、解析几何等基础知识分析和解决问题,体会数学的实用价值非常必要.

第四章 概率统计

38. 分析异同　识别模型

二项分布是高考数学考察概率与统计部分的常见问题,解决问题的关键是通过复杂的问题背景或者所给条件的相关特征剖析出问题的本质,辨别清楚随机变量是不是服从二项分布,进而求出相应的概率值、概率分布列、数学期望和方差等.

典例 1　某电子公司新开发一电子产品,该电子产品的一个系统 G 由 $(2k-1)$ 个电子元件组成,各个电子元件能正常工作的概率均为 p,且每个电子元件能否正常工作相互独立.若系统中有超过一半的电子元件正常工作,则系统 G 可以正常工作,否则就需要维修.

(1) 当 $k=2, p=\frac{1}{2}$ 时,若该电子产品由 3 个系统 G 组成,每个系统的维修所需费用为 500 元,设 ξ 为该电子产品需要维修的系统所需的总费用,求 ξ 的分布列与数学期望.

(2) 为提高系统 G 正常工作的概率,在系统内增加 2 个功能完全一样的电子元件,每个新元件正常工作的概率均为 p,且新增元件后有超过一半的电子元件正常工作,则系统 G 可以正常工作,问:p 满足什么条件时,可以提高整个系统 G 的正常工作概率?

关键点击 直击靶心

1. 正确认识 ξ 的变化服从二项分布.

2. 系统 G 工作效率是否提高的判断即比较增加零件后工作概率 p_{k+1} 与之前 p_k 的大小.

图析路径 思维可视

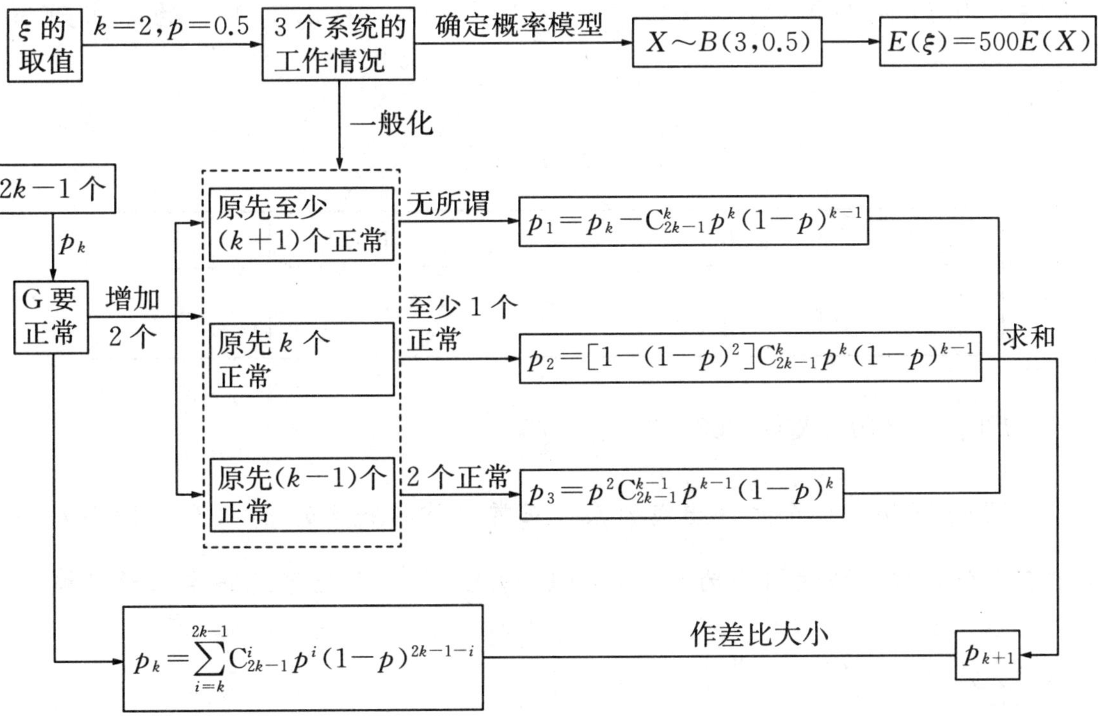

首先理解变量 ξ 的取值与几个零件工作的关系，系统零件工作情况服从二项分布，因此结合二项分布期望公式即可计算 ξ 的分布列；第(2)问中系统原先包含$(2k-1)$个零件，理解其正常工作的概率大小为 $p_k=\sum_{i=k}^{2k-1}C_{2k-1}^{i}p^i(1-p)^{2k-1-i}$.在增加 2 个零件后，判断系统 G 正常工作概率有无提高，即分情况

判断新系统正常工作的情况(分三类),注重原先工作时正常工作零件个数对问题的影响是解决问题的关键.

规范解答 精准示范

解:(1) 当 $k=2$ 时,一个系统有 3 个电子元件,则一个系统需要维修的概率为 $C_3^2\left(1-\frac{1}{2}\right)^3+C_3^3\left(1-\frac{1}{2}\right)^3=\frac{1}{2}$.

设 X 为该电子产品需要维修的系统个数,则 $X\sim B(3,0.5)$,$\xi=500X$,故 $P(\xi=500i)=P(X=i)=C_3^i\left(\frac{1}{2}\right)^i\left(\frac{1}{2}\right)^{3-i}$,$i=0,1,2,3$,则 ξ 的分布列如表 38-1.

表 38-1

ξ	0	500	1 000	1 500
P	$\frac{1}{8}$	$\frac{3}{8}$	$\frac{3}{8}$	$\frac{1}{8}$

$E(\xi)=500E(X)=500\times3\times\frac{1}{2}=750$.

(2) 记 $(2k-1)$ 个元件组成的系统正常工作的概率为 p_k,$(2k-1)$ 个元件中有 i 个正常工作的概率为 $C_{2k-1}^i p^i(1-p)^{2k-1-i}$,因此系统正常工作的概率 $p_k=\sum\limits_{i=k}^{2k-1}C_{2k-1}^i p^i(1-p)^{2k-1-i}$.

在 $(2k-1)$ 个元件组成的系统中增加 2 个元件得到 $(2k+1)$ 个元件组成的系统,则新系统正常工作可分为下列情形:① 原系统中至少有 $(k+1)$ 个元件正常工作,概率 $p_1=p_k-C_{2k-1}^k p^k(1-p)^{k-1}$;② 原系统中恰有 k 个元件正常工作,且新增的 2 个元件至少有 1 个正常工作,概率 $p_2=[1-(1-p)^2]\cdot C_{2k-1}^k p^k(1-p)^{k-1}$;③ 原系统中恰有 $(k-1)$ 个元件正常工作,且新增的 2 个元件均正常工作，概率 $p_3=p^2C_{2k-1}^{k-1}p^{k-1}(1-p)^k$. 则 $p_{k+1}-p_k=p^2C_{2k-1}^{k-1}p^{k-1}\cdot(1-p)^k+[1-(1-p)^2]C_{2k-1}^{k}p^k(1-p)^{k-1}-C_{2k-1}^{k}p^k(1-p)^{k-1}=p^k(1-p)^kC_{2k-1}^{k-1}(2p-1)$. 故当 $p>\dfrac{1}{2}$ 时，$p_{k+1}>p_k$，即当 $p>\dfrac{1}{2}$ 时，增加 2 个元件后，能提高系统 G 的正常工作概率.

典例 2 某中学为宣传某部法律，特举行该部法律的知识问答比赛. 比赛规则：两人一组，每一轮比赛中，小组两人分别选答 2 题，若答对题数合计不少于 3 题，则称这个小组为优秀小组. 已知甲、乙两位同学组成一组，且甲、乙同学答对各道题的概率分别为 p_1，p_2.

(1) 若 $p_1=\dfrac{2}{3}$，$p_2=\dfrac{1}{2}$，则在第一轮比赛中，求他们获优秀小组的概率；

(2) 当 $p_1+p_2=\dfrac{4}{3}$，且每轮比赛互不影响时，如果甲、乙同学在此次比赛活动中获得优秀小组的次数的数学期望为 6，请问：至少要进行多少轮比赛？

关键点击 直击靶心

(1) 分清获评优秀小组包含的基本情形.

(2) 求获得优秀小组次数的数学期望，建立比赛轮数与获胜次数期望间的关系.

图析路径　思维可视

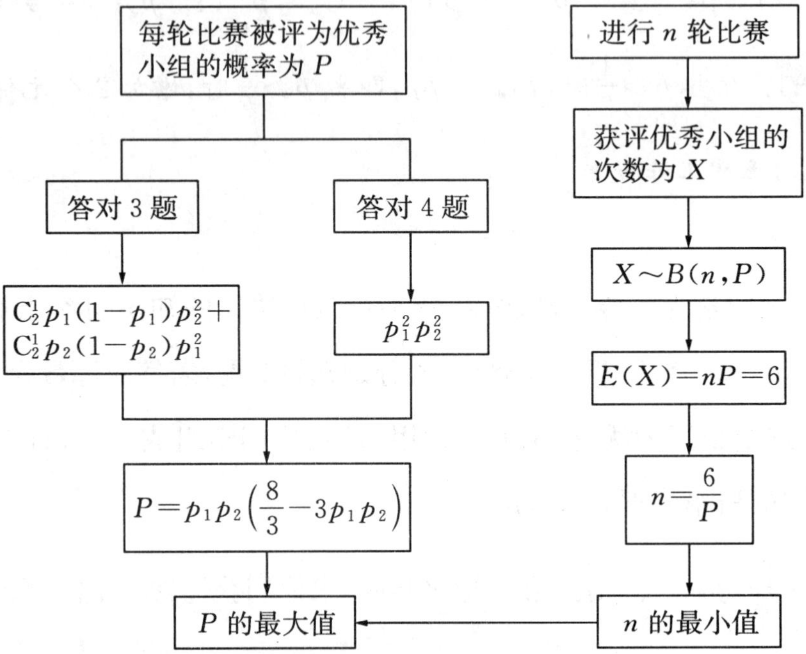

每轮比赛被评为优秀小组有两种情形：一是答对 3 题，二是答对 4 题.因此可得每轮比赛被评为优秀小组的概率 $P=p_1p_2\left(\frac{8}{3}-3p_1p_2\right)$.设总共进行 n 轮比赛，则获评优秀小组的次数 X 服从二项分布，因此可得 $E(X)=nP$，则 $n=\frac{6}{P}$.因此要求获评优秀小组的次数的数学期望为 6 时至少比赛的轮数，即求 n 的最小值，即求 P 的最大值.

规范解答　精准示范

解：(1) 记甲、乙两人获得优秀小组为事件 A，则事件 A 包含三种情况：① 甲答对两题，乙答对一题；② 甲答对一题，乙答对两题；③ 甲、乙都答对两题.故 $P(A)=\left(\frac{2}{3}\right)^2\times C_2^1\times\frac{1}{2}\times\frac{1}{2}+C_2^1\times\frac{2}{3}\times\frac{1}{3}\times\left(\frac{1}{2}\right)^2+\left(\frac{2}{3}\right)^2\times\left(\frac{1}{2}\right)^2=\frac{4}{9}$.

故在第一轮比赛中，他们获优秀小组的概率为 $\frac{4}{9}$.

(2) 由(1)知甲、乙同学每轮比赛获优秀小组的概率 $P=p_1^2\cdot C_2^1\cdot p_2\cdot(1-p_2)+C_2^1\cdot p_1\cdot(1-p_1)\cdot p_2^2+p_1^2\cdot p_2^2=p_1p_2[2p_1(1-p_2)+2(1-p_1)p_2+p_1p_2]=p_1p_2[2(p_1+p_2)-3p_1p_2]=-3(p_1p_2)^2+\frac{8}{3}p_1p_2$.又因为 $p_1+p_2=\frac{4}{3}$,所以 $p_1p_2\leqslant\left(\frac{p_1+p_2}{2}\right)^2=\frac{4}{9}$,当且仅当 $p_1=p_2$ 时,等号成立.

因为 $0\leqslant p_1\leqslant1,0\leqslant p_2\leqslant1,p_1+p_2=\frac{4}{3}$,所以 $\frac{1}{3}\leqslant p_1\leqslant1$,所以 $p_1p_2=p_1\left(\frac{4}{3}-p_1\right)\in\left[\frac{1}{3},\frac{4}{9}\right]$.

令 $t=p_1p_2\in\left[\frac{1}{3},\frac{4}{9}\right]$,则 $P=-3t^2+\frac{8}{3}t$,当 $t=\frac{4}{9}$时,$P_{\max}=\frac{16}{27}$.设进行 n 轮比赛,则 $nP=6,n=\frac{6}{P}\geqslant10.125$,且 $n\in\mathbf{N}^*$,故至少要进行 11 轮比赛.

典例 3 (多选)已知 $n\in\mathbf{N}^*,n\geqslant2,p+q=1$.设 $f(k)=C_{2n}^k p^k q^{2n-k}$,其中 $k\in\mathbf{N},k\leqslant2n$,则 ( )

A. $\sum\limits_{k=0}^{2n}f(k)=1$

B. $\sum\limits_{k=0}^{2n}kf(k)=2npq$

C. 若 $np=4$,则 $f(k)\leqslant f(8)$

D. $\sum\limits_{k=0}^{n}f(2k)<\frac{1}{2}<\sum\limits_{k=1}^{n}f(2k-1)$

关键点击 直击靶心

1. 理解 $f(k)=C_{2n}^k p^k q^{2n-k}$ 的概率含义.
2. 掌握组合数基本性质和二项式定理,理解二项分布的性质.

图析路径 思维可视

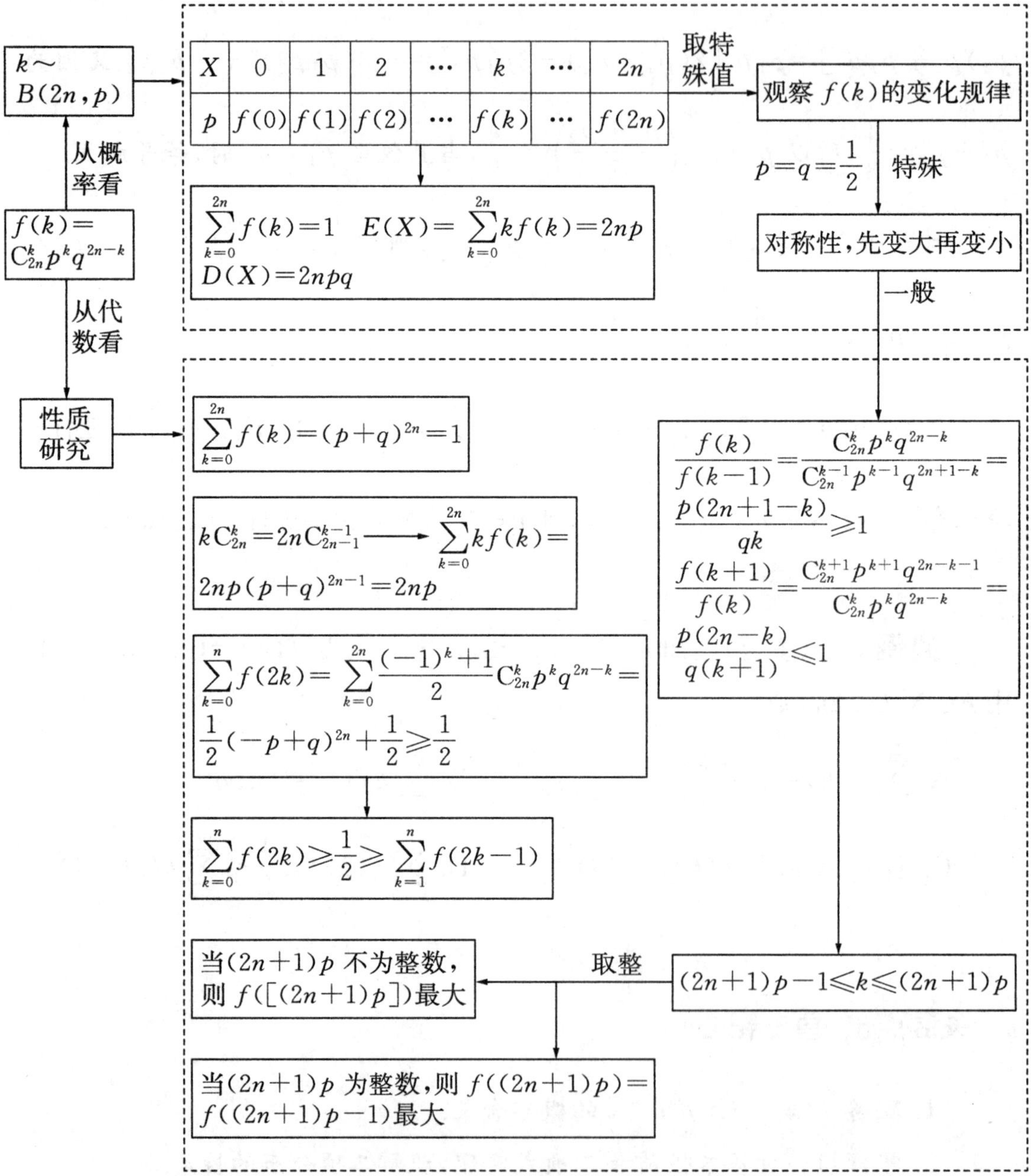

通过回顾概念，可以发现 $f(k)=C_{2n}^{k}p^{k}q^{2n-k}$ 式子表示的实际概率意义，即某个 $2n$ 次独立重复试验发生 k 次的可能性，理解这是一个二项分布 $B(2n,p)$，就可以从概率分布规律理解选项的内涵，从而简化判断路径.当然，

没有发现式子的概率意义，也可以回到代数，从二项式定理及组合数性质角度逐个验证，结合取特殊值进行判断排除，这也是一种策略.

规范解答 精准示范

AC **解析**：方法 1：因为 $n\in\mathbf{N}^*$，$n\geqslant 2$，$p+q=1$，$f(k)=C_{2n}^{k}p^{k}q^{2n-k}$，所以设 $X\sim B(2n,p)(X=0,1,2,\cdots,2n)$，则 $P_k=P(X=k)=f(k)$.

对于 A，$\sum\limits_{k=0}^{2n}f(k)=\sum\limits_{i=0}^{2n}P_i=1$，故 A 正确.

对于 B，$\sum\limits_{k=0}^{2n}kf(k)=\sum\limits_{i=0}^{2n}X_iP_i=E(X)=2np$，故 B 错误.

对于 C，由二项分布概率分布对称特点及单调性知，当 $(2n+1)p\in\mathbf{Z}$ 时，$P_{(2n+1)p-1}=P_{(2n+1)p}$ 最大，当 $(2n+1)p\notin\mathbf{Z}$ 时，$P_{[(2n+1)p]}$ 最大，下标中的"[ ]"表示取不超过该数的最大整数，因为 $np=4$，所以 $2np+p=8+p\notin\mathbf{Z}$，$[2np+p]=8$，故 $f(k)\leqslant f(8)$，故 C 正确.

对于 D，取特殊值，当 $p=q=\dfrac{1}{2}$ 时，由对称性及计算知 $\sum\limits_{k=0}^{n}f(2k)=\sum\limits_{k=1}^{n}f(2k-1)=\dfrac{1}{2}$，故 D 错误.

综上，选择 AC.

方法 2：由题有 $n\in\mathbf{N}^*$，$n\geqslant 2$，$p+q=1$，$f(k)=C_{2n}^{k}p^{k}q^{2n-k}$.

对于 A，由二项式定理，可得 $\sum\limits_{k=0}^{2n}f(k)=(p+q)^{2n}=1$，故 A 正确.

对于 B，$\sum\limits_{k=0}^{2n}kf(k)=\sum\limits_{k=1}^{2n}kC_{2n}^{k}p^{k}q^{2n-k}=\sum\limits_{k=1}^{2n}2nC_{2n-1}^{k-1}p^{k}q^{2n-k}$，即 $\sum\limits_{k=0}^{2n}kf(k)=2np\sum\limits_{k=1}^{2n}C_{2n-1}^{k-1}p^{k-1}q^{2n-k}=2np\sum\limits_{j=0}^{2n-1}C_{2n-1}^{j}p^{j}q^{2n-1-j}=2np$，故 B 错误.

对于 C，设 $k=k_0$ 时，$f(k)$ 最大，则 $\dfrac{f(k_0)}{f(k_0-1)}=\dfrac{C_{2n}^{k_0}p^{k_0}q^{2n-k_0}}{C_{2n}^{k_0-1}p^{k_0-1}q^{2n+1-k_0}}=$

$\frac{p(2n+1-k_0)}{qk_0}\geqslant 1$，$\frac{f(k_0+1)}{f(k_0)}=\frac{C_{2n}^{k_0+1}p^{k_0+1}q^{2n-k_0-1}}{C_{2n}^{k_0}p^{k_0}q^{2n-k_0}}=\frac{p(2n-k_0)}{q(k_0+1)}\leqslant 1$，解得 $(2n+1)p-1\leqslant k_0\leqslant(2n+1)p$，因为 $np=4$，所以 $8-q\leqslant k_0\leqslant 8+p$，即 $k_0=8$，所以 $f(k)\leqslant f(8)$，故 C 正确.

对于 D，$\sum_{k=0}^{n}f(2k)=\sum_{k=0}^{2n}\frac{(-1)^k+1}{2}C_{2n}^{k}p^kq^{2n-k}=\frac{1}{2}\sum_{k=0}^{2n}C_{2n}^{k}(-p)^kq^{2n-k}+\frac{1}{2}\sum_{k=0}^{2n}C_{2n}^{k}p^kq^{2n-k}=\frac{1}{2}(-p+q)^{2n}+\frac{1}{2}\geqslant\frac{1}{2}$，故 D 错误.

综上，选择 AC.

注：方法 2 中 B 选项的处理用到了 0 乘任何数为 0、组合数公式、二项式定理等知识，较为复杂，需要多思考，弄清其中关键.

解后反思 迁移提升

判断一个随机变量是不是服从二项分布，应判断两个方向：一是判断是不是 n 次独立重复试验；二是判断随机变量是不是这 n 次独立重复试验中某事件发生的次数.

二项分布的期望与方差公式：若 $X\sim B(n,p)$，则 $P(X=k)=C_n^kp^k(1-p)^{n-k}$，$E(X)=np$，$D(X)=np(1-p)$.

39. 赛制问题　理解规则

在“一核、四层、四翼”高考评价体系的指引下，数学学科的高考命题进一步强调应用性，凸显“落实立德树人、倡导五育并举”的特点，创设与德、智、体、美、劳相关的问题情境，充分考查学生运用数学知识和数学方法来分析和解决问题的能力.近几年高考数学全国卷中出现了较多与体育赛事有关的试题，这类试题贴近生活、灵活多变，考查内容丰富.

典例 1　(2022 年全国乙卷理 10)某棋手与甲、乙、丙三位棋手各比赛一盘，各盘比赛结果相互独立.已知该棋手与甲、乙、丙比赛获胜的概率分别为 p_1, p_2, p_3，且 $p_3>p_2>p_1>0$.记该棋手连胜两盘的概率为 p，则　（　　）

A. p 与该棋手和甲、乙、丙的比赛次序无关

B. 该棋手在第二盘与甲比赛，p 最大

C. 该棋手在第二盘与乙比赛，p 最大

D. 该棋手在第二盘与丙比赛，p 最大

关键点击　直击靶心

1. 理解连胜两盘的含义.
2. 理解若要连胜两盘则三盘中第二盘比赛必胜的隐含点.
3. 掌握分类技巧以及概率乘法公式.

图析路径 思维可视

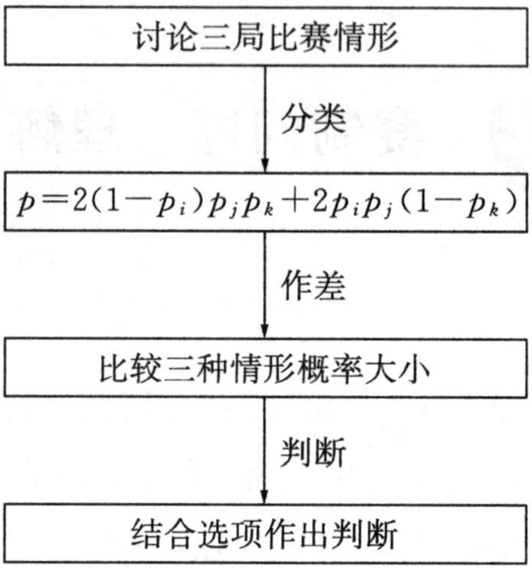

分类讨论 2 胜 1 负

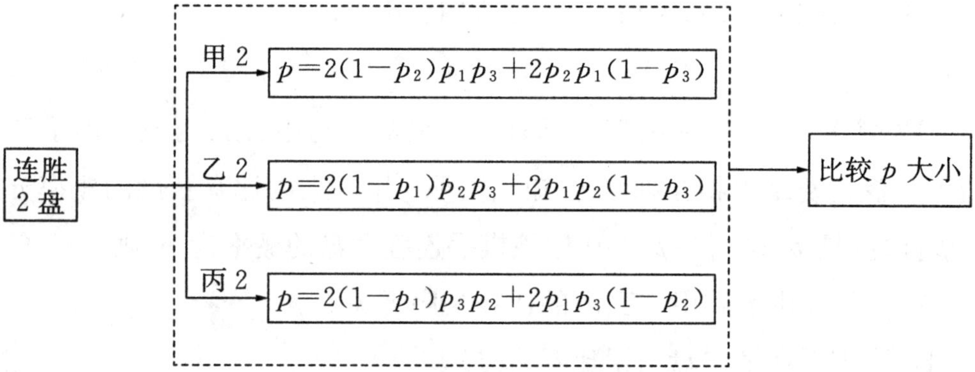

根据题意，该棋手连胜两盘，则第二盘为必胜盘.首先分类考虑第二盘该棋手赢的对象可能为甲、乙、丙三人之一，比如甲在第二盘，则第一、三盘只能为乙或丙，其情况可能有乙胜甲胜丙负、乙负甲胜丙胜、丙胜甲胜乙负、丙负甲胜乙胜.每一大类中除了第二盘确定胜利，一前一后还需考虑对手以及胜负情况，渗透分类讨论思想.

利用事件独立性及概率乘法公式得到在第二盘与甲比赛时，该棋手连胜两盘的概率 $p=2(1-p_2)p_1p_3+2(1-p_3)p_1p_2$，其余两种情况同理可求.作差比较大小，结合选项作出判断即可.

规范解答 精准示范

D **解析**：该棋手连胜两盘，则第二盘为必胜盘.

记该棋手在第二盘与甲比赛，且连胜两盘的概率为 $p_{甲}$，则 $p_{甲}=2(1-p_2)p_1p_3+2p_2p_1(1-p_3)=2p_1(p_2+p_3)-4p_1p_2p_3$.

记该棋手在第二盘与乙比赛，且连胜两盘的概率为 $p_{乙}$，则 $p_{乙}=2(1-p_1)p_2p_3+2p_1p_2(1-p_3)=2p_2(p_1+p_3)-4p_1p_2p_3$.

记该棋手在第二盘与丙比赛，且连胜两盘的概率为 $p_{丙}$，则 $p_{丙}=2(1-p_1)p_3p_2+2p_1p_3(1-p_2)=2p_3(p_1+p_2)-4p_1p_2p_3$.

因此，$p_{甲}-p_{乙}=2(p_1-p_2)p_3<0$，$p_{乙}-p_{丙}=2(p_2-p_3)p_1<0$，即 $p_{甲}<p_{乙}$，$p_{乙}<p_{丙}$，则该棋手在第二盘与丙比赛，p 最大，选项 D 正确，选项 B，C 错误；p 与该棋手与甲、乙、丙的比赛次序有关，选项 A 错误. 故选 D.

典例 2 (2020 年全国Ⅰ卷理 19)甲、乙、丙三位同学进行羽毛球比赛，约定赛制如下：累计负两场者被淘汰；比赛前抽签决定首先比赛的两人，另一人轮空；每场比赛的胜者与轮空者进行下一场比赛，负者下一场轮空，直至有一人被淘汰；当一人被淘汰后，剩余的两人继续比赛，直至其中一人被淘汰，另一人最终获胜，比赛结束. 经抽签，甲、乙首先比赛，丙轮空. 设每场比赛双方获胜的概率都为$\frac{1}{2}$.

(1) 求甲连胜四场的概率；

(2) 求需要进行第五场比赛的概率；

(3) 求丙最终获胜的概率.

关键点击 直击靶心

1. 理解比赛赛制.

2. 理解对立事件的含义，掌握“正难则反”的解题方法.

图析路径　思维可视

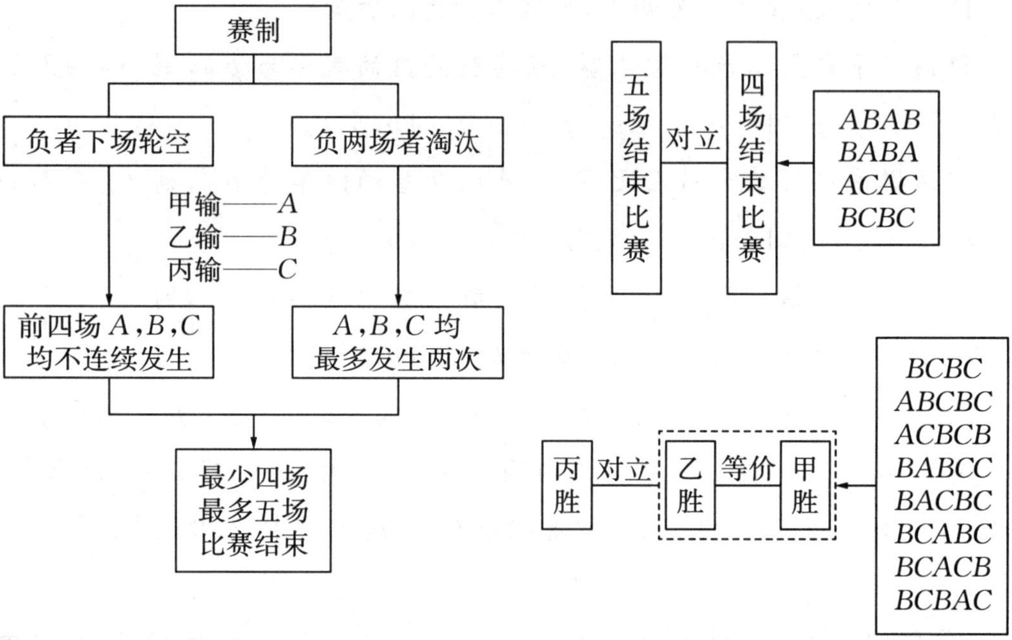

进行第五场比赛的对立事件是四场比赛结束，四场比赛结束意味着第一场中 A 发生或 B 发生，第二场比赛的两个人中确定一人输，第三场和第四场谁输已经确定下来，因此，共有四种情形.

丙胜的对立事件是乙胜和甲胜，又因为第一场甲、乙比赛，且每人获胜的概率均为 $\frac{1}{2}$，所以乙胜的概率与甲胜的概率是相等的. 甲胜有：四场结束比赛，共一种情形；五场结束比赛，即五场比赛中事件 A 发生一次，事件 B，C 均发生两次，共七种情形.

规范解答　精准示范

解：(1) 记事件 O 为甲连胜四场，则 $P(O)=\left(\frac{1}{2}\right)^4=\frac{1}{16}$.

(2) 记事件 A 为甲输，事件 B 为乙输，事件 C 为丙输，则四场内结束比赛的概率 $P'=P(ABAB)+P(ACAC)+P(BCBC)+P(BABA)=4\times\left(\frac{1}{2}\right)^4=$

$\frac{1}{4}$，故需要进行第五场比赛的概率 $P=1-P'=\frac{3}{4}$.

(3) 记事件 A 为甲输，事件 B 为乙输，事件 C 为丙输. 记事件 M 为甲最终获胜，记事件 N 为丙最终获胜.

甲最终获胜的基本事件包括：$BCBC$，$ABCBC$，$ACBCB$，$BABCC$，$BACBC$，$BCABC$，$BCACB$，$BCBAC$. $P(M)=\left(\frac{1}{2}\right)^4+7\times\left(\frac{1}{2}\right)^5=\frac{9}{32}$. 由对称性可知，乙最终获胜的概率和甲最终获胜的概率相等. 因此，丙最终获胜的概率 $P(N)=1-2\times\frac{9}{32}=\frac{7}{16}$.

典例 3 甲、乙运动员进行乒乓球选拔赛，每场比赛采用 7 局 4 胜制（即有一运动员先胜 4 局即获胜，比赛结束）. 比赛排名采用积分制，积分规则如下：比赛中，以 4∶0 或 4∶1 取胜的运动员积 5 分，负者积 0 分，以 4∶2 取胜的运动员积 4 分，负者积 1 分，以 4∶3 取胜的运动员积 3 分，负者积 2 分. 已知在甲、乙两人比赛中，甲各局获胜的概率均为 $\frac{1}{2}$.

(1) 甲、乙两人比赛 1 场后，求甲的积分 X 的概率分布列和数学期望；

(2) 甲、乙两人比赛 2 场后，求两人积分不相等的概率.

关键点击 直击靶心

1. 梳理清楚各种得分对应的基本事件与概率.

2. 厘清甲、乙两人两场比赛积分间的等量关系，合理利用“正难则反”的技巧.

图析路径 思维可视

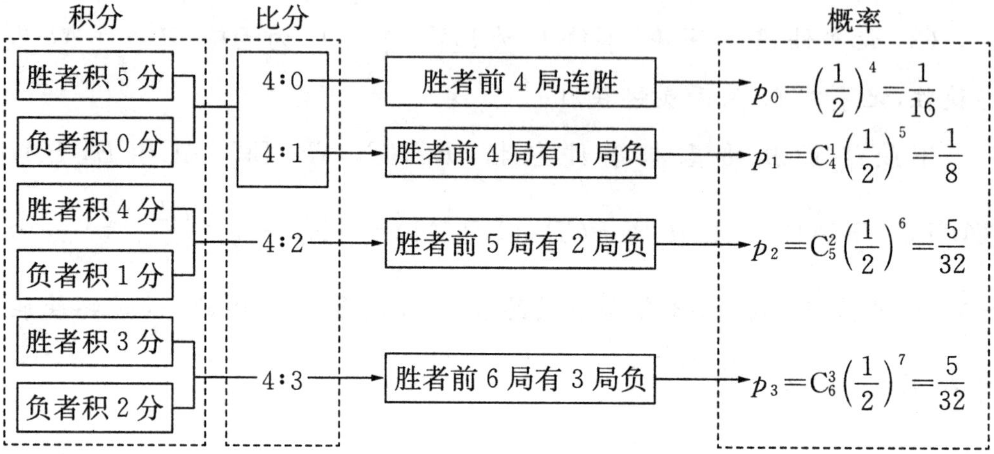

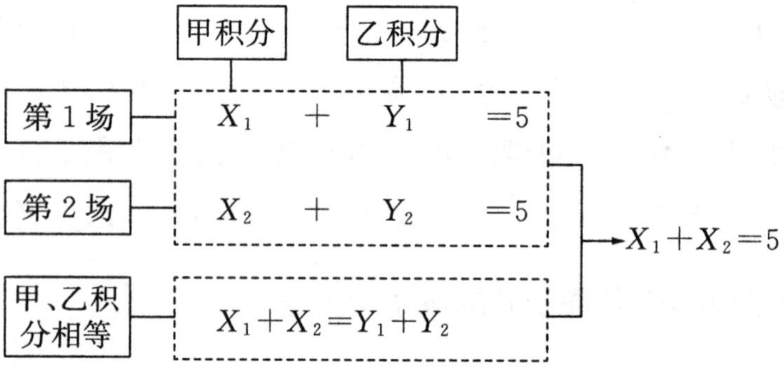

列出 1 场比赛后各种得分所对应的基本事件以及相应的概率和积分之间的关系，将题目中的信息以更直观的形式呈现.

考虑 2 场比赛后甲、乙两人积分之间的关系，可以发现甲、乙两人积分相等时，甲两场的得分之和为 5，故(2)中所求问题可以从反面，即两人的积分相等入手，正难则反.

规范解答 精准示范

解：(1) 由题意知：甲的积分 X 可能是 0,1,2,3,4,5.

$P(X=0)=\left(\frac{1}{2}\right)^4+C_4^1\times\frac{1}{2}\times\left(\frac{1}{2}\right)^4=\frac{3}{16}$，$P(X=1)=C_5^2\times\left(\frac{1}{2}\right)^2\times\left(\frac{1}{2}\right)^4=$ $\frac{5}{32}$，$P(X=2)=C_6^3\times\left(\frac{1}{2}\right)^3\times\left(\frac{1}{2}\right)^4=\frac{5}{32}$，$P(X=3)=C_6^3\times\left(\frac{1}{2}\right)^3\times\left(\frac{1}{2}\right)^3\times\frac{1}{2}=$

$\frac{5}{32}$，$P(X=4)=C_5^3\times\left(\frac{1}{2}\right)^3\times\left(\frac{1}{2}\right)^2\times\frac{1}{2}=\frac{5}{32}$，$P(X=5)=\left(\frac{1}{2}\right)^4+C_4^3\times\left(\frac{1}{2}\right)^3\times\left(\frac{1}{2}\right)^1\times\frac{1}{2}=\frac{3}{16}$. 故 X 的分布列如表 39－1.

表 39－1

X	0	1	2	3	4	5
P	$\frac{3}{16}$	$\frac{5}{32}$	$\frac{5}{32}$	$\frac{5}{32}$	$\frac{5}{32}$	$\frac{3}{16}$

$$E(X)=0\times\frac{3}{16}+1\times\frac{5}{32}+2\times\frac{5}{32}+3\times\frac{5}{32}+4\times\frac{5}{32}+5\times\frac{3}{16}=\frac{5}{2}.$$

(2) 记“甲、乙两人比赛 2 场后，两人积分相等”为事件 A，第 $i(i=1,2)$ 场比赛甲、乙两人的积分分别为 X_i，Y_i，则 $X_i+Y_i=5$.

由两人积分相等得 $X_1+X_2=Y_1+Y_2$，故 $X_1+X_2=5-X_1+5-X_2$，故 $X_1+X_2=5$，故 $P(A)=P(X_1=0)P(X_2=5)+P(X_1=1)P(X_2=4)+P(X_1=2)P(X_2=3)+P(X_1=3)P(X_2=2)+P(X_1=4)P(X_2=1)+P(X_1=5)P(X_2=0)=2\left(\frac{3}{16}\times\frac{3}{16}+\frac{5}{32}\times\frac{5}{32}+\frac{5}{32}\times\frac{5}{32}\right)=\frac{43}{256}$，两人积分不相等的概率 $P(\bar{A})=1-\frac{43}{256}=\frac{213}{256}$.

解后反思 迁移提升

对于体育比赛规则问题，首先要理解比赛规则，学会用字母恰当地表示事件，同时能够分析清楚规则的等价含义，按照一定的标准罗列可能的情形. 在列举的过程中要运用“正难则反”的思想，利用对立事件将复杂事件的概率转化为简单事件的概率.

40. 新型定义　依题列式

概率与统计中的新定义问题是指问题中定义了教材中没有提过的新概念、新运算和新性质，要求我们能够运用已经学过的知识和方法，理解新定义，解决新问题.这类问题能够全面考察阅读理解能力、知识迁移能力和学科创新能力.

典例 1　(2020 年新高考Ⅰ卷 12)(多选)信息熵是信息论中的一个重要概念.设随机变量 X 所有可能的取值为 $1,2,3,\cdots,n$，且 $P(X=i)=p_i>0$ $(i=1,2,3,\cdots,n)$，$\sum\limits_{i=1}^{n}p_i=1$，定义 X 的信息熵 $H(X)=-\sum\limits_{i=1}^{n}p_i\log_2 p_i$，则（　　）

A. 若 $n=1$，则 $H(X)=0$

B. 若 $n=2$，则 $H(X)$随着 p_1 的增大而增大

C. 若 $p_i=\dfrac{1}{n}(i=1,2,\cdots,n)$，则 $H(X)$随着 n 的增大而增大

D. 若 $n=2m$，随机变量 Y 所有可能的取值为 $1,2,\cdots,m$，且 $P(Y=j)=p_j+p_{2m+1-j}(j=1,2,\cdots,m)$，则 $H(X)\leqslant H(Y)$

关键点击　直击靶心

1. 理解新定义——信息熵的含义.
2. 理解 $P(Y=j)=p_j+p_{2m+1-j}$ 及 $H(Y)$的含义.
3. 掌握从特殊到一般的思想方法以及判断函数单调性的基本策略.

图析路径 思维可视

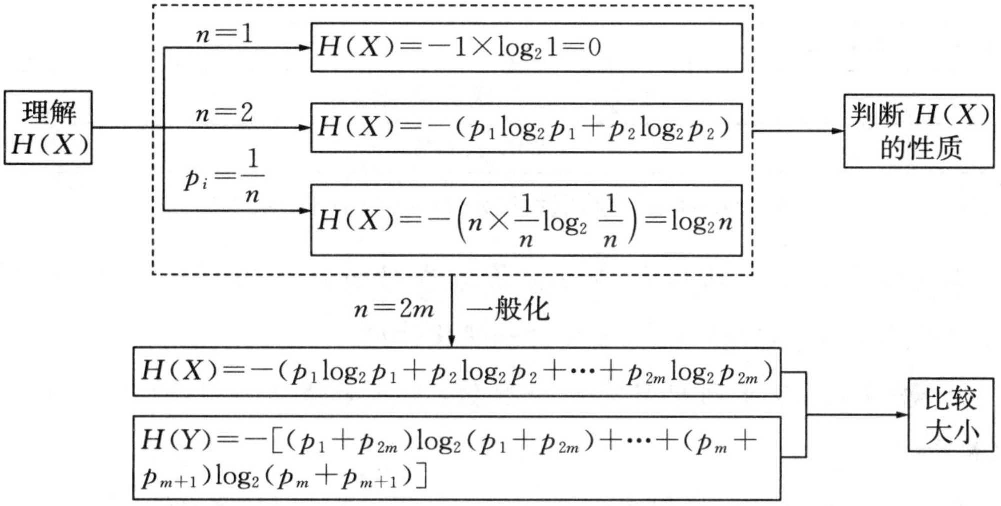

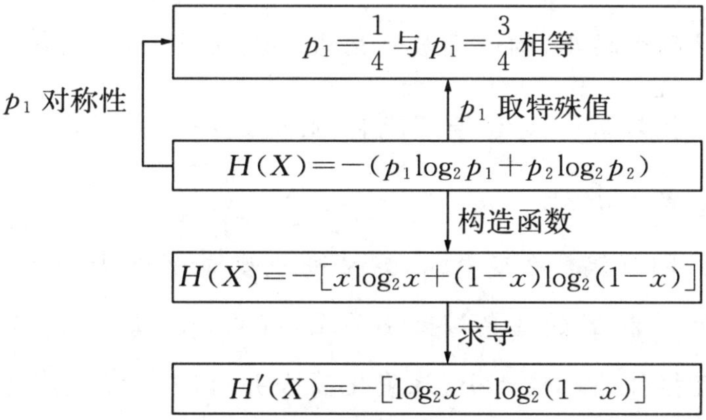

当 $n=2$ 时，判断 $H(X)$ 随 p_1 的变化情况

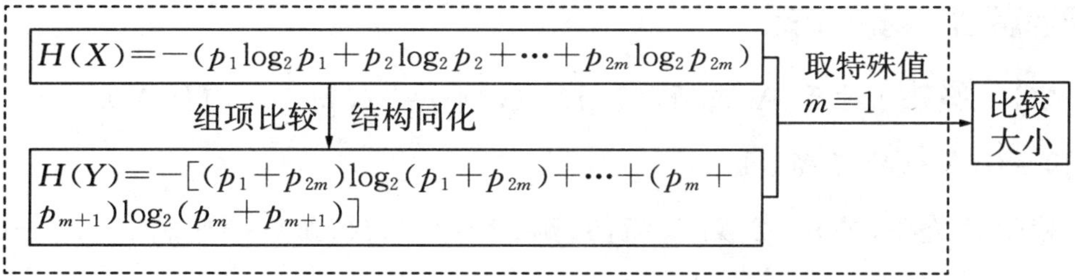

特殊值法判断 $H(X)$ 与 $H(Y)$ 的大小

$$H(Y)=-[(p_1+p_{2m})\log_2(p_1+p_{2m})+\cdots+(p_m+p_{m+1})\log_2(p_m+p_{m+1})]$$

↓ 作差比较

$$H(X)-H(Y)=p_1[\log_2(p_1+p_{2m})-\log_2 p_1]+\cdots+p_{2m}[\log_2(p_{2m}+p_1)-\log_2 p_{2m}]$$

↓ 函数单调性

$$H(X)>H(Y)$$

作差结合函数单调性比较 $H(X)$ 与 $H(Y)$ 大小

本题以信息论中的信息熵为背景考查对新定义的理解能力.在理解 $H(X)$ 的意义后,从特殊入手,再讨论一般化情况.

当 $n=1$ 时,分布列中只有一个取值,其概率值 $p_1=1$,代入即可判断 $H(X)=0$.

当 $n=2$ 时,两项对应概率满足 $p_1+p_2=1$,考查 $H(X)$ 随变量 p_1 变化的情况,可以采用取特殊值检验,也可以直接思考 p_1,p_2 轮换的对称性作出判断,或者借助函数思想,构造函数利用求导判断单调性(此法直接但复杂).

当 $p_i=\dfrac{1}{n}$ 时,即 n 个变量等可能时,此时进一步化简得到 $H(X)$ 的表达式(考查对数运算及性质).

当 $n=2m$,即有偶数个变量时,定义随机变量 Y 和 $P(Y)$,从而得到另一个 $H(Y)$,判断 X 和 Y 的信息熵大小关系,有两种思路:一是借助特殊值法判断大小;二是直接作差比较大小,注重化简合并,以及对数运算性质的运用.

整个问题分析解决中渗透了从特殊到一般的数学思想方法.

规范解答 精准示范

AC **解析**:对于 A 选项,若 $n=1$,则 $i=1,p_1=1,H(X)=-(1\times\log_2 1)=0$,A 选项正确.

对于 B 选项,若 $n=2$,则 $i=1,2,p_1+p_2=1,H(X)=-[p_1\log_2 p_1+(1-p_1)\log_2(1-p_1)]$.

方法 1:当 $p_1=\dfrac{1}{4}$ 时,$H(X)=-\left(\dfrac{1}{4}\log_2\dfrac{1}{4}+\dfrac{3}{4}\log_2\dfrac{3}{4}\right)$;当 $p_1=\dfrac{3}{4}$ 时,

$H(X)=-\left(\frac{3}{4}\log_2\frac{3}{4}+\frac{1}{4}\log_2\frac{1}{4}\right)$，两者相等，故B选项错误.

方法2：令 $p_1=x\in(0,1)$，则 $H(X)=-[x\log_2 x+(1-x)\log_2(1-x)]$，$H'(X)=-[\log_2 x-\log_2(1-x)]=-\log_2\frac{x}{1-x}$，当 $x=\frac{1}{2}$ 时，$H'(X)=0$，易得函数 $H(X)$ 在 $(0,1)$ 上存在极值，故B选项错误.

方法3：借助反证法，若 $H(X)$ 随着 p_1 的增大而增大，因为 $p_1+p_2=1$，则随着 p_1 的增大，p_2 减小，则 $H(X)$ 随着 p_2 的减小而增大，与 p_1 与 p_2 的对称性矛盾，故B选项错误.

对于C选项，若 $p_i=\frac{1}{n}(i=1,2,\cdots,n)$，则 $H(X)=-\left(\frac{1}{n}\log_2\frac{1}{n}\right)\times n=\log_2 n$，则 $H(X)$ 随着 n 的增大而增大，故C选项正确.

对于D选项，若 $n=2m$，随机变量 Y 的所有可能的取值为 $1,2,\cdots,m$，且 $P(Y=j)=p_j+p_{2m+1-j}(j=1,2,\cdots,m)$.

方法1：因为 $H(X)=-\sum_{i=1}^{2m}p_i\log_2 p_i=-(p_1\log_2 p_1+p_2\log_2 p_2+\cdots+p_{2m}\log_2 p_{2m})$，而 $H(Y)=-\sum_{j=1}^{m}(p_j+p_{2m+1-j})\log_2(p_j+p_{2m+1-j})=-[(p_1+p_{2m})\log_2(p_1+p_{2m})+(p_2+p_{2m-1})\log_2(p_2+p_{2m-1})+\cdots+(p_m+p_{m+1})\cdot\log_2(p_m+p_{m+1})]=-[p_1\log_2(p_1+p_{2m})+p_2\log_2(p_2+p_{2m-1})+\cdots+p_{2m-1}\cdot\log_2(p_2+p_{2m-1})+p_{2m}\log_2(p_1+p_{2m})]$，所以 $H(X)-H(Y)=p_1[\log_2(p_1+p_{2m})-\log_2 p_1]+\cdots+p_{2m}[\log_2(p_1+p_{2m})-\log_2 p_{2m}]$，因为 $p_i>0$，$p_j+p_{2m+1-j}>p_j$，$p_{2m+1-j}+p_j>p_{2m+1-j}(j=1,2,\cdots,m)$，所以 $\log_2(p_j+p_{2m+1-j})-\log_2 p_j>0$，$\log_2(p_{2m+1-j}+p_j)-\log_2 p_{2m+1-j}>0$，所以 $H(X)>H(Y)$，所以D选项错误.

方法2：取 $m=1$，则 $H(Y)=0$，而 $H(X)=-[p_1\log_2 p_1+(1-p_1)\log_2(1-p_1)]>0$，故D错误.

故选AC.

典例 2 (2022 年新高考Ⅰ卷 20)一医疗团队为研究某地的一种地方性疾病与当地居民的卫生习惯(卫生习惯分为良好和不够良好两类)的关系,在已患该疾病的病例中随机调查了 100 例(称为病例组),同时在未患该疾病的人群中随机调查了 100 人(称为对照组),得到的数据如表 40-1.

表 40-1

单位:人

组别	卫生习惯	
	不够良好	良好
病例组	40	60
对照组	10	90

(1) 能否有 99%的把握认为患该疾病群体与未患该疾病群体的卫生习惯有差异?

(2) 从该地的人群中任选一人,A 表示事件“选到的人卫生习惯不够良好”,B 表示事件“选到的人患有该疾病”.$\dfrac{P(B|A)}{P(\bar{B}|A)}$与$\dfrac{P(B|\bar{A})}{P(\bar{B}|\bar{A})}$的比值是卫生习惯不够良好对患该疾病风险程度的一项度量指标,记该指标为 R.

① 求证:$R=\dfrac{P(A|B)}{P(\bar{A}|B)}\cdot\dfrac{P(\bar{A}|\bar{B})}{P(A|\bar{B})}$;

② 利用该调查数据,给出 $P(A|B)$,$P(A|\bar{B})$的估计值,并利用①的结果给出 R 的估计值.

附:$\chi^2=\dfrac{n(ad-bc)^2}{(a+b)(c+d)(a+c)(b+d)}$.几个常用的小概率值及相应的临界值如表 40-2.

表 40-2

α	0.05	0.01	0.001
x_α	3.841	6.635	10.828

关键点击 直击靶心

1. 由所给数据结合公式求出 χ^2 的值,比较其与临界值的大小.
2. 理解条件概率,并完成推理.

图析路径 思维可视

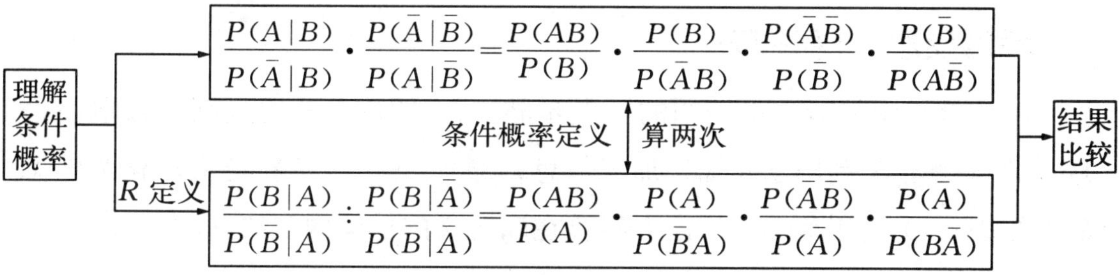

依据题意,理解卫生习惯不够良好对患该疾病风险程度的一项度量指标 R 对应的数量关系,即 $\frac{P(B|A)}{P(\bar{B}|A)}$ 与 $\frac{P(B|\bar{A})}{P(\bar{B}|\bar{A})}$ 的比值,结合问题(2)第①问中所给式子,建立推理目标,将两个对象化简(算两次),观察结果即可证明.推理中的重点是理解条件概率的含义及其计算公式.

规范解答 精准示范

解:(1)由已知得 $\chi^2=\frac{n(ad-bc)^2}{(a+b)(c+d)(a+c)(b+d)}=\frac{200(40\times90-60\times10)^2}{50\times150\times100\times100}=24$,又因为 $x_{0.01}=6.635$,$24>6.635$,所以有 99% 的把握认为患该疾病群体与未患该疾病群体的卫生习惯有差异.

(2)① 证明:因为 $R=\frac{P(B|A)}{P(\bar{B}|A)}\cdot\frac{P(\bar{B}|\bar{A})}{P(B|\bar{A})}=\frac{P(AB)}{P(A)}\cdot\frac{P(A)}{P(A\bar{B})}\cdot\frac{P(\bar{A}\bar{B})}{P(\bar{A})}\cdot\frac{P(\bar{A})}{P(\bar{A}B)}$,所以 $R=\frac{P(AB)}{P(B)}\cdot\frac{P(B)}{P(\bar{A}B)}\cdot\frac{P(\bar{A}\bar{B})}{P(\bar{B})}\cdot\frac{P(\bar{B})}{P(A\bar{B})}$,所以

$$R=\frac{P(A|B)}{P(\bar{A}|B)}\cdot\frac{P(\bar{A}|\bar{B})}{P(A|\bar{B})}.$$

② 由已知得 $P(A|B)=\frac{40}{100}$，$P(A|\bar{B})=\frac{10}{100}$，又因为 $P(\bar{A}|B)=\frac{60}{100}$，

$P(\bar{A}|\bar{B})=\frac{90}{100}$，所以 $R=\frac{P(A|B)}{P(\bar{A}|B)}\cdot\frac{P(\bar{A}|\bar{B})}{P(A|\bar{B})}=6$.

解后反思 迁移提升

解决概率中的新定义问题的一般步骤：(1) 阅读——通过阅读提取新信息；(2) 理解——利用已有知识加工信息；(3) 转化——将新定义转化为熟悉的旧知识；(4) 运用——运用已有经验在新定义的框架内解决问题.

41. 知识交汇 实际应用

高考评价体系提出基础性、应用性、综合性、创新性的考查要求，函数与概率的交汇问题落实了这四方面的考查要求，并在应用性上面进行了重点探索.这类问题聚焦数学学科核心素养，关注数学应用，突出理性思维，考查关键能力，发挥了选拔功能.

典例 1 （2018 年全国Ⅰ卷理 20）某工厂的某种产品成箱包装，每箱 200 件，每一箱产品在交付用户之前要对产品作检验，若检验出不合格品，则更换为合格品.检验时，先从这箱产品中任取 20 件作检验，再根据检验结果决定是否对余下的所有产品作检验.设每件产品为不合格品的概率都为 $p(0<p<1)$，且各件产品是不是不合格品相互独立.

(1) 记 20 件产品中恰有 2 件不合格品的概率为 $f(p)$，求 $f(p)$ 的最大值点 p_0.

(2) 现对一箱产品检验了 20 件，结果恰有 2 件不合格品，以(1)中确定的 p_0 作为 p 的值.已知每件产品的检验费用为 2 元，若有不合格品进入用户手中，则工厂要对每件不合格品支付 25 元的赔偿费用.

① 若不对该箱余下的产品作检验，这一箱产品的检验费用与赔偿费用的和记为 X，求 $E(X)$；

② 以检验费用与赔偿费用和的数学期望为决策依据，是否该对这箱余下的所有产品作检验?

关键点击 直击靶心

1. 正确求解简单复合函数的极值.

2. 准确分辨随机变量服从二项分布和两个具有线性关系的随机变量数学期望间的关系.

图析路径 思维可视

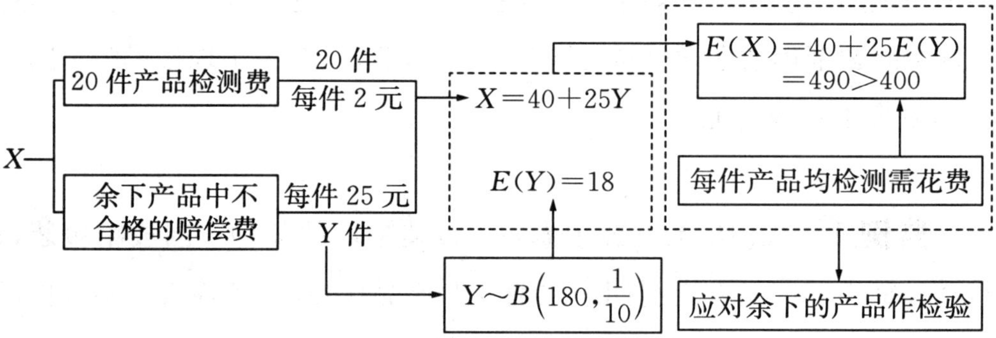

设余下产品中不合格产品有 Y 件,得到 X 与 Y 间的等量关系,再由随机变量 Y 服从二项分布得到变量 Y 的数学期望,结合 $X=40+25Y$,得到 X 的数学期望大于所有产品均检验的费用,得出应对余下的产品作检验的结论.

规范解答 精准示范

解:(1) 由题可知 $f(p)=C_{20}^{2}p^{2}(1-p)^{18}(0<p<1)$. 则 $f'(p)=C_{20}^{2}[2p(1-p)^{18}+18p^{2}(1-p)^{17}\times(-1)]=2C_{20}^{2}p(1-p)^{17}(1-10p)$.

当 $p\in\left(0,\dfrac{1}{10}\right)$ 时,$f'(p)>0$,即 $f(p)$ 在 $\left(0,\dfrac{1}{10}\right)$ 上单调递增;当 $p\in\left(\dfrac{1}{10},1\right)$ 时,$f'(p)<0$,即 $f(p)$ 在 $\left(\dfrac{1}{10},1\right)$ 上单调递减. 故 $f(p)$ 在点 $p=\dfrac{1}{10}$ 处取得最大值,即 $p_0=\dfrac{1}{10}$.

(2) ① 设余下产品中不合格品数量为 Y，则 $X=40+25Y$，由题可知 $Y\sim B\left(180,\frac{1}{10}\right)$，则 $E(Y)=180\times\frac{1}{10}=18$. 则 $E(X)=E(40+25Y)=40+25\times 18=490$.

② 由①可知若余下的不检验则检验费用与赔偿费用和的数学期望为 490 元，而全部检验只要 400 元，故应该对余下的产品作检验.

典例 2 （2021 年新高考Ⅱ卷 21）一种微生物群体可以经过自身繁殖不断生存下来.设一个这种微生物为第 0 代，经过一次繁殖后为第 1 代，再经过一次繁殖后为第 2 代……该微生物每代繁殖的个数是相互独立的，且有相同的分布列，设 X 表示 1 个微生物个体繁殖下一代的个数，$P(X=i)=p_i(i=0,1,2,3)$.

(1) 已知 $p_0=0.4$，$p_1=0.3$，$p_2=0.2$，$p_3=0.1$，求 $E(X)$.

(2) 设 p 表示该种微生物经过多代繁殖后临近灭绝的概率，p 是关于 x 的方程：$p_0+p_1x+p_2x^2+p_3x^3=x$ 的一个最小正实根，求证：当 $E(X)\leqslant 1$ 时，$p=1$；当 $E(X)>1$ 时，$p<1$.

(3) 根据你的理解说明(2)问结论的实际含义.

关键点击 直击靶心

1. 了解 p 为什么是关于 x 的方程：$p_0+p_1x+p_2x^2+p_3x^3=x$ 的一个最小正实根.

2. 通过降幂转化建立方程 $p_0+p_1x+p_2x^2+p_3x^3=x$ 的最小正实根与 $E(X)$ 的关系.

图析路径 思维可视

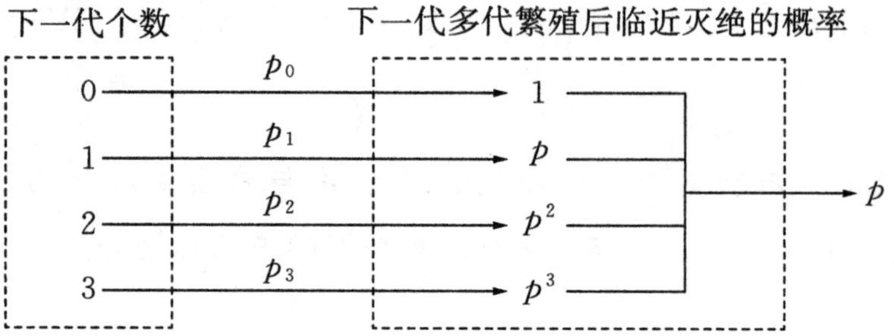

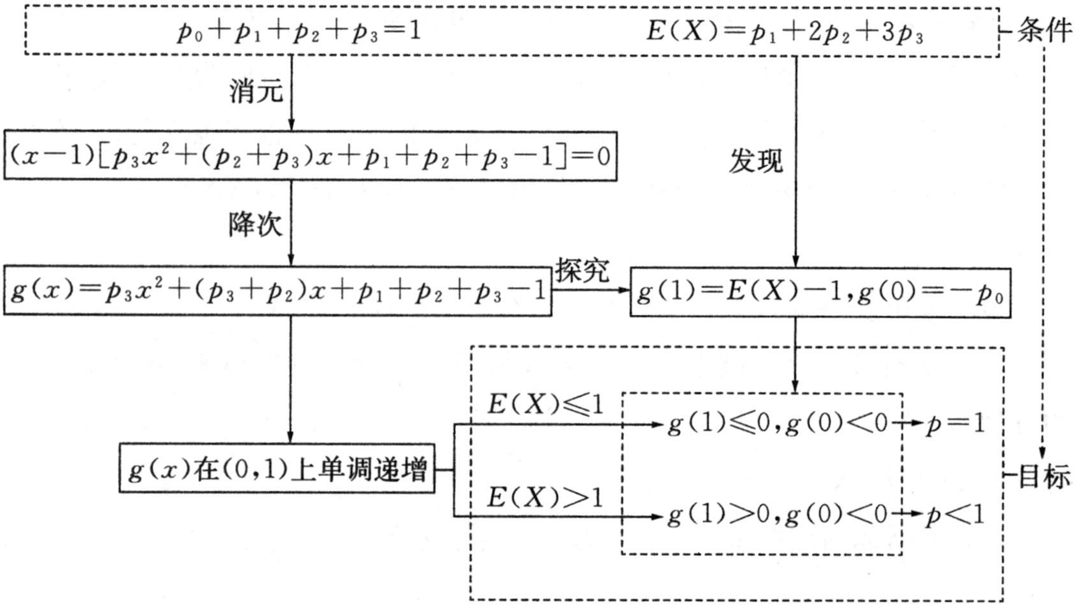

记一个微生物繁殖下一代个数为 0,1,2,3 分别为事件 A_0,A_1,A_2,A_3,则 $A_0\cup A_1\cup A_2\cup A_3=\Omega$,记微生物种群临近灭绝为事件 E,临近灭绝的概率为 p,由全概率公式可得 $p=P(E|A_0)P(A_0)+P(E|A_1)P(A_1)+P(E|A_2)\cdot P(A_2)+P(E|A_3)P(A_3)$,假设亚种群独立发展,则第 0 代的一个微生物:若繁殖 0 个微生物,则亚种群微生物灭绝;若繁殖 1 个微生物,则亚种群微生物临近灭绝的概率为 p;若繁殖 2 个微生物,则亚种群 2 个微生物均临近灭绝的概率为 p^2;若繁殖 3 个微生物,则亚种群 3 个微生物均临近灭绝的概率为 p^3.则 $P(E|A_0)=1,P(E|A_1)=p,P(E|A_2)=p^2,P(E|A_3)=p^3$,故 $p=p_0+p_1p+p_2p^2+p_3p^3$.故 p 是关于 x 的方程:$p_0+p_1x+p_2x^2+p_3x^3=x$ 的实根.

由概率之和为 1,消元后发现 $x=1$ 是方程 $p_0+p_1x+p_2x^2+p_3x^3=x$ 的一个实根,将方程因式分解,则方程的最小正实根转化为二次函数 $g(x)$在$(0,1)$上的零点,结合均值探究发现 $g(1)=E(X)-1$,则目标可证.

规范解答 精准示范

解:(1) $E(X)=0\times0.4+1\times0.3+2\times0.2+3\times0.1=1$.

(2) 证明:因为 $p_0+p_1+p_2+p_3=1$,所以 $1-p_1-p_2-p_3+p_1x+p_2x^2+p_3x^3=x$,即$(x-1)[p_3x^2+(p_3+p_2)x+p_1+p_2+p_3-1]=0$.

令 $g(x)=p_3x^2+(p_3+p_2)x+p_1+p_2+p_3-1$,则 $g(1)=3p_3+2p_2+p_1-1=E(X)-1$,$g(0)=-p_0$.

当 $E(X)\leqslant1$ 时,因为 $g(1)\leqslant0$,$g(0)<0$,且 $g(x)$在$(0,1)$上单调递增,所以 $g(x)$在$(0,1)$上无零点,所以方程 $p_0+p_1x+p_2x^2+p_3x^3=x$ 的最小正实根为 1,所以 $p=1$.

当 $E(X)>1$ 时,因为 $g(1)>0$,$g(0)<0$,且 $g(x)$在$(0,1)$上单调递增,所以 $g(x)$在区间$(0,1)$上有唯一零点,所以方程 $p_0+p_1x+p_2x^2+p_3x^3=x$ 的最小正实根小于 1,所以 $p<1$.

(3) 意义:每一个该种微生物繁殖下一代的平均数不超过 1,则若干代之后必然灭绝;若繁殖下一代的平均数超过 1,则若干代后灭绝的概率小于 1.

解后反思 迁移提升

新高考对概率与统计的考查更加关注数学的应用性,注重结合生活实际来创设真实问题情境,考查了数学核心素养与关键能力,同时也综合考查了高中数学常见的数学思想方法.解决与函数模型相关的概率统计题,需要掌握古典概型、概率分布模型(超几何分布、二项分布和正态分布)、随机事件的概率计算与数学期望、互斥事件与对立事件的概率计算等,此外还需运用作差法比较两个数的大小,利用导数求函数的单调性、极值与最值.

42. 关注递推　构造数列

概率与数列的交汇应用比较广泛，往往可以通过构造数列模型，解决与概率有关的一些实际应用问题.这类问题背景新颖、视角独特、应用性强，是近几年概率中频繁出现的一个热点问题.一般可以运用数列的思想构造递推数列模型，通过求通项、求和、证明不等式等来解决问题.这类题目的求解体现了概率与其他模块知识的交叉运用，有利于培养数学的综合运用能力.

典例 1　最新研发的某产品每次试验结果为成功或不成功，且试验成功的概率为 $p(0<p<1)$.现对该产品进行独立重复试验，若试验成功，试验结束；若试验不成功，则继续试验，且最多试验 10 次.记 X 为试验结束时所进行的试验次数，且每次试验的成本为 $a(a>0)$元.

(1)① 写出 X 的分布列；

② 求证：$E(X)<\frac{1}{p}$.

(2) 某公司有意投资该产品.若 $p=0.25$，且试验成功则获利 $5a$ 元，则该公司如何决策投资？给出结论并说明理由.

关键点击　直击靶心

1. 正确理解独立重复试验中随机变量的含义.
2. 能够利用错位相减法求数列的前 n 项和.

图析路径 思维可视

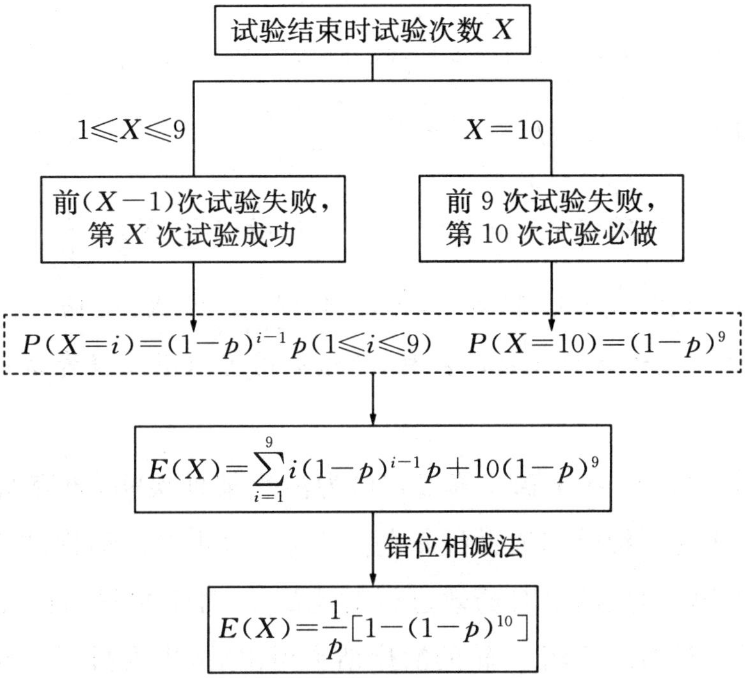

从理解随机变量 X 的含义开始，分两种情形：一是当 $1\leqslant X\leqslant 9$ 时，表示前面$(X-1)$次试验失败，第 X 次试验成功；二是当 $X=10$ 时，表示前面 9 次试验均失败，第 10 次试验不论成功或者失败试验均结束.由此得到 $E(X)$，观察式子的结构可以将其转化为数列求和问题，运用错位相减法，化简可得 $E(X)$.

规范解答 精准示范

解：(1) ① 当 $1\leqslant X\leqslant 9$ 时，$P(X=i)=(1-p)^{i-1}p$，$i=1,2,\cdots,9$；当 $X=10$ 时，$P(X=10)=(1-p)^9$.故 $P(X=i)=\begin{cases}(1-p)^{i-1}p, & i=1,2,\cdots,9,\\ (1-p)^9, & i=10.\end{cases}$

② 证明：$E(X)=\sum\limits_{i=1}^{9}i\ (1-p)^{i-1}p+10\ (1-p)^9=p\sum\limits_{i=1}^{9}i\ (1-p)^{i-1}+10\ (1-p)^9$.

令 $S=\sum\limits_{i=1}^{9}i\ (1-p)^{i-1}$，则 $E(X)=pS+10\ (1-p)^9$.则 $S=1+2(1-p)+$

$3(1-p)^2+\cdots+8(1-p)^7+9(1-p)^8$，$(1-p)S=(1-p)+2(1-p)^2+\cdots+7(1-p)^7+8(1-p)^8+9(1-p)^9$，两式相减，得 $pS=1+(1-p)+(1-p)^2+\cdots+(1-p)^7+(1-p)^8-9(1-p)^9$，故 $E(X)=1+(1-p)+(1-p)^2+\cdots+(1-p)^7+(1-p)^8+(1-p)^9=\dfrac{1\times[1-(1-p)^{10}]}{1-(1-p)}=\dfrac{1}{p}[1-(1-p)^{10}]$.

因为 $0<p<1$，所以 $0<1-(1-p)^{10}<1$，所以 $E(X)<\dfrac{1}{p}$.

(2) 当 $p=0.25$ 时，由(1)得 $E(X)<4$，则 $a\times E(X)<4a<5a$，即试验结束后的平均成本小于试验成功的获利，故该公司可以考虑投资该产品.

典例 2 (2019 年全国Ⅰ卷理 21)为治疗某种疾病，研究所研制了甲、乙两种新药，研究所希望知道哪种新药更有效，为此进行动物试验.试验方案如下：每一轮选取两只白鼠对药效进行对比试验.对于两只白鼠，随机选一只施以甲药，另一只施以乙药.一轮的治疗结果得出后，再安排下一轮试验.当其中一种药治愈的白鼠比另一种药治愈的白鼠多 4 只时，就停止试验，并认为治愈只数多的药更有效.为了方便描述问题，约定：对于每轮试验，若施以甲药的白鼠治愈且施以乙药的白鼠未治愈则甲药得 1 分，乙药得 -1 分；若施以乙药的白鼠治愈且施以甲药的白鼠未治愈则乙药得 1 分，甲药得 -1 分；若都治愈或都未治愈则两种药均得 0 分.甲、乙两种药的治愈率分别记为 α 和 β，一轮试验中甲药的得分记为 X.

(1) 求 X 的分布列.

(2) 若甲药、乙药在试验开始时都赋予 4 分，$p_i(i=0,1,2,3,\cdots,8)$ 表示“甲药的累计得分为 i 时，最终认为甲药比乙药更有效”的概率，则 $p_0=0$，$p_8=1$，$p_i=ap_{i-1}+bp_i+cp_{i+1}(i=1,2,\cdots,7)$，其中 $a=P(X=-1)$，$b=P(X=0)$，$c=P(X=1)$.假设 $\alpha=0.5$，$\beta=0.8$.

① 求证：$\{p_{i+1}-p_i\}(i=0,1,2,\cdots,7)$ 为等比数列；

② 求 p_4，并根据 p_4 的值解释这种试验方案的合理性.

关键点击 直击靶心

1. 理解 p_i 的含义.

2. 理解递推关系式 $p_i=P(X=-1)p_{i-1}+P(X=0)p_i+P(X=1)\cdot p_{i+1}$ 的含义.

3. 掌握转化递推关系式的方法,掌握利用累加法求数列的通项公式.

图析路径 思维可视

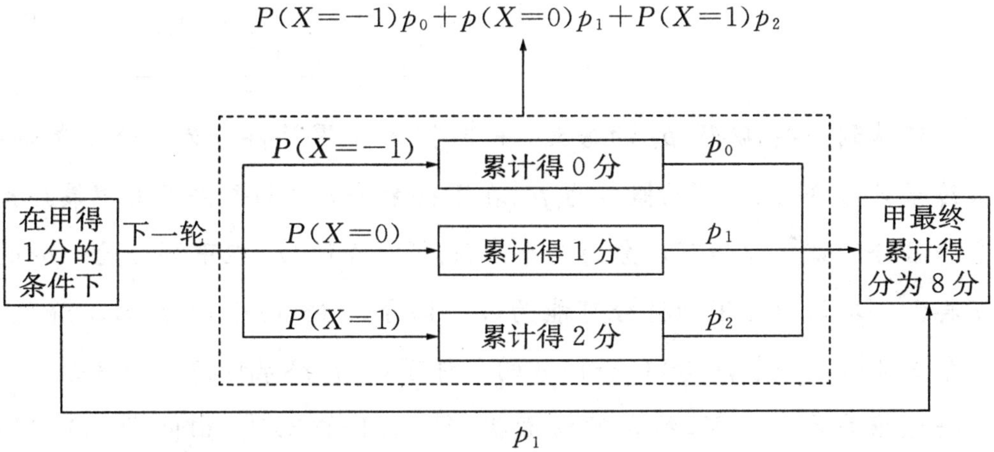

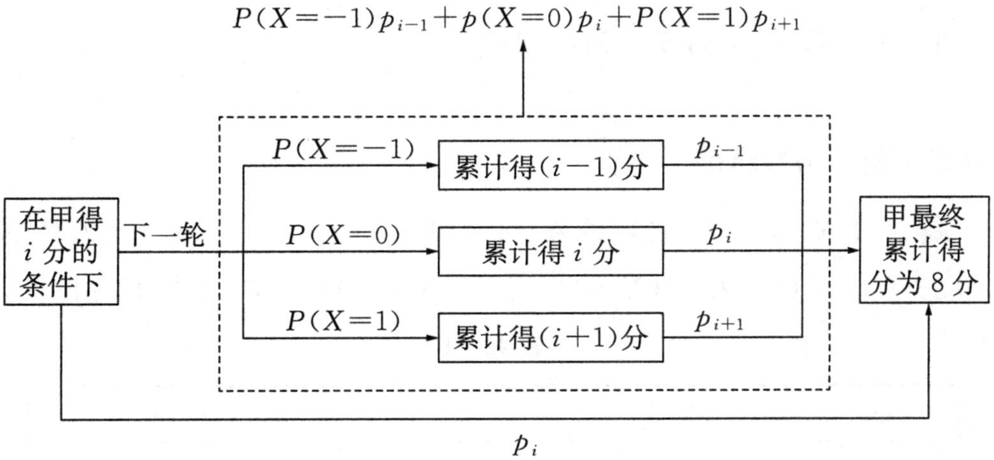

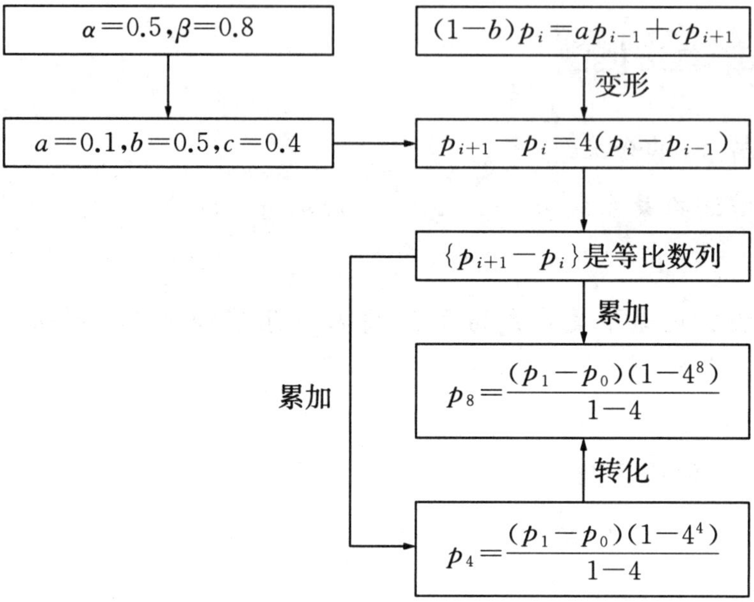

由特殊到一般，解释 p_i 的含义，即事件“在甲累计得分为 i 分的条件下，甲最终累计得分为 8 分”的概率为 p_i.在甲得分为 i 分的条件下到甲最终累计得分为 8 分的试验过程可以分为两个阶段.第一个阶段：在甲得分为 i 分的条件下再做一次试验后甲的得分可能为$(i-1)$分，i 分，$(i+1)$分.第二阶段：在得分分别为$(i-1)$分，i 分，$(i+1)$分的条件下，甲最终累计得分为 8 分.

将递推关系式变形，结合题给数据，得证问题(2)①；由问题(2)①的提示，再利用累加法表示 p_4，进而将问题转化为求 p_1，由问题(2)①和条件 $p_8=1$，利用累加法求得 p_1，即解决问题(2)②.

规范解答　精准示范

解：(1) X 的所有可能取值为 $-1,0,1$.$P(X=-1)=(1-\alpha)\beta$，$P(X=0)=\alpha\beta+(1-\alpha)(1-\beta)$，$P(X=1)=\alpha(1-\beta)$，$X$ 的分布列如表 42 - 1.

表 42 - 1

X	-1	0	1
P	$(1-\alpha)\beta$	$\alpha\beta+(1-\alpha)(1-\beta)$	$\alpha(1-\beta)$

(2) ① 证明：因为 $\alpha=0.5,\beta=0.8$，所以由(1)得 $a=0.4,b=0.5,c=0.1$.

因为 $p_i=ap_{i-1}+bp_i+cp_{i+1}=0.4p_{i-1}+0.5p_i+0.1p_{i+1}(i=1,2,\cdots,7)$，所以 $0.1(p_{i+1}-p_i)=0.4(p_i-p_{i-1})$，即 $p_{i+1}-p_i=4(p_i-p_{i-1})$. 又因为 $p_1-p_0=p_1\neq0$，所以 $\{p_{i+1}-p_i\}(i=0,1,2,\cdots,7)$ 是公比为 4、首项为 p_1 的等比数列.

② 由①可得，$p_8=(p_8-p_7)+(p_7-p_6)+\cdots+(p_1-p_0)=\dfrac{p_1(1-4^8)}{1-4}=\dfrac{4^8-1}{3}p_1$. 因为 $p_8=1$，所以 $p_1=\dfrac{3}{4^8-1}$，所以 $p_4=(p_4-p_3)+(p_3-p_2)+\cdots+(p_1-p_0)=\dfrac{4^4-1}{3}p_1=\dfrac{1}{257}$. p_4 表示最终认为甲药更有效的概率.

由计算结果可以看出，当甲药治愈率为 0.5，乙药治愈率为 0.8 时，认为甲药更有效的概率为 $p_4=\dfrac{1}{257}\approx0.003\,9$，证明在此次实验条件下，这种实验方案得出错误结论的概率非常小，说明这种试验方案合理.

解后反思 迁移提升

对于概率中的数列问题，若题目中已给出基本递推关系，则只需按照问题所给的提示，对递推关系式进行变形，即可求出数列的通项公式. 这类问题看上去是概率问题，实际上考查的是转化与化归的能力，在学习中要注重对基础知识、基本技能的扎实掌握，适当地建立起不同知识点之间的联系，融合不同的知识和思想，提升发现和解决问题的能力.